嘴上不老實
身體超誠實

一本書看懂**微表情密碼**
精準讀取最**赤裸的真心話**

大家多努力點！
明年一定加薪！

你還在唬弄別人?
別人早就看穿你!

喜歡穿oversize衣服的人表現慾超強？
桌子乾淨但抽屜亂？愛耍小聰明就是你！
主管說話不看你？那你可能代誌大條了......

想得美！
做到死都不可能！

目錄

前言

第一章　行為舉止，暗藏深意

點頭不一定對，搖頭不一定錯……14
十指交叉，掩飾內心的真實想法……16
拳頭緊握，內心可能缺少安全感……19
用指尖撥弄嘴唇、咬指甲，內心不安……21
握手用力的人，大多獨斷專行……23
不敢注視對方的眼睛，內心很自卑……25
雙手交叉抱於胸前，一種挑戰的姿勢……28
女性低頭向上看時，表示順從……31
坐時常雙手抱頭的人，一看就是領導者……33
十指尖相觸呈尖塔狀，表示自信……35
走路悠哉的人，缺少進取心……38

走路抬頭挺胸，看我多厲害啊……40
常搖頭晃腦的人，胸有成竹……42

第二章　言為心聲，聽聲識人

一開口就「老實說」的人，可能最不老實……46
留意語速變化，緊抓他的內心活動……48
突然變得健談，也許他在逃避話題……50
有理不在大聲，聲調高的人可能更沒理……53
常說「所以說」的人，通常愛獨攬功勞……55
打電話時聲音很大，太希望自我表現了……57
不分時間打電話，一看就比較自私……60
習慣讚美別人的人，不會輕易得罪人……62
愛打聽別人隱私，心藏控制欲……65
說話慢條斯理，心中多有主見……67
喋喋不休的人，喜歡聽奉承話……69
說話像放連珠炮彈，一看就沒心計……71

第三章　穿著打扮，觀外表識人

不化妝的女人，不喜歡表現自己……76
化妝時注重眼睛，此人做事踏實認真……78
喜歡穿著比平常的尺寸還大的衣服，自我顯示欲較強……81
喜愛打華麗色彩領帶的人，他是一個比較自私的人……83
脫衣時常常慢條斯理，此人充滿自信……86
脫衣速度快，性格外向而友善……88
一進門迫不及待的把鞋子踢掉的人，認真、絕不苟且……90
脫衣方式次次不同的人，個性而風趣……92
衣服摺好或掛起的人，多善解人意……95
穿著清新的人，性格比較單純、天真……97
穿著性感熱辣，充滿野心……99
穿誇張服飾，內心深處有著不安全感……102
正式套裝，傳統保守又執著的人……104

第四章　興趣愛好，流露真性情

喜歡粉紅色的人，依賴性很強……108
喜歡看大型綜藝節目的人，自信充實、熱忱大度……110

喜歡看體育節目的人，爭強好勝、追求卓越……112
喜歡驚險刺激節目的人，對隱祕的事情和消息情有獨鍾……114
喜歡競走的人，有自己特殊的品味……117
騎自行車鍛鍊的人，不會過於呆板……119
天天散步，有很好的耐心……121
不喜歡運動的人，積極性差……123
鍾情舉重的人，最在乎外表……126
喜歡閱讀的人，往往比較上進……128

第五章　交際圈中，識別他人心

總說「我們」的人，想和你拉關係……132
善說恭維話者，多比較圓滑……134
常用禮貌用語的人，內心多謙恭……136
愛說「對呀」的人，比較狡猾……139
當他斜著眼睛看你，拒絕的意思……141
頭髮粗直、硬度高的男性，大多豪爽、不拘小節……143
經常留短髮的男性，大多做事乾脆直接……146
頭髮愛旁分的女性，個性十足……148

經常說「其實」，脾氣倔強而任性……150
在你面前常挖苦別人，嫉妒心太強……152

第六章　人在江湖，規避小人謀

突然表現出和藹可親的面孔，想掩飾內心真意圖……156
在你面前說別人不好，小人最明顯的特點……158
喜歡說一些騙人的話，是在抬高自己的身價……161
為了利益捨生忘死，貪心過重……163
永遠不記你的好，忘恩負義的「白眼狼」……165
不敢正眼看你，小心會報復你……167
對你的話總是不相信，疑心太重……169
常在別人背後說三道四，典型的告密者……171
眼神閃爍，計從心來……174
喜歡擠眉弄眼，還不知耍什麼心機……176
似睡非睡，老謀深算的「老狐狸」……179

第七章　身處職場，巧識同事心

一個人提高說話的音調，即表示他想壓倒對方……184

使用「我」的人，獨立心和自主性強……186
女同事在辦公室化妝，不太會尊重人……188
喜歡撥自己頭髮的同事，比較有個性……190
辦公桌整齊乾淨，辦事有效率，生活有規律……192
抽屜裡放一些紀念意義的物品，多比較內向……195
抽屜和桌面全都是亂七八糟的人，容易衝動……198
檔案按一定的次序放好，組織能力強……200
桌子乾淨、抽屜亂，有智慧、但做事不踏實……202
領帶結又小又緊的人，喜歡孤軍奮戰……204
不會打領帶的人，性格隨和、善良……207
領帶結即大又鬆的人，自制力比較差……209

第八章　平步青雲，破解主管內心

上司說話時不看著你，這個跡象可不好……214
主管從上到下打量你，表明他占據優勢地位……216
主管友好地、坦率地看著你，他想鼓勵你……218
主管邊說話，邊瞥他的鐘或錶，想結束談話……220
和你談話深坐椅內，喜歡聽你的奉承……222

找停車位時願意耐心等候，不喜歡太鬧的環境……225
主管開會手上愛玩東西，內心多焦慮需要適當發洩……227
簽名向上的主管，喜歡胸懷大志的下屬……229
簽名很大的主管，最喜歡做表面文章……231
主管邊說話邊大口抽菸，可能遇到了難題……233
站起來和你交談，說明你表現不錯……236

第九章　三餐飲食，吃出人情味

不喝酒的男人，比較理性……240
吃自助餐，拿很多卻吃不了人比較貪婪……242
先細細咬、慢慢嚼，這樣的人小心謹慎、處事鎮定……245
咬一大口，這樣的人不拘小節、性格豪爽……247
喜歡吃大米的人，經常自我陶醉，孤芳自賞……249
喜歡吃辣的人，吃軟不吃硬……252
愛吃麵食，能說會道、誇誇其談……254
站著吃，溫柔、體貼，甚至慷慨的人……257
邊吃邊看書，心中充滿夢想……259
邊走邊吃，不懂得分配時間……262

目錄

用手抓著吃，對別人的感覺遲鈍……264
喜歡吃炒蛋的人，多善於交際……266

前言

當一個人融入群體中時，難免會產生防衛的心態，而這種心態就決定了不管你有多麼廣博的學識、多麼流利的口才，或者多麼縝密的心思，都可能因為無法讀懂對方而功虧一簣。

古人云：「心者，行之端，審心而善惡自見；行者，心之表，觀行而福禍自知。」西方現代哲學的開創者尼采也說：一個城府再深、再老謀深算、再善於偽裝的人，也會隨著習慣而顯露出其內心的世界。確實，一個人的行為舉止、言談習慣、穿著打扮、興趣愛好，甚至是飲食習慣都會洩露其內心的祕密，。

本書列舉了大量精彩的案例，從目光、表情、肢體動作、言談舉止、生活習慣和興趣愛好等方面分析他人心理，摒棄複雜繁瑣的理論闡釋，切實結合實際，直接提出解決問題的方法和技巧。

再表裡不一的人，也不可能永遠不露出破綻；心機再重的人，也不可能永遠面面俱到。本書幫助你擺脫假象的束縛，更加游刃有餘的融入社會交往，面對各種挑戰。

第一章　行為舉止，暗藏深意

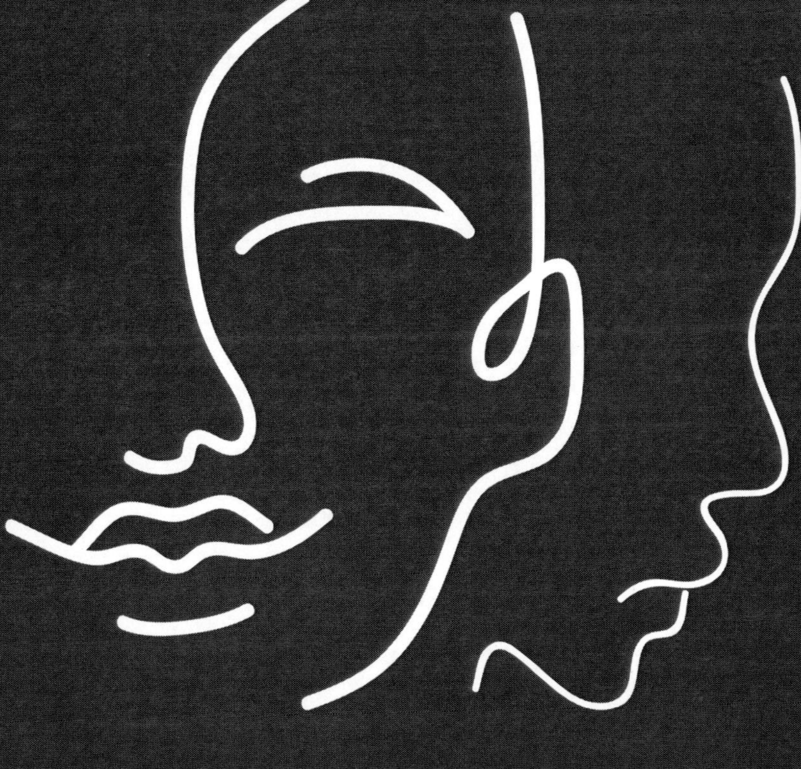

點頭不一定對，搖頭不一定錯

在很多人的印象中，點頭表示贊同或者肯定，搖頭表示反對或者否定。用這兩個動作來表達自己的態度似乎是天經地義的事情，因為小時候老師的點頭就說明自己表現的不錯，家長的搖頭就表示對自己有些失望；長大了主管的點頭就表示對自己的讚賞，伴侶的搖頭就表示自己做得還不夠好，久而久之，我們就篤定的認為點頭一定是肯定的，搖頭一定是否定的，其實這是錯誤的。

肖樂強是一家上市公司的人事部門經理，野心勃勃的他一直希望能夠得到更高的職位，為了及時得到一些對自己有用的資訊，肖樂強經常請老闆的祕書石志楠吃飯，唱歌，二人很快成為了好朋友。

有一天，公司要提拔一個中層主管，老闆讓肖樂強提交兩個候選人的資料。肖樂強千挑萬選後，把名牌大學畢業的劉某和雖然是剛應聘過來但是經驗豐富的李某的資料交給了老闆。資料提交後，肖樂強拜託石志楠留意一下老闆的反應，因為他知道老闆會問他的想法，而他希望跟老闆的想法一致。

下班後，肖樂強約石志楠在咖啡廳見面，石志楠告訴肖樂強，老闆對劉某比較滿意，因為看李某資料的時候老闆輕輕的搖了搖頭，看劉某資料的時候點了點頭。肖樂強聽了後高興的回家了。

果然，第二天肖樂強被老闆叫進了辦公室，當老闆問及他的想法時，肖樂強毫不猶豫的說：「我覺得劉某比較合適。」老闆稍微愣了一下，接著問他選擇劉某的原因，肖樂強說我覺得他是名牌大學的畢業生，有豐富的專業知識。老闆聽後沒有說什麼，揮揮手就讓肖樂強出去了，肖樂強雖然覺得有些不對勁，但是也沒有多想什麼。

第二天，肖樂強上班的時候意外的看見了李某被提拔的公告，這時他才猛然醒悟自己犯了一個大錯誤，急忙去找老闆，他跟老闆承認自己是因為得知老闆看資料時不同的反應才會揣測老闆的意思給出答案。

聽完肖樂強的話，老闆緩緩的說：「我看劉某資料點頭，是因為我覺得他這樣高的學歷做了這麼久居然還沒有什麼大的成就，還真是很會浪費公司的資源和金錢；我看李某資料搖頭是看到他明明已經在自己的專業領域裡做出了一些成績，可其他公司卻遲遲沒有給他施展的舞台，很可惜」最後老闆說了一句：「我需要的是有自己主見的人事經理，而不是想一味附和老闆意思的人」，肖樂強聽後慚愧的辭職了。

從肖樂強的故事中可以看出，人在點頭的時候並不一定代表肯定，在搖頭的時候也不一定代表否定。所以在做事情的時候一定要先讀懂對方的意思再下結論，千萬別像肖樂強一樣莽撞。除了單一的點頭、搖頭動作之外，如果對方隔一段時間就向自己做出三、四下點頭的動作，並且點頭的速度較慢，就說明對方對自己談話的內容比較感興趣；如果對方快速的點頭，除了傳達「你說的對」，「我跟你想法一樣」的觀點外，還有可能是在表達「不要在說了，我已經沒有耐心了」催促說話者把發言的權力交給自己或者希望趕快結束交談；如果對方緩緩的搖頭一般表示「我不同意你的看法」、「我不贊成你的觀點」、或者表示「你說的話我沒有聽懂」、「我不會被你擺布」等意思；如果對方快速的搖頭而且幅度比較小，並且伴隨有低頭的動作，那很可能表示為「害羞」；

另外，在印度、伊朗、保加利亞以及希臘的部分地區等，人們都會用搖頭來表示肯定，用點頭來表示否定。即使是鄰國日本，他們點頭和搖頭的涵義也和我們的認知有很大的出入，日本人點頭多表示「我聽到你說的話了」，或者表示：「啊，是嗎」，並不是單一的表示肯定。

所以從現在起，不要再被既定思維束縛了，點頭不一定代表肯定，搖頭不一定代表否定，要根據具體的時間、地點、談話氛圍以及對方的反應來理解點頭和搖頭的涵義，這樣才能達到事半功倍的效果。

☆重點請畫線☆

當跟對方進行交談的時候，我們應該適當的緩緩點頭以表示自己正在認真聆聽，並且正在進行思考；如果總是沒有點頭的動作，對方會覺得這個人心防很重，不好溝通，也就不會對你敞開心扉，所以要學會用點頭來傳達自己的意思，以獲得最理想的交談效果。

十指交叉，掩飾內心的真實想法

李弘剛是一名經驗豐富的司法審訊人員，一次，他負責審理一個涉案金額極其巨大的跨國金錢詐騙案件。犯罪嫌疑人落網以後，審訊工作使李弘剛十分頭疼，因為對方是一個頭腦聰明、心態良好、反偵察能力強的男人，表面上，他十分配合李弘剛的審訊工作，幾乎是有問必答，但案情依然陷入了膠著狀態，因為犯罪嫌疑人說的顯然有很多都是假話，但他滴水不漏的回答讓李弘剛無法找到破綻，甚至無法認定哪句話是真的，哪句話是假的。這種狀態持續了幾天之後，李弘剛焦急不已，因為如果再找不到證據就只能眼睜睜的看著犯罪嫌疑人逍遙法外。後來，李弘剛學心理學的妻子給了他一個建議——看手勢。

再次提審的時候，審訊室裡多了幾台攝影機，李弘剛開始提出各種相關問題，提審結束之後，李弘剛反覆的看錄影，果然，在提審過程中，犯罪嫌疑人的手勢發生了改變，在回答某些問題時，犯罪嫌疑人的雙手很自然的放在腿上一動不動，在回答另外一些問題的時候，雖然犯罪嫌疑人的眼睛依然十分鎮定、真誠的看著李弘剛，回答的內容也沒有任何破綻，但是雙手開始不知覺的做十指交叉狀，李弘剛以此為線索展開案件調查，終於把犯罪分子繩之以法，而也許到鋃鐺入獄的那天，犯罪分子也無法理解自己哪裡出了紕漏。

其實幫助李弘剛破案的關鍵就是「十指交叉」暗喻的心理，十指交叉是掩飾自己內心真實想法的外在表現：

十指交叉，雙手緊握，說明此人有拘謹、沮喪、焦慮、消極、否定等心理，在雙方交談中，如果對方出現了這種手勢，就說明已經有了挫敗感，內心已經開始自我否定，此時應該乘勝追擊，一舉拿下；

十指交叉，自然放置，說明此人處於心平氣和的狀態，並且比較自信，這時想要說服此人就要拿出強而有力的證明扭轉被動局面；

十指交叉，放在胸腹之間，說明此人已經在心裡拒絕了你，這時再想達到什麼溝通效果就比較困難了，除非馬上採取一些行動，比如遞上一杯飲料，送上一份禮物，總之要想辦法讓對方解除十指交叉的姿勢，否則他會拒絕你所有的想法和觀點；

十指交叉，放在大腿上，並且伴有拇指指尖相頂，就說明此人處於比較尷尬的境地，不知如何自處，或者是談話內容讓他感到進退兩難。當對方出現這種手勢的時候，我們不妨給出幾個建議，讓他選擇；

十指交叉，雙手拇指向上伸直，說明此人此時對交談的內容很感興趣，並且對自己說的話十分有信心；

十指交叉，眼睛平視對方，出現這種手勢說明對方已經失去耐心，正在壓抑內心的不滿，此時應該把話語權交給對方，或者停止交談，以免引起對方的反感。

十指交叉，放在臉前，這是一個十分明顯的敵對動作，當對方做這種動作的時候就傳達了「別說了，我不想聽」、「我不相信你」、「我不認為這個可行」、「我想結束談話」等消極的情緒，此時也應該結束談話；

十指交叉，一手手指撫摸另外一手，這個動作說明此人內心焦慮、不安，或正處於懷疑或者高壓的狀態下，需要藉由自我接觸的動作來安慰大腦。與此類人打交道的時候要先給予對方信任感，讓對方安穩下來，使其願意接受自己，對自己敞開心扉，否則雙方溝通會很困難。

整體來說，十指交叉手勢，手位置的高低與消極情緒的強弱有關，較高位置的十指交叉比較低位置的十指交叉更消極，更抵觸。所以當對方做出十指交叉手勢時，不要再認為這是一個不經意的動作了，學會透過手勢解讀對方內心的真實想法對我們做事情來說是有百利而無一害的。

☆重點請畫線☆

十指交叉是一種常見的手勢，美國心理學家尼倫伯格（Marshall Warren Nirenberg）和談判大師卡萊羅（Henry H. Calero），對十指交叉手勢研究後得出結論：十指交叉表示的是不安的心理，表明在掩飾消極態度。雖然十指交叉大多數時候傳遞出的都是負面心裡，但也並非絕對，而要根據十指交叉同時搭配的不同動作來理解對方意圖，以達到事半功倍的效果。

拳頭緊握，內心可能缺少安全感

在用來傳遞肢體語言信號的身體部位當中，手掌是最容易被我們忽略但傳達的內心活動最多的部位。一般來說，手掌傳達的內心活動主要分為兩種：手心張開和握拳。當我們吐露內心真實想法的時候，手心大多數都是張開且向上的，表示「我說的是實話」，「你要相信我」等意思，這似乎是一個下意識的動作，但卻和大多數肢體語言一眼，傳遞了說話者的內心活動。同樣，握拳也傳遞了說話者內心微小但真實的資訊。

在莊嚴的場合中宣誓時，我們會被要求右手握拳；在演講中，慷慨激昂的演講者會時不時的握拳；在衝突中，憤怒的雙方都會不自覺的握拳；宣誓時握拳表明自己的決心，演講時握拳表示自己是有力量的，有能力的；衝突中握拳表示我不怕你。由此看來，握拳似乎能給人來帶安全感，從另一方面來說，總是握拳的人，也代表他內心可能缺乏安全感，所以要用握拳來給自己心理暗示。

劉玉峰是一家房地產公司的策畫人員，剛剛參加工作的他就擔任了如此重要的工作，劉玉峰心裡多多少少有些忐忑，好在經理為人很寬容，對下屬沒有太多的苛責，對於剛剛進公司的他也是鼓勵多於批評。

一次，一個知名連鎖企業要和劉玉峰所在的房地產公司合作，對方要求他們先出策畫案，然後再進行具體的協商，本來這個重要的任務應該交給有經驗的老員工來執行，但一個老員工生病請假了，另一個老員工前幾天剛剛辭職，於是這個重要的任務就落到了劉玉峰身上。

經理把劉玉峰叫進辦公室，問：「小劉，這次的策畫案你能接嗎？」劉玉峰雖然心有忐忑，但是知道自己不能放棄這個難得的機會，通常來說，新員工要工作好幾年才能獨立的接案子，自己剛剛上班，如果能做好這個案子，前途將一片光明，於是他咬咬牙，對經理說：「我能做好這個案子」。

從經理室出來後，劉玉峰馬上投入了準備工作中，但隨著工作的深入，劉玉峰愈加感到這個案子的難度不是現在的他能夠承擔的，沒有實際工作經驗，僅憑學校學習到的理論知識，出來的策畫案華而不實，根本沒有實際應用的價值。

與建築商開會的當天，經理在會議室門口問：「小劉，對於策畫案有信心嗎？」劉玉峰雖然心裡不停的打鼓，但還是強顏歡笑的說：「沒問題！」此時經理發現他雙手握的緊緊的，指關節都發白了，就把他拉到一邊，溫和的說：「這次的案子策畫是你一手完成的，沒有老員工的指導，我以為你會來請教我，但是你沒有，我以為你真的有十足的把握，但現在看來似乎不是這樣」，劉玉峰訝異的看著經理，良久之後，他對經理說：「對不起，我確實沒有什麼把握，因為我不想失去這次機會，也不想讓您認為我能力不足，所以一直硬撐著」，經理聽後轉去會議室，以身體不舒服為由取消了會議，他對劉玉峰說：「我很慶幸自己注意到了你緊握著的雙手，否則這次的損失將會非常大」。

因為沒有經驗、沒有人可以請教，劉玉峰內心充滿了不安全感，面對經理的疑問，他下意識的用握拳來給自己鼓勁。除了缺乏安全感之外，總是緊握著拳頭的人，防禦意識也比常人強，他們的信條往往都是「人不犯我我不犯人，人若犯我我必犯人」。另外，總是緊握著拳頭的人，是內心比較細膩，願意關心他人、體貼他人、照顧他人的，這種人衝動的時候會不知覺的咬手指頭，這也是緊張、恐懼、沒有安全感的表現。

看到這裡，也許有人就會問了：以後我沒有安全感的時候不握拳，這樣對方是不是就看不出我沒有安全感了呢？這個問題的答案是「非常正確」，也可以說是「非常錯誤」。如果你的眼神、面部表情以及肢體動作都配合的天衣無縫，那麼不握拳能夠讓對方相信你；相反，如果你的神態已經出賣了你，那麼你再怎麼不握拳，即便人們不懂相關知識，潛意識也會告訴他：你在害怕，你沒有安全感。

☆重點請畫線☆

在日常生活中，應該盡量避免總是握著拳頭，特別是當雙方發生了一些摩擦的時候，握起拳頭在對方面前晃來晃去，很可能會引發不必要的爭鬥，而且總是握著拳頭也很容易讓人發現你內心缺乏安全感的弱點。

用指尖撥弄嘴唇、咬指甲，內心不安

細心觀察不難發現，我們身邊的人常常會有一些小動作，比如，有的人喜歡不斷的伸手碰耳朵，這就說明他是一個沒有耐心的人；有的人喜歡用手托著下巴，這說明他是一個時常會感覺到迷茫的人；有的人總喜歡把腿晃來晃去，這說明他是一個比較幼稚而沒有主見的人；而總是習慣性的用指尖撥弄嘴唇或是咬指甲的人，則能夠說明他是一個比較靦腆而敏感的人，這類人有些自卑，時常會感到內心不安，他們大多性格內向，比較保守，沒有主見，感情豐富，遇事愛緊張，缺乏必要的安全感。

崔露露是一家珠寶首飾設計公司的職員，她為人十分靦腆，因為樣貌不是特別出眾，所以她總是有些自卑。工作中，崔露露總是害怕自己做得不好，緊張的時候，時常會用指尖撥弄嘴唇或是咬指甲，以緩解自己內心的不安。

一次，一個男人來到崔露露所在的設計公司，因為要向女朋友求婚，所以希望能有一對設計個性而獨特的情侶戒指。

接下訂單後，經理將這次的設計工作交給崔露露負責。崔露露一聽經理說讓自己獨自完成，便躊躇起來，一邊用指尖撥弄嘴唇，一邊吞吞吐吐的對經理說：「經理，我怕一個人設計不好，要不交給別人做，或是讓別的同事和我一起負責吧？」崔露露說完又怕經理對自己產生不好的印象，認為自己不求上進，於是更加不安起來。經理當然拒絕了崔露露的要求，崔露露只好自己獨立完成這個設計方案。

一開始，崔露露想在戒指圈內刻上兩個人的名字，又覺得只刻上名字這個想法太過簡單，而且這樣的點子早已經過時了，人家肯定不滿意。於是一邊咬指甲一邊繼續想創意。後來崔露露又設計了一個獨特的心型圖案，然後把圖案分成兩半，每個戒指各用一半，只有將兩個戒指合起來，才能成為一個完整的圖案。

設計完成後，她將這個創意方案拿給經理審閱，看著經理仔細端詳自己的設計方案，崔露露又開始緊張起來，很怕經理否定自己的設計，於是不自覺的咬起了指甲，試圖緩解自己內心的緊張。

雖然最後經理通過了這個設計，但是對崔露露的印象卻有些不佳，此後，她再也沒能得到獨挑大梁的機會，最終淪為了一個助手。

上述事例中，我們可以看出，崔露露雖然工作很認真，也有能力獨自完成設計工作，但是她時常產生緊張和不安的情緒，這樣的情緒讓她做事總是缺少勇氣，畏首畏尾，工作態度也比較消極，常常進行自我否定。而這樣的人，不僅不能做好事情，還會影響到自己正常的工作和生活。

如果我們自身也有崔露露那樣的問題，就要格外留意了，因為旁人可以透過這些行為看透我們的內心。比人與人談業務的時候，如果我們表現出緊張的情緒，並伴隨著用指尖撥弄嘴唇或是咬指甲的動作，那麼對方就會輕而易舉的發現我們內心的不安，這時我們再想爭取更多的利益，就不那麼容易了。當然，我們也大可不必為此而覺得沮喪或是過分失望，因為習慣是可以改變的。想要擺脫內心的不安和緊張，首先就要克制自己用指尖波嘴唇和咬指甲的行為，因為，重複這樣的動作，只能不斷的提醒我們自己處於緊張的情緒之中，使我們在潛意識裡覺得心裡不安。如果我們能夠克制住這種行為，並且善於找到自己的長處、優點，就可以擺脫不安和緊張，重拾自信。

☆重點請畫線☆

生活中，跟這樣的人打交道時，我們必須有充足的耐性，否則很難真正了解他。與這類人一起共事的時候，特別是已經看出他內心不安時，我們一定不要表現得非常急躁或是不耐煩，因為這樣不僅不能改變他們內心不安的情況，反而會加重他們的緊張心理。如果我們能夠表現得非常有耐心，並且真誠的鼓勵他們，他們就會敞開心扉，振作起來。

握手用力的人，大多獨斷專行

握手是人際交往中最基本、最常用的禮儀，常見於個體之間的交往、團體之間的交往以及國家之間的交往。一般來說，握手表示友好、尊敬、理解、信任、景仰、祝賀、鼓勵等涵義，但在一些情況下也能透露出淡漠、敷衍、逢迎、虛假、傲慢等心態。

有的人握手只是象徵性的握一下，這種人雖然看上去很好相處，但其實防備心比較重，不會輕易相信他人；有的人握手握很長時間，這種人大多數都比較耿直，辦事喜歡直來直往，很重感情；有的人握手時則會很大力的握對方的手，讓對方感到疼痛甚至是痛楚難當，這種人多是獨斷專行的人。

週一，新興公司影視舞台美術部來了一位新員工劉志航，他是公司專門給大型舞台劇《小熊的美麗幻想》增加的員工。剛進公司，劉志航就很有禮貌的跟同事握手打招呼，事後同事們聚在一起竊竊私語，這個劉志航手勁好大啊，把人的手都握紅了。

下午布置場景的時候，劉志航建議把舞台劇背景改做森林，把主場景改為花海。剛開始同事們還都很贊同劉志航的想法，因為這樣一改視野開闊了許多，舞台的燈光效果也會很漂亮。但是漸漸的大家開始有些微詞了，因為劉志航很明顯的把自己擺錯了位置，自以為是主管，指手畫腳的讓這個同事搬大樹，讓那個同事弄小溪，而他自己就站在觀眾席上監督，時不時提出些意見。

幾個小時後，舞台場景的大框出來了，同事們也累的腰酸腿疼，這時就見劉志航遠遠的拿著一大堆飲料走了過來，一個個的分發給同事，還直說：「辛苦了，辛苦了，效果很不錯」。同事拿著劉志航買來的冰涼飲料，雖然心裡還有些怨氣，但是也就不多計較了。晚上開討論會的時候，一個同事說：「花海的創意雖然很好，但是整體來說還是有些空曠，因為花的高度不能太高，太高會喧賓奪主，但矮了又會覺得有些單調，加一個小熊住的屋子怎麼樣？」聽了同事的話，劉志航有些不開心的說：「本來就是這樣設計的，花海是陪襯演員的，在台上還是要看演員表演不是嗎？加房子做什麼？我這個設計的中心思想就是簡潔、明快」後來雖然還有幾個同事陸陸續續的提出了一些意見，但都被劉志航駁回了，他堅持認為自己的方案是最好的。

劉志航是一個有思想有主見的人，對於《小熊的美麗幻想》這個大型舞台劇，他已經有了自己的見解和主意，這本來是件好事，說明他對工作認真、負責，但是他獨斷專行的做法卻並不可取，畢竟虛心接納他人意見，集眾人之長才是做好事情的方式。

跟劉志航這類握手用力的人一起工作、共事的時候，首先要抓住他們的特點，這類人是天生的主管，有很強的組織、管理能力，但是他們大多數都剛愎自用、獨斷專行，聽不進去他人的意見，也不會採納他人的建議，總覺得自己的想法才是最完美的。所以如果你的意見和他的意見相同，不妨就放手跟著他做，他會把事情做的很好；但如果你的意見和他的不一樣，那麼不要企圖用語言說服他，因為這樣除了讓他不高興之外沒有任何作用。你要先做出點成績給他看，激發他作為主管想要做出成績的雄心，然後讓他自己開口採納你的意見。

☆重點請畫線☆

當我們遇到這種獨斷專行的人的時候，不必因為他的做事風格而氣憤不已，因為這只是他的做事方式，沒有其他惡意。對於這種人，我們要不卑不亢的對待，既不要被他「領導」的作風嚇退，也不要與其針鋒相對。

不敢注視對方的眼睛，內心很自卑

孟子曰「存乎人者，莫良於眸子。眸子不能掩其惡。胸中正，則眸子了焉；胸中不正，則眸子眊焉。」眼睛是心靈的窗戶，是表達內心情緒的最佳途徑，透過眼睛就能知道此人的善惡，所以觀察一個人，沒有比觀察他的眼睛更好的辦法了。

在孟子看來，心胸正直的人，眼睛就會明亮，心胸不整的人，眼睛就會濁暗。那麼根本就不敢正式對方的眼睛又代表了什麼涵義呢？美國的科學家理查．科斯經過大量實驗證明，不敢正式對方的眼睛說明對方性格內向、自卑。

余小苒是一個非常年輕的女孩子，但是在她身上看不到同齡人的活力與朝氣，自卑總是圍繞在她的周圍，她常常覺得生活沒有什麼目標，做什麼事情都瞻前顧後，覺得自己能力不足，很消極，也不愛說話。大學畢業後，她在家待了很長一段時間，不管父母怎麼勸解，余小苒都不願意踏出家門步入社會。

無奈之下，父母請了一位心理醫生來家裡跟余小苒聊天，經過心理專家的一番努力之後，余小苒終於願意進行溝通了，她對心理專家說：「我的爸爸媽媽都是下崗工人，從小生活環境就不好，小夥伴和同學都會在我背後指指點點，慢慢的我就開始封閉自己，我不願意面對外人冷漠的目光。」余小苒說完抬頭看了心理醫生一眼，馬上就轉開目光，繼續說：「後來就開始惡性循環了，別人看我冷漠也都不和我交流，我變得越來越自卑」。

心理專家聽完，溫和的對余小苒說：「小苒，可不可以抬起頭看看我？」余小苒聽完抬起頭，但是還是看了一眼就閃開了。心理專家繼續問：「小苒，你已經大學畢業一段時間了，有沒有想過想找一個什麼樣的工作？」余小苒搖了搖頭，「那你平時喜歡做什麼？」余小苒想了想說：「我喜歡畫漫畫」。心理專家說：「可以拿出幾幅畫讓我看看嗎？」

一開始，余小苒非常抗拒，她害怕聽到心理專家的評價，但後來經過心理專家的開導之後，她還是磨磨蹭蹭的拿出了兩張她最喜歡的。心理專家很認真、很仔細的看這兩幅漫畫，然後她大聲對余小苒說：「這兩幅畫畫的非常好！」余小苒驚訝的抬起頭看著心理專家：「真的嗎？」看到心理專家目不轉睛的盯著自己，余小苒本能的想要躲閃，但是被心理專家阻止了，她對余小苒說：「看著我的眼睛，我現在告訴你，你畫的非常好，你完全有能力勝任任何跟漫畫有關的工作。」

幾天後，心理專家接到了余小苒父母打來的電話，電話裡余小苒的父母顯得非常激動，他們告訴心理專家，自從那次二人談過之後，余小苒的狀態好了很多，願意出去接觸人群了，而且前兩天還在報社找到了一份撰畫稿的工作。

家境的貧寒讓余小苒養成了自卑的個性，她不敢接觸社會，對自己很沒有自信心，甚至不敢看對方的眼睛。而不敢看對方眼睛的這個動作，就等於宣布自動放棄溝通的機會，沒有人會在無法了解你的情況下和你辦事情。所以我們在和他人打交道、辦事情的時候，一定要學會注視對方的眼睛，不僅如此，還要學會根據對方不同的視線方向看出他不同的心理狀態：

埋頭專注於自己的事情，與對方完全沒有眼神接觸的，表示此人心不在焉、對這件事情抱持冷淡、輕視的態度；皺著眉頭眼睛一直看著說話人，表示此人對說話人的狀態表示擔憂，很為此人擔心，並抱有一定程度的同情；面無表情斜視說話人，表示此人帶有不信任、鄙視的心態，正在用一種不屑的態度交談；說話時不停用視線上下打量對方，說明此人不信任對方，對對方說的話抱持懷疑態度，有審視的心理。

想要做好事情，不但要懂得觀察對方眼神的變化，還要注意自己的眼神和表情，學會用眼神吸引對方的注意力。談話的時候，目光要經常和對方交會，當對方說到重要事情的時候要較長時間注視對方；當對方說的正起勁的時候，要投以讚許的目光；當對方不好意思、難為情的時候，要用理解、寬用的目光寬慰對方；當對方表示贊同你的觀點時，要用肯定的目光給對方鼓勵；當對方提出你感興趣或者有利於你的話題時，要用期待的目光並伴隨點頭或者身體前傾的動作，讓對方說下去；當對方妙語連珠、幽默風趣的時候，就要用和悅的目光給對方回應；當對方難過、痛苦、悲傷的時候，要用同情的目光伴以相應動作安慰；

不管最後事情辦的如何，結束談話的時候都要微笑的看著對方表示友好，這樣友好的眼神能給對方留下深刻的印象，為雙方以後的合作打下基礎。

☆重點請畫線☆

如果說話的時候想給對方留下誠實的印象就要不斷的注視談話人，但注意不要一直盯著不放，以免對方反感；如果想和對方建立良好的溝通模式，就要注視兩眼和嘴之間的三角區；如果想在一件事情上獲得勝利，就要緊盯著對方眼睛；如果對方眼神閃躲，不敢正視自己，就要先消除他的自卑感，以免談話無法繼續。

雙手交叉抱於胸前，一種挑戰的姿勢

天下沒有一摸一樣的指紋，天下也鮮有站姿一樣的人，透過觀察我們不難發現，絕大多數人的站姿都是不一樣的，而透過無意間的站姿，也可以一窺此人的心理。

通常來說，身體挺拔、挺胸收腹的人大多數都十分自信、樂觀，十分注重個人形象；含胸、微微駝背的人大多數都單純、沒有自信，需要正確的引導；雙手叉腰站立，雙腳分開比肩還寬的人自信心膨脹，潛意識中有攻擊的想法；一腿站直，一腿彎曲表示此人有些受到拘束，沒有耐心，也可能是拒絕對方的表示；雙方放入口袋，彎腰駝背的人大多數都是在生活或者工作中遇到了不順心的事情；喜歡靠著牆壁站立的人比較單純、坦白，喜歡依賴他人，做事情沒有自主性；

雙腳併攏，雙手交叉站立表示此人承受力強，追究完美；而喜歡雙手交叉抱於胸前，兩腳平行站立的人叛逆性很強，易忽視對方的存在，大多自負、自大，也因此具有強烈的挑戰和攻擊意識。

天源剛剛從美國留學回來，休息了幾天之後，他的父親就讓他參與公司股東大會。大會上，雖然股東們都對天源的歸來表示歡迎，但也都不約而同的對天源的工作能力表示出了一些質疑，對於天源的父親直接讓他參加股東大會也流露出了些許不滿。

股東們的反應基本都在天源的意料之內，散會後，天源主動向父親提出要從基層做起，累積足夠的經驗之後，再來接替父親的職位。天源的父親聽了讚許的點了點頭，說最近公司正打算新成立一個公關小組，專門負責開發新客戶，讓天源做這個小組的負責人，至於小組工作人員，天源可以從報名的人中任選幾名。

出乎天源父親意料的是，天源沒有先看簡歷，而是直接讓報名員工到他面前站成一排，在說明了小組未來的工作目標以及工作難度之後，天源留下了六人。後來，這六人被公司評價為「瘋狂六人組」，他們以極大的工作熱情攻克了很多看似不可能的任務，拉攏了很多重量級的客戶，並且還在以一種不可思議的態勢擴展，公司營業額甚至還因此翻了一倍。

天源的父親在喜出望外的同時也好奇的問：「天源，你挑選員工的眼光不是一般的好啊，我記得你甚至沒有看他們的簡歷！到底是什麼特殊的用人方案讓你準確無誤的挑出這六名員工？說實話，如果不是你，這六個人也許就將平凡的待在原地，根本沒有辦法為公司創造如此多效益」。天源笑笑回答說：「其實這個方法很簡單，既然新成立的小組目標是開發新客戶，那麼敢於接受挑戰，敢於主動出擊就顯得很重要了，而這些資訊不會從簡歷上顯示出來，最好的辦法就是直接見到本人。當天，我說完工作的難度和目標時，很多人都低頭了，唯有這六個人還維持著雙手交叉抱於胸前的姿勢，這種姿勢表示他骨子裡就有些叛逆，不僅具有很強烈的挑戰欲望，而且還有很強的攻擊意識，而這些特質只要加以正確的引導就能很好的勝任這份工作」。

天源的父親聽完欣慰的拍了拍天源的肩膀：「父親這些年的辛苦沒有白費呀，我兒子真了不起」，公司的股東在看到天源在如此短的時間內做出如此好成績也都認可了他，最終天源順利的進入了董事會，開始了新的人生。

天源的成功就在於他抓住了雙手交叉抱於胸前，兩腳平行站立人的特點，這種人的體內藏有很多「好戰」因數，越是艱難的任務，越是想要挑戰，並且他們的個性決定了不管中途會遇到怎樣的挫折和磨難他們都一定會努力做好這件事情，而開發新客戶正是需要他們這種百折不撓、越挫越勇的精神。

和這種人在一起共事的時候，會覺得每天都熱血沸騰、充滿幹勁，如果能與他們的步調一致，那麼自身的工作效率也會提高很多。但需要注意的是，這類人通常自我保護意識都比較強烈，對於剛認識的同事和朋友，他都會適當的保持一些距離，而且這類人很看重個人利益，有時甚至會因此而損害集體利益。

☆重點請畫線☆

雙手交叉抱於胸前也常見於女性，這種動作雖然會讓女性在一定程度上產生安全感，但也會讓對方誤以為自己在發出拒絕的信號，讓雙方產生隔閡並留下消極的印象。所以如果你不是在防著對方或者挑戰對方，那就放下胳膊吧，這樣對方會感受到你的善意，在無形之中對你更加坦誠。

女性低頭向上看時，表示順從

生活中，我們看人的視角不僅與我們的身高有關係，還與我們的性格有關係。比如，有的人喜歡居高臨下的看著對方，此類人往往眼高於頂，自以為是，習慣輕視別人；有的人喜歡平視對方，這類人喜歡平等，懂得尊重別人，也希望得到別人的尊重；有的人習慣仰視對方，這類人往往喜歡把自己處於弱者的位置，以得到別人的憐惜；有的人喜歡低頭向上看，當這個動作出現在女性身上的時候，就表示她性情溫和、柔順，不願與人爭鬥，所以會表現出順從的樣子。

楊曉靜是一個十分文靜的女孩，可能是因為有一個比較強勢的母親的緣故吧，楊曉靜從小就習慣了順從，什麼事情都聽從母親的安排，從沒有自己選擇的餘地。每當母親替楊曉靜做決定的時候，她總是習慣性的低頭向上看著母親。

上學的時候，楊曉靜十分想學彈鋼琴，但是母親說彈鋼琴影響學習，於是楊曉靜放棄了；考大學的時候，楊曉靜本來對寶石鑑定這個專業很有興趣，但是母親說這個專業太冷門，以後不好找工作，要求她報考廣告設計專業，楊曉靜雖然對此沒有什麼興趣，但是拗不過母親，只好再度順從了；大學裡，楊曉靜和一個很有才華的男孩子相愛了，但是母親覺得大學應該抓緊時間好好學習，不應該為了談戀愛而浪費時間，讓楊曉靜馬上放棄。楊曉靜為了自己的愛情，激烈的反駁一次，但是由於母親太過於強勢，楊曉靜最終還是選擇順從母親的意思。

可能是因為從小到大習慣了按照母親的意思做事，所以參加工作以後，楊曉靜也表現得十分沒有主見，凡事都喜歡詢問別人的意見。一開始，同事們覺得楊曉靜是新員工，經驗不足，都樂於指點她。但是日子久了，同事們就沒有耐心了。特別是廣告設計這份工作，它要求員工有自己的想法，有創作的熱情，而習慣了順從的楊曉靜，根本不能勝任這份工作。

了解情況之後，部門經理找楊曉靜談話說：「小楊，我覺得你不太適合在設計部工作，不如你去前台當助理吧。」楊曉靜聽完經理的話後，再一次順從了別人的安排。

不得不說，楊曉靜是可悲的，人之所以是一個獨立的個體，就是因為我們有獨立的思想和選擇的權利。而楊曉靜做決定的時候，總是低頭向上看，選擇順從別人的意見，忽視自己的真實想法。這樣的人生是不完整的，因為這類人總是以別人的意見為主，慢慢的，自己的個性也會被別人所同化，此時就只是別人希望的樣子，而不是真實的自己了。相反，如果楊曉靜每一次選擇都由自己決定，那麼她便可以學喜歡的鋼琴，做喜歡的工作，並且把握住自己喜歡的男孩子。這樣一來，也許楊曉靜的生活會是另外一番光景。

工作中，這種人雖然性情溫和，感情細膩，心地善良，經常有人會幫助他們，但是因為他們本身缺少自信，性格又過於軟弱，所以常常會順從別人的意見、沒有主見、優柔寡斷、隨波逐流，缺少決心和毅力，他們沒有支配他人的欲望，而是習慣順從於別人，所以往往難以做好事情。

如果我們本身也有這樣的習慣就要注意了，總是順從於別人的意見，會讓你失去自己的個性，成為他人的附屬品。而能夠做好事情的人，通常會選擇自己的事情自己做主，他們不會隨意順從別人的意見，因為別人認為好的，不一定適合自己，自己的人生，還是由自己掌控才能沒有遺憾。

☆重點請畫線☆

生活中，沒有人是我們的保姆，沒有人有義務為我們排憂解難，做出決斷；也沒有人是我們的主人，有權利左右我們的選擇。工作中，如果我們身邊有這種習慣低頭向上看的女性，即使我們不願意費心費力幫助她們做一些決定，也沒有必要遠遠躲開，因為她們並不是不可救藥的。這類人本身也有很多優點，比如感情細膩，做事認真細緻，待人寬厚等等，她們通常適合從事某項比較具體的工作，當她們認清自己的崗位職責之後，絕大多數都能夠做好這份工作。

坐時常雙手抱頭的人，一看就是領導者

紐約曼哈頓心理研究中心心理學家皮艾特教授研究顯示，人的各種坐姿能反映個人的性格特點和處事方式。一般來說，正襟危坐，兩腳併攏並微微向前，整個腳掌著地的人大多心思細膩，做事條理清晰，追求完美，不願意冒險，缺乏創意和靈活性；一坐下就習慣性翹起二郎腿的人大多比較自信，不做作，能夠處理好周圍的人際關係；坐下時用一條腿勾住另一條腿的人為人謹慎、缺乏自信，辦事情的時候容易猶豫不決；坐著時習慣雙手抱於腦後的人，大多性格隨和，好相處，能很好的控制自己的情緒，不管在什麼情況下都是一副怡然自得、處之泰然的樣子，通常是領導者的表現。

曾函佃是一個知名綜藝節目的策畫人兼製作人，他憑藉傑出的創意在很短的時間內就在綜藝圈闖出了自己的名號。

有一天，棚內要錄關於兩對夫妻出國旅遊的趣聞，但眼看開錄時間一點點的接近，嘉賓還沒有來齊。其中一個女嘉賓接完電話後，跑過來面有難色的跟曾函佃說：「不好意思，不好意思，本來今天這個通告應該是我跟我老公一起來上的，但是今天出門前我老公說他胃不舒服，要晚一點來，剛剛他

朋友又打電話告訴我他是胃炎犯了，送到醫院打點滴去了，實在不好意思。」曾函佃聽完點點頭，說沒關係，少一個嘉賓也是可以開錄的。

但是不久另外一個女嘉賓也說他的老公來不來了，聽到這個消息工作人員都有些坐不住了，紛紛看向曾函佃。只見曾函佃還和往常一樣悠閒的半躺而坐，雙手抱頭，好像什麼事情都沒有發生一樣。他把兩個女嘉賓都叫過來，說：「今天的內容是出國趣聞，既然你們老公都不能來，不妨就臨時改成『親愛的，我們再出一次國吧』好了，內容和之前工作人員跟你們 RE 的差不多，你們就先把趣聞講出來，然後再表達一下想再一次跟老公去的願望」。

就這樣，錄影順利開始了，當錄到過半快要結束的時候，其中一個男嘉賓滿頭大汗的跑進了棚裡，一個勁跟曾函佃抱歉，並且還詢問是否能夠繼續錄影，正當所有工作人員都覺得男嘉賓肯定沒戲的時候，看似優哉悠哉的曾函佃說：「可以進去，你就當作這場的神祕嘉賓好了，等你老婆說完想跟你再出一次國的願望之後，我會讓主持人介紹你出現，你表示一下想帶老婆出國的願望，然後就可以結束了。」

曾函佃是典型的「領導」胚子，他適應能力強，能很好的控制自己的情緒，當兩位男嘉賓都缺席，工作人員有些慌亂的時候，他能及時、冷靜的更改主題，讓錄影順利進行下去。而當遲到的嘉賓進棚的時候，曾函佃也能找到一個恰當的理由讓他順利加入錄影，而且還不會讓觀眾產生任何質疑。

和曾函佃這類人相處的時候，頭腦一定要保持清醒，既不要一位的抵觸、抗拒，也不要一味的崇拜、盲從。如果他們的觀點和意見是對的，我們就要學會接受，因為這樣才能更快更好的做好事情；但如果他們的觀點是錯的，也不要盲目信任，因為就好像任何事物都有兩面性一樣，性格也是有利有弊的，比如這類人對於錢財的態度就不宜學習。因為在他們看來，錢財「生不帶來，死不帶去」是名副其實的過眼雲煙，這種態度讓他們經常要承受因錢財處理不當而帶來的後果。

☆重點請畫線☆

這類人在接受新鮮事物上面有一定的問題。雖說他們喜歡接受新鮮事物、喜歡學習新知識，但通常都是不求甚解的，對他們來說，享受的是僅僅是學習的過程而不是結果，所以如果在一些他們不熟悉的領域或知識方面聽從他們的建議，很可能會失敗的很快。

十指尖相觸呈尖塔狀，表示自信

《封神演義》第七回『費仲計廢姜皇后』中有這樣的一段描述：「十指連心，可憐昏死在地。」古代為什麼會有十指連心一說呢？從中醫角度看，是因為每一根手指都會有經絡通過四肢傳到大腦，所以稱十指連心。

既然手指的活動能夠回饋給大腦，那麼大腦的活動也可以透過十指顯現出來，所以透過觀察人的手指，也可以間接的了解此人。比如，喜歡擺弄自己手指，把手指掰得咯嗒咯嗒響的人，大多精力旺盛，有腳踏實地做事的精神，但比較容易鑽牛角尖，常常一件事情想不明白就鑽到死胡同裡去了；喜歡把十指放到嘴上或者嘴邊的人，是心思細膩，非常敏感的，在他們堅強的外表下隱藏的是一個極其脆弱的心靈；喜歡把十指指尖架在一起，形成「燈塔」的樣子的人，大多非常自信，對自己所說的話或者所做的事情都有很大的把握。

陳煒霖是一個著名的心理醫生，平時同事和病人都親切的稱呼他為「燈塔」醫生，因為陳煒霖看病的時候有一個習慣動作，喜歡把十指指尖架在一起，形成「燈塔」的樣子。

一次，一個中年婦女來找陳煒霖，她對陳煒霖說總覺得自己很倒楣，做什麼事情都不順利。在家裡，孩子覺得她不夠細心，老公覺得她不夠體貼；在公司，同事覺得她不夠平易近人，主管覺得她沒有什麼上進心。對這些指責，她覺得非常委屈，心裡也非常難受，於是開始尋求心理醫生的幫助。

陳煒霖仔細分析了病人的情況之後，告訴她不管是生活還是工作都要學會注意小細節，不要太過於粗心大意。病人聽完之後驚訝的說：「就這樣嗎？」陳煒霖說：「對，就這些，你回去吧，注意按照我說的做。」病人猶豫了半天，吞吞吐吐的說，其實她在找陳煒霖之前還看了另外一位很有名的心理醫生，那個醫生告訴她造成諸事不順的原因是因為她有些自卑。陳煒霖聽後擺擺手，堅持讓病人按照自己的要求去做了。

兩個月後，這位中年婦女又來了，她高興的告訴陳煒霖情況真的有所改善了，她和家人和同事的關係都有了變化。同時，她也有些不好意思的說，其實剛開始她並沒有聽從陳煒霖的建議，認為第一個醫生說的比較對，她一心一意克服「自卑」的毛病，但是一段時間下來，周圍人離自己更遠了，更不願意和自己接觸了。

後來實在沒辦法，她開始按照陳煒霖的要求做，果然不久就見到了成效。她好奇的問陳煒霖，為什麼當他得知自己的診斷和另外一位很有名的心理醫生不一樣時，他還能如此自信？陳煒霖笑笑說，因為我對自己的專業知識和本職工作都很有把握。

陳煒霖自信的態度不僅幫助他贏得了病人的信任，而且還讓他成為了同行業中的翹楚。

如果這個病人早些知道十指指尖架在一起代表的涵義，她就不用再在兩個心理醫生中間猶豫不決了。實際上，用手指的動作來分析人是很多心理學家常用的招數，比如伊拉克前總統海珊，據英國廣播公司報導，海珊在法庭上露面時，儘管只有短短半個小時，卻足以讓心理學家對他的心理狀態進行正確評估。很多看電視轉播的人都認為，海珊依然強硬、自信，但亞特蘭大心理學專家帕蒂．沃德卻表示，海珊內心已經瓦解了。最有力的證明就是之前海珊在講話的時候，經常會出現兩手指尖架在一起呈尖塔狀的動作，這是他自信時的表現，而庭審的三十分鐘裡，這個手勢一次都沒有出現過，所以不管他表面上如何挑釁和反抗，實際他的內心都已經被擊潰了。

也許有人會想，是不是我以後常常刻意擺出這樣的手勢我就會有自信了呢，做事情就能成功了呢？其實不然，首先，刻意擺出這樣的手勢只能給自己一些正確的心理暗示，暗示自己是有自信的，但是這種自信和由內而發的自信是不同的。其次，自信不等於成功，成功需要的是天時地利人和，即在對的時間，遇到了合適的客觀環境，再加上主觀堅持不懈的努力和奮鬥，這才是成功的必備因素。而自信只是人們的一種正面感情而已，它在成功中扮演的是「催化劑」的角色，自信讓人敢於邁出嘗試的第一步，自信讓人在失敗時敢於站起來重新出發，自信讓人在徬徨時敢於堅持自己的觀點，總之一句話，做事成功的人一定有自信，自信的人卻並不一定都能成功。

☆重點請畫線☆

雖然十指相觸呈尖塔狀的這個動作能表示自己非常有自信，能起到震懾的作用，但是建議還是不要常常使用，以免讓旁人覺得自己十分獨斷、高傲，影響自己的人際關係，及做事的效果。

走路悠哉的人，缺少進取心

生活中有這樣一類人，「火燒眉毛也不著急」，他們通常都沒有什麼時間觀念，走路不緊不慢，沒有進取心，做任何事情都是不慌不忙的，就算是旁人看在眼裡非常緊迫的事情，他也會慢吞吞接受，然後慢吞吞的處理。

林子萱是一名大學畢業生，剛剛進入社會的她先應聘了一份實習保險業務員的工作。一天，小樊在王府井看見了正在逛街的林子萱，小樊和林子萱是大學同學，又是室友，感情很好，小樊熱情的走上前去和她打招呼，二人邊走邊談，當談到現狀的時候，小樊有些灰心的說：「唉，別提了，招聘會沒少去，簡歷也沒少投，就是不見什麼回信，偶爾回幾個也是雞肋一樣的工作，食之無味棄之可惜，考慮再三還是決定不去」。林子萱安慰的拍了拍小樊的肩膀，說：「別灰心，慢慢找嘛」，小樊點點頭問：「你現在在做什麼工作呢？」林子萱說：「我應聘了一份保險業務員的工作，好辛苦啊，週六、日都不能休息，這不，我正要去給客戶送資料呢」，小樊一聽大吃一驚：「天哪，看你悠哉的樣子，我還以為你在逛街呢，快去吧，我們再聯絡。」

告別了小樊，林子萱依舊不緊不慢的走，走到一半遇到了同樣是實習生身分的同事趙梓淇，趙梓淇風風火火的從她身邊跑過去，甚至沒有注意到林子萱，林子萱叫住趙梓淇，問到：「什麼事情這麼著急？」趙梓淇氣喘吁吁的回答，我要送一份資料給客戶，但剛才大堵車，晚了十多分鐘了，我得趕緊走，說完他就頭也不回的跑掉了。

二十分鐘後，林子萱終於把資料送到了指定地點，奇怪的是，屋裡等著她的不是客戶，而是公司的人事部門經理，以及剛剛風風火火跑走的趙梓淇和另外幾個實習同事，經理抬頭看了一眼林子萱，又看了看錶，一言不發的讓她先到一邊等待。沒過一會，另外一個老員工季雲鵬進來了，人事部門經理站起來咳嗽了一聲，說：「這次是公司安排的考試，主要是看你們的辦事效率以及敬業程度，然後根據這個決定哪幾位元實習生可以轉正，下面請你們分別進辦公室」。輪到林子萱進辦公室的時候，經理劈頭就問：「你知道自己從公司到這裡花費了多長時間嗎?」林子萱搖搖頭，經理說：「原本只需要二十分鐘的路程，你用了四十五分鐘才到達，根據季雲鵬的觀察，你一路都是慢慢悠悠的，就連堵車的趙梓淇都趕到了你的前面。」結果毋庸置疑，林子萱被辭退了。

林子萱走路慢慢悠悠不懂得爭取時間，是因為她沒有足夠的進取心，這樣的員工勢必是會被炒魷魚的。走路慢慢悠悠的人總覺得，不管怎麼樣，反正我能最終完成任務就可以了，不考慮什麼時候加薪，不考慮什麼時候升職，不考慮怎樣才能脫穎而出，「安於現狀、知足常樂」是他們的座右銘。

跟這樣的人一起做事，要抓住他們的心態才不會被拖後腿。他們認為人生就應該是悠哉的，對於旁人忙碌不堪，疲於奔命的生活狀態，他們甚至會不理解，覺得人生苦短，應該及時享樂，何必把自己弄得如此辛苦、如此狼狽。其實，這類人根本就不會明白其他人的遠大理想與目標，甘願當那個「坐井觀天」的人，所以遇到這種人的時候，最好不要期望在他身上出現「積極進取」的奇蹟，與其煞費苦心的引導他，還不如自己動手來得快些。

☆重點請畫線☆

走路慢慢悠悠的人，表面上看起來是胸有成竹、做事穩妥，但其實這都是假象，他們是懶得動腦子，懶得去思考，所以儘管他們做事比其他人都來得慢，但是並不代表比其他人都做的好，該考慮不到的還是考慮不到，該做錯的還是做錯，他們沒有遠大的理想，沒有崇高的目標，得過且過，有的吃，有的睡就很滿足了。

走路抬頭挺胸，看我多厲害啊

很多時候，肢體「語言」比嘴巴更誠實，嘴巴會受到大腦的控制，說出一些違心的話，但是肢體「語言」卻不會，仔細觀察人的肢體「語言」很容易看出他是怎樣一個人，而肢體「語言」中最容易觀察的，就是一個人走路時候的姿勢。

走路內八或者外八的人，頭腦聰明，但有些固守陳規，不善於交際，經常不動聲色的就把事情做完了；走路沒有固定模式的人，性格開朗、大方，不拘小節，但有時有些鑽牛角尖；走路雙手雙腳放平的人，性格比較偏唯唯諾諾，沒有什麼遠大的理想和目標，保持知足者常樂的心情，這類人大多數都心態平和，不容易動怒；而走路抬頭挺胸、擲地有聲的人多以自我為中心，自視甚高，做事情的時候不願意低頭求助旁人，也不願意多花心思構築人際關係網。

謝震虎是某知名週刊的副主管，專門負責整理香港藝人的新聞和消息。平時他給人的感覺有些以自我為中心，凡事都只為自己著想，走路的時候也總是抬頭挺胸給人不可一世的感覺，很多同事都不太願意和他接觸。

有一天，謝震虎正在整理隔天週刊要刊登的內容的時候，電腦因為故障當機了。重啟的時候，資料有一部分變成了亂碼。按說這個時候謝震虎應該找到提供這段資料的人，跟他再要一份，但是他沒有，因為他知道寫這個稿子的人就是最近正在跟他競爭主管位置的張嵐，他不願意因為這點小事開口求她。於是他開始從頭閱讀文章，希望藉由上下文來揣測亂碼部分的內容。可是很不巧的是，這個文章寫的是明星戀愛的始末，中間亂碼的部分是這個明星和一個知名企業家的獨子談戀愛的事情，對於這個事情，這個明星一直很低調，直到前幾天才授權他們週刊獨家專訪，所以他們之間是否真的確立了戀愛關係沒人知道。

謝震虎為了弄清楚事情的真相，只得再一次撥通了這個女明星經紀人的電話，電話那頭的經紀人一聽這個事情就不高興了，他說，我們前幾天專門安排時間接受了你們的專訪，怎麼到這個時候還來問呢？你們做專訪的人呢？

掛了電話沒多久之後，謝震虎就被叫到了經理辦公室，經理十分生氣的說，關於那個女明星的專訪，我們不是已經做出來了嗎？為什麼你還要打電話去詢問，這樣會顯得我們週刊很不專業你知不知道？本來我還考慮把你提升為正式的主管，但是你做事實在是欠考慮，我看還是算了吧。

這就是自視甚高帶來的結果，明明遇到了自己無法解決的事情，卻仍然不願意放低姿態請教他人，最終的下場就是耽誤了事情，耽誤了自己的前途。

一般來說，走路習慣抬頭挺胸的人都很重注外表，不管是男性還是女性，在出門前都會在鏡子前面逗留許久，看看髮型有沒有亂、領帶有沒有歪、妝容有沒有瑕疵、外套有沒有熨燙整齊、褲子有沒有和鞋子配套等。工作中，他們因為有敏捷的頭腦和超強的條理性，所以能把每件事情都安排的井井有條。但這類人最大的不足就是在看似自信的外表下隱藏了一顆羞怯的心，為了保護脆弱的自尊心，他們寧願自己一肩扛起所有的事情。

與這種人共事的時候要注意，雖然他們的組織力和判斷力都很好，但是常常是說的比做的多；雖然他們能把每件事情都安排的井井有條，但是因為缺乏堅持的精神，所以常常是虎頭蛇尾。和他們在一起工作，對於那美好卻遙遠的偉大藍圖，我們還是做一個看客，在旁邊吶喊助威的好，以免投入了很多精力最後卻沒有回報。

☆重點請畫線☆

當遇到這種走路抬頭挺胸、心高氣傲的同事時，不必要刻意的排擠、孤立或者遠離，因為相較於內心陰險，喜怒都不行於色的人來說，他們是很好琢磨的。而且他們敏捷的思維和良好的判斷力很可能會成為你成就事業的踏腳石和敲門磚。

常搖頭晃腦的人，胸有成竹

頭位於身體最上端，是語言和動作的「總司令」，它匯集了所有表情器官，因此從某種意義上說，觀察頭部得到的資訊是最準確的。

通常來說，頭部突然上揚，代表此人很吃驚、或者突然明白了什麼事情；頭部垂下呈現低頭姿勢說明此人有些消極、不自信；頭部僵直表示此人正在受到某件事情的煎熬，內心非常掙扎；頭部向側方向移開表示此人想要迴避一些可能對自己造成傷害的事情或者想要隱藏自己；頭部向前伸既可以表示愛意也可以表示恨意，對於相愛的人來說，向前伸頭表示正沉醉在美好的感情之中，對於有恨意的人來說，向前伸頭表示「來呀，我不怕你」；經常搖頭晃腦表示此人非常有自信，甚至有些唯我獨尊的感覺。

吳建茹是一家服裝公司的採購員，平時工作的時候經常會自覺不自覺的搖頭晃腦。比較了解她的人知道這是她有自信，胸有成竹的表現，不了解她的人則會認為她有些怪異。

一次，公司想要生產一種新質料的連衣裙，因為此前從未涉及過，所以上頭指令一下來，吳建茹馬上投入了緊張的工作之中。她先是上網搜索了生產此類布料的廠家有哪些，又弄清了具體的聯絡方式。然後她就開始一個個登門拜訪了。幾次溝通下來，吳建茹發現這種質料的布料不僅成本高，而且存量少，生產速度慢，很容易出現供應不上的情形，工作陷入了僵局。為了找到解決的辦法，吳建茹經常徹夜不眠的加班，研究各個廠商之間的差異，尋找新的供貨源，那段時間，吳建茹就連走路時都在思考問題，甚至有時候還會撞到別的員工。

經過一段時間堅持不懈的努力之後，吳建茹終於解決了供貨的問題——她同時簽約了三家廠商，並且以既統一又低廉的價格成交了。很多同事都很好奇吳建茹是怎麼做到的，吳建茹說沒什麼啊，我只是掌握了這三個廠家的第一手資料，知道他們都有一些存貨急待清空，雖然每家都不多，但是加起來就夠我們公司用的了。而且我用最低的價格分別跟他們談，告訴他們同時還有其他家在競爭想跟我們合作，所以他們就讓步了。一個同事追問到：「你一說他們就同意了？這麼簡單？」吳建茹搖頭晃腦的回答說：「不簡單呦，你知道我為了掌握切實的資料花費了多少心思嗎？他們的承受能力和價格底線都在我的心裡，因為我做了充足的準備，所以我非常自信他們會接受我的條件。」

經常搖頭晃腦的人做人做事都有自己獨到的看法和見解。雖然有時候他也會詢問旁人的意見或者看法，但這並不代表他會接受，他只不過想從旁人的話語中得到一些啟發而已。對於這種人，我們要學會「攻防兼備」，在利益發生衝突的時候「攻」，用事實來打擊他的自信心，用行動來澆滅他的囂張氣焰，在利益一致或者沒有衝突的情況下「防」，讓他自由發揮，也許在他「發揮」的過程中我們能得到或者找尋一些對自己有益的機會，讓我們事半功倍的做好事情。

☆重點請畫線☆

日常工作中，遇到這種經常搖頭晃腦的人，我們要學會用平常心看待，其實他們只是表達的方式和其他人不同而已，其他人的自信可能放在心裡，實施在行動中，而這種人的自信就要透過頭部動作展現出來。只要沒有妨礙到我們做事情，不妨就讓他繼續搖，畢竟多個朋友多條路，多個敵人多堵牆，而牆豎多了，遲早會把我們前進的路都堵死的。

第二章　言為心聲，聽聲識人

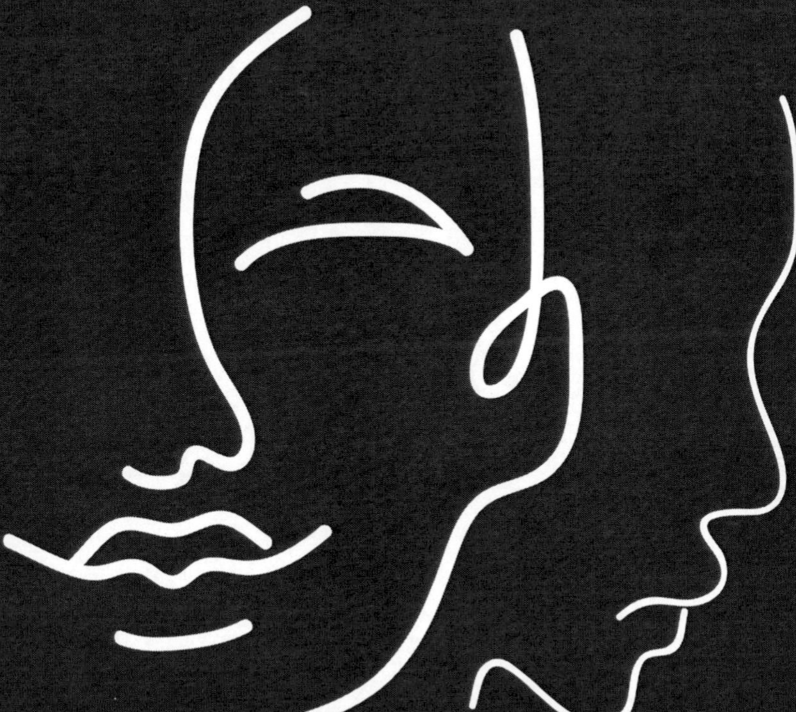

一開口就「老實說」的人，可能最不老實

人是高級、理性的動物，和其他動物最大的區別就在於人懂得使用語言。人在使用語言的過程中，會交替使用「理性」和「本能」兩個部分，理性的部分就是人們經過思考和邏輯整合表達出來的，本能的部分就是人在說話的時候不經意穿插的字、詞或者簡短的句子，這些字、詞、短句因為沒有經過理性的思考，所以一般來說沒有什麼實際的涵義，對表達的內容不構成影響，可以不予理會。

但是，如果對方與你有利益上的關係，這些透過本能說出來的話就需要引起注意了。因為相對於經過思考和加工說出來的話，本能的簡單詞句更能反應說話者的真實意圖。「老實說」就屬於這類。

老李是一家紡織企業的員工，今年四十五歲的他一畢業就進入了紡織廠工作，最近這幾年漸漸被提拔到了管理階層，這讓學歷不高，家境有些窘困的老李非常開心，覺得生活總算有了希望。有一次，他和幾個同事去洽談工作事宜，因為在首輪洽談中，雙方在原料選擇以及交易價錢上產生了比較大的分歧，所以老李等人只能再去溝通。

這次對方派出的是一個看起來十分精明、幹練的女性，為了先發制人，老李準備跳出來扮演「黑臉」，豈料話還沒說出口，就見對方那位女性擺出了十分誠懇的表情，說道：「老實說，我並不擅長談判，也不懂什麼談判技巧，我只覺得就算是做生意也要將心比心，所以一開始就把公司給我的底價和能提供的最好的原料都告訴你們了」，接下來，她給老李等人看了一連串的資料，證明自己公司產品性價比是很高的。在老李等人稍有動搖的時候，她又說：「老實說，剛才給你們看的資料恐怕都涉及公司的一些機密了，但是我覺得你們是很好的合作夥伴，如果能以此讓我們雙方彼此信任，並且達成合

作關係，這就值得了」。看到對方如此誠懇，老李等人也開始放下心防，後來終於簽訂了合約。

回到公司後，老李等人把合約交給了經理，經理當下就大發雷霆，原來他們用很高的價格購買了非常廉價的原料，這樣的原料生產出的產品投放到市場上根本就沒有競爭力可言。從經理辦公室出來，老李等人頹廢的圍坐在一起反思此次談判失敗的原因。剛開始他們幾人確實對對方公司的條件存有疑慮，但後來為什麼接受了呢？想來想去，老李長嘆了一口氣說道：「唉，上了『老實說』的當了」。

一開口就「老實說」的人，表面上看起來很在意其他人對自己的看法和評價，擔心對方會誤解自己，所以才會一直用「老實說」來強調事情的真實性。如果追根究底的探討為什麼這類人如此擔心別人誤解自己，為何如此在意對方是否認可自己？如果不是過度的缺乏自信和自我肯定，那恐怕就說明他說的話虛構成分居多，真實性欠佳，再說簡單一點就是他不老實，在騙人，所以才會一直迫切的要求別人相信自己。如果說話者在「老實說」的同時還伴有摸嘴巴、摸鼻子、眼神閃躲等動作時，則可以認定，此人在說謊話。與這種人共事的時候，我們一定要堅定自己的立場，不要被對方看似忠厚的眼神、誠懇的話語所蒙蔽，否則到最後，忠厚的眼神會成為穿腸的毒藥，誠懇的話語會變為滴血的匕首。

需要注意的是，世事無絕對，把「老實說」掛在嘴邊也有可能反映說話者的不自信或者說話者誠懇的態度，所以不要一棒子打死所有人，認為所有「老實說」的人都是騙子，都不能與其交往或者共事。至於「老實說」究竟代表什麼涵義，就要結合說話者的性情和其他日常行為去具體問題具體分析。

☆重點請畫線☆

如果一個人在說話的時候經常用「老實說」來過渡，那麼就要格外注意了，這說明他在用「老實說」這三個字來換取思考的時間，以便想出更加有說服力的「事實」，讓對方覺得自己可靠、真誠，可以信賴。

留意語速變化，緊抓他的內心活動

小王有很好的口才，而且說話也很幽默風趣，同事們都特別喜歡跟他在一起，因為他到哪裡都是笑聲一片。但是小王也有自己的煩惱，那就是他一看見自己喜歡的女同事小齊時，他就會思維遲鈍、說不出話。如果這個時候恰好小齊也在看他，那他就會面紅耳赤、不知所措，甚至有的時候連話都不會說了。每次小王都想在小齊面前展示自己的口才，從而獲得她的好感，可是結果總是很尷尬，對於自己屢屢的「臨陣怯場」，小王鬱悶壞了。

我們不要去笑話小王，可能當你面對自己喜歡又未曾表白的人時，也會出現「大腦一片空白，說話顛三倒四」的情況。這其實就證明了一點：當心裡有事，我們往往會在說話尤其是語速上表現出來。也就是，人們內心的狀態會透過說話反映出來，而內心狀態的變化，又會直接反映在語速的變化上。

一般的，語速很快的人，通常性情直率、精力充沛，同時可能有點自我和固執。相反，語速很慢的人則往往老實厚道、行事謹慎，有時甚至有謹小慎微和過於敏感之嫌。若語速突然由快變慢或由慢變快，則表示說話者的內心正在起著變化。

如果我們能夠很好的留意對方語速的變化，就能夠抓住對方的心理，從而贏得制勝的先機，特別是在商務談判的過程中。

有一次，在一個交易會上，我方外貿部門要與一個客商洽談出口業務。小李代表我方與客商進行主要談判，在第一輪談判中，客商就像一隻狡猾的狐狸，採取各種招數來摸我們的底，每當客商感覺馬上要打探到我方的關鍵資訊的時候，客商說話的語速就會很快，掩飾不住他內心的緊張和激動，而這一切都被小李看在眼裡，小李可不是一般人，他是學過心理學的研究生，對於客商這些語速變化而表現出的內心變化可以說是瞭若指掌，於是正當客商羅列過時行情，故意壓低購貨的數量的時候，小李明智的選擇了中止談判，開始搜集相關的情報。

第二天早晨，談判又開始了，客商一上來就慢悠悠的說道：「我們覺得吧，價格不能再高了，不然我們就找別的廠子了。」精明的小李一聽客商說話的語速這麼慢，而且還不著急，心想糟了，肯定是客商知道了我們的報價，這個時候小李只能給對方放煙霧彈了。雖然小李內心恐慌，但是他還是讓自己鎮定下來，對客商說：「價格的問題我們待會兒可以商量，我們想讓您先看看我方產品，我方的價格雖然比別的廠商要貴一些，但是我方產品有中國某保險公司給擔保的，這樣產品非常有品質保障，而且我方產品是進行追蹤服務了，出現了問題，公司會直接派專業人員上門進行維修，而且所需的維修材料保證也是我方產品。」

客商聽完這些話之後，用平緩的語氣說道：「嗯，請接著說。」小李一聽，知道客商這時放鬆了警惕，已經被小李牽著鼻子走了，早就忘記他之前價格的事情了。小李趁熱打鐵繼續說道：「其實這麼算下來，您自己找人來維修，所花費的金錢，時間，精力足夠讓您得到比這價格更大的利潤，我想您應該會做出明智的選擇。」

在經過一些小的交涉之後，乖乖就範，接受了我方的價格，購買了大量該產品。

有的時候如果我們能夠多留意一下別人說話的語氣、語速，就不難看出他們的內心變化，而我們能夠很好的抓住一個人的心理活動，基本上可以說你就真正的「控制」住了這個人，正所謂，對方就是一頭牛，而你則是一個牽著牛鼻子走的「放牛人」。

☆重點請畫線☆

假如一個人平時說話慢慢悠悠、從不著急，而在某一時刻忽然變得又較快又急，甚至還進行反駁，那麼很可能是你說了一些對他十分不利並且是無端誹謗的話，這時你要趕緊讓對方道歉，請求對方的原諒；而如果一個人平常語速很快、口若懸河，可某一刻突然支支吾吾、前言不搭後語，則很可能是你觸及了他的一些短處、弱點甚至是錯誤，要不就是他有事瞞著你，這個時候你就要心裡明白了，有些話該說，有些話不該說，而他說的話也未必都是真的。

突然變得健談，也許他在逃避話題

趙衛國從小就是一個性格內向，不願意多說話的人，長大結婚後，他還是一如既往的沉默少言，就算遇到家庭問題他也是簡單幾句話表明態度後就不吭聲了，氣得老婆總罵他是「氣死人的悶葫蘆」。

可是就在國慶日這段時間，老婆發現趙衛國變了，不僅願意跟自己聊天而且還很健談。原來趙衛國跟老婆一天都說不到十句話，但現在老婆只要起個頭，他就馬上嬉皮笑臉的迎合，還總說一些不著邊際的話。每天晚飯過後，他們夫妻倆都會坐在一起看情感節目，每次看到負心的男人背叛妻子，趙衛國的老婆都會氣憤的評論：「這個老婆多好，多賢慧，又能持家又能賺錢，孩子教育的好，父母服侍的好，這個男人眼睛長到哪裡去了，怎麼一點也不懂得珍惜！」如果在以前，趙衛國都是默不作聲的任憑老婆評論、發洩，但現在，趙衛國只要一聽到老婆要開始長篇大論就馬上轉移她的注意力，要不就跟她聊一聊工作中的事情，要不就聊一聊房子、車子，或者就乾脆帶老婆出去遛彎。

對於趙衛國性格的一百八十度大轉彎，他的老婆覺得十分訝異，但也沒有說什麼，畢竟現在的趙衛國更容易相處，夫妻間的交流也更多了。直到有一天，她在趙衛國的QQ上看到了一個自稱「小薇」的人發來的曖昧資訊，她才驚覺事情不妙，她進入趙衛國經常使用的信箱，發現近期他們二人的聯繫非常多，甚至已經互稱「老公」、「老婆」，這時她才知道原來趙衛國的轉變是因為想封住自己的嘴，讓自己沒有機會提及愛情、提及背叛、出軌，以免發現趙衛國的異樣。

現實生活中，像趙衛國一樣「突然變得健談」的事情也是時有發生的。比如一個內向的小男孩在弄壞了班裡的玻璃後，一到父母面前就會不停的說今天老師講的課有多複雜多難懂；沉默小女孩在弄壞了媽媽的高跟鞋後會先跟媽媽抱怨家裡的貓撓了自己，狗嚇壞了自己；木訥的男人跟喜歡自己的女人待在一起會不停的說話，甚至不給對方表達的機會。

內向的小男孩跟父母談功課是因為想逃避弄壞玻璃的事情；沉默的小女孩抱怨貓狗是因為想逃避弄壞媽媽鞋子的事情；木訥的男人不停說話是因為他不喜歡對方，不想讓對方有機會表白，以免使自己陷入進退兩難的境地，讓雙方都尷尬。

張婕在公司工作已經七個年頭了，性格外向的她很受同事歡迎。一次，公司宣布要提拔一些工齡長的，對公司有貢獻的基層員工到中層管理部門去工作，具體人選由員工投票產生。張婕聽到這個消息十分興奮，趁著公司組織員工出去郊遊的機會，張婕跑到平時跟她關係最好的同事那裡，希望她能投自己一票。

「小薰，這次的選拔，你要投我一票喔」，

「呀，肉烤熟了呢，我們快去吃吧」，小薰拉著張婕一頭栽入烤肉堆狂吃了起來

「小薰，我剛剛說的你有沒有聽到呀，我們關係那麼好，你一定要記得投我」

「你還別說，我們公司的用人機制還真是很不錯哈，讓所有努力的人都有機會升職。哎？張婕你聽說了嗎？晨光百貨最近在打折喔，買一千送三百，改天我們一起去吧，我看中了一個酒紅色的裙子，有雪花形狀的蕾絲邊，非常漂亮。而且我還想再買一個X牌的睫毛膏，上次買了一個超級好用的，就連剛游完泳上來都不會暈開，如果一次買兩個還可以打八五折，我們一人買一個吧⋯⋯」

根據上述種種，我們不難發現，突然變得健談往往是因為遇到了一些事情，並且這些事情是自己不願意去面對的，所以會想方設法的轉移話題，把對方的思維引導向其他地方，以免出現一些可能會讓自己感到尷尬或者是自己無法應付的問題。與這些人打交道或者一起做事情的時候，我們會發現沒有技巧的交談往往是在浪費時間，談了很久都沒有得到什麼有用的資訊或者結果，這個時候建議把他們約到環境清幽，能讓人放鬆的地方，先讓對方卸下心防，然後直入主題，不給對方轉圜的餘地，這樣才能達到理想的效果。

☆重點請畫線☆

如果一個人在某種場合突然變得健談，有可能是因為他想吸引某個特定人物的注意；如果一個在某個事件中突然變得健談，有可能是因為出現了他極為感興趣的話題，這些都不必過度擔心。但是如果一個人每次變得健談的時候都是在轉移話題，轉移對方的注意力，那就值得加倍留意了。

有理不在大聲，聲調高的人可能更沒理

王婉霏是一家美容 SPA 的負責人，有一天，一個正在做牛奶浴的客人大聲的喊道：「服務員，服務員，你們的牛奶浴是怎麼回事？怎麼都結塊了？」王婉霏聽完阻止了剛要上前查看狀況的小張，自己親自走過去，親切的問：「女士你好，發生什麼情況了？」這個女士指著浴缸裡的牛奶大聲說：「你們的牛奶品質有問題，是不是給我添加的是過期牛奶？」

王婉霏看了看，沒有說什麼，讓服務員重新準備了一個牛奶浴，然後走上前微笑的說道：「請不要在泡牛奶浴的同時用果酸去角質，果酸和牛奶混合在一起就會造成結塊，看起來好像牛奶壞掉了一樣」。王婉霏的解釋讓很多側耳傾聽的客人消除了疑慮，也讓這個女士滿臉通紅的扔掉了手裡的果酸。

角落裡，很多服務員都替王婉霏打抱不平：「明明就是她的錯，剛才居然還那麼大聲嚷嚷，王姐你為什麼不當眾指責她？」王婉霏微微一笑說道：「就是因為她粗魯的大聲嚷嚷，我才更要用親切的方式對待她，如果我也跟她大聲嚷嚷，店裡其他客人會怎麼想？再說，有理也不在大聲呀。」

王婉霏的故事告訴我們，有理不在大聲，音調的高低和是否有理不成正比。事實上，沒有理的一方才會用聲勢來壓人，有理的人反而不會用高音調給自己「撐腰」。為什麼無理的人要用聲勢來壓人呢？其實無外乎三點：

第一，心虛，知道自己不占理，但為了不丟面子，只能「無理辨三分」，以求給自己找個台階下；第二，利用人們「趨弱避強」的心理，想透過凌人之勢來壓倒對方，以便得到不屬於自己的利益；第三，確實沒有意識到犯錯誤的是自己，把所有過錯都歸咎於他人。

對於第一種人，我們可以採用「此時無聲勝有聲」的方式，靜靜的看對方發揮，看對方表演，等對方覺得找到台階下或者自感無趣的時候，自然會摸摸鼻子安靜下來。如果等了很久對方還在飛揚跋扈四處叫囂，我們也不要因為不耐煩而加入戰局，安靜依舊是最好的方法，因為每個人心裡都有一把尺，誰是誰非大家都很清楚，只不過不願意講出來而已。此時的安靜會讓周圍人覺得你很有修養，對你心生敬意。

對於第二種人，我們要堅持自己的立場和觀點，須知，沒有「理」的人看似強勢，其實只是一個紙老虎，除了張牙舞爪的虛張聲勢之外沒有任何能力，所以當他得知「趨弱避強」的心理在我們身上沒有任何作用之後，自然而然的就會敗下陣來。

對於第三種人，我們要先讓對方知道自己才是犯錯誤的一方，就好像開篇故事中的王婉霏一樣，用平和的態度去解釋，讓對方自己退讓。

總之，不管遇到上述哪種人，自己保持冷靜、思路清晰是最重要的，千萬不要頭腦一熱就加入戰局，更不要被對方的態度激怒，要知道，有些人就是等你怒火中燒的時候從中獲利，所以保持冷靜的態度，才能最大程度的讓事情按照自己的意願發展。

☆重點請畫線☆

生活中，如果我們是占理卻吃虧的一方，建議也不要用高聲調來壓人。因為「理」在我們這邊，事情會得到合理的解決。但如果我們大聲斥責很可能會讓整個處理事情的過程變得讓人不舒服，因為人都是有尊嚴的脾氣的，我們仗著有理大聲嚷嚷，那麼對方則會用相同的態度來對待自己——這是人之常情。正所謂「大事講原則，小事講風格」，對於一些小事，完全可以用平和的態度來解決，因為絕大部分人都是講理的，如果認為自己占了理就可以咄咄逼人，甚至採用極端的處理方式，那麼很可能會使自己從有理變無理。

常說「所以說」的人，通常愛獨攬功勞

日常生活中，很多人說話的時候都會有一些口頭禪，好像沒有它們表述的就不夠完整舒暢。「口頭禪」起源於佛教禪宗用語，是指還沒有經過心靈證悟就把一些現成的經言和公案掛在嘴邊，裝作很得道的樣子。演變至今，口頭禪成了個人習慣用語的代名詞，喻意沒有經過大腦就脫口而出的詞句，而正是因為這些詞句沒有進過頭腦的「加工」，所以可以透過它們看清人心。

比如，經常說「說真的」、「的確」、「不騙你」的人大多脾氣比較急躁，很在意外人對自己的看法，希望自己被認可，被接納，被信賴；經常說「應該」、「必須」、「必定」、「一定」的人自尊心、自信心很強，認為自己的想法才是正確的，並且自信能夠改變他人的想法；經常說「聽說」、「據說」、「別人說」的人見多識廣，處事圓滑，給自己留有退路；而經常說「所以說」的人喜歡自以為是，經常以聰明自居，為人處事都比較強硬，喜歡把功勞攬在自己身上。

周建軍某化妝品公司企劃部的一名老員工，在本職工作做了快二十年，雖然表面上大家對他都很尊敬，見到面時會喊一聲「周哥」，但是私底下，很多人都對他心存不滿。

一次，公司為了宣傳新產品，想要在西單大廈做一個推廣活動。本來原計畫是在人流最多的週末

舉辦活動，但是因為週末場地租金費用太高，公司撥出的經費不夠，所以無法兩天都宣傳，但是對於一個新產品來說，僅僅一天的宣傳顯然是不夠的。於是企劃部有的員工提議，要不就在週四、週五兩天進行宣傳，因為工作日場地租金費用也比較便宜，聽到員工的建議，周建軍跳出來說：「要不就這麼辦吧。所以說，年輕人的思路不要太古板，要活動一點嘛」。說完之後，他就自告奮勇的跑去跟企劃部經理說這個建議，但被駁回了，經理認為工作日兩天的人流量還不如週日一天的大，所以活動還是決定在週六舉行。

週六這天，西單照舊是人山人海，活動剛開始進行的很順利，很多人都在圍觀，但後來出了點小插曲——下雨了，圍觀的群眾散了，工作人員也都進入屋內避雨，這場突如其來的雨讓大家都有些措手不及，周建軍此時又說道：「所以我就說嘛，決定出來做活動之前應該先看天氣預報啊。」對於周建軍的自言自語，沒有同事願意搭話，這時一位工作人員進來說，看天色，待會兒雨就會停了，大家準備一下啊。果然，十多分鐘後雨停了，太陽也出來了，同事們興致勃勃的開始重新準備活動，完全無視周建軍在後面的大喊：「你們看，你們看，我就說嘛，雨很快就會停的，所以說根本沒有鬱悶的必要啊」

周建軍把「所以說」掛在嘴邊，總是自認為自己很有先見之明，能夠預知事情的前因後果，當他人說出事情結果的時候他會迫不及待的跳出來說：「你看吧，我早就說過，事情一定會是這個樣子」，一遍又一遍的強調自己對事情的發展早已瞭若指掌，一遍又一遍的重複告訴他人這件事情的功臣是我，功勞是我的。正是因為他的這種性格導致周圍很多同事都對他心存不滿，而他自己卻一點感覺沒有，他不僅不覺得自己是個傲慢、令人厭惡的人，相反，他還會認為沒有人理解他，沒有人願意傾聽、了解自己的心聲，認為自己相當值得同情。

剛開始跟這種人接觸的時候會覺得他們似乎挺善於總結，但是接觸時間長了就會發現根本不是那麼回事，他們只是喜歡獨攬功勞。總是認為自己的想法和看法才是最全面的，認為自己的話應該具有公信力和權威性，說話不顧及他人感受，有強迫他人接受自己意見的態勢，因此跟這種人相處時常常會有被傷害到的感覺。如果我們也有「所以說」這樣的口頭禪，那麼盡早改掉吧，不要成為眾矢之的，不要讓三個字成為我們做好事情的障礙。

☆重點請畫線☆

跟這種人相處或者共事的時候，忍耐就顯得十分重要了。雖然他們比較不容易相處，但只要明白他們其實只是希望能得到別人的認同，希望別人認為自己是見多識廣的就行了，沒必要過多的計較，畢竟沒有人會平白無故的給自己樹敵，成功的路上，每個不是敵人的「朋友」都會是我們潛在的助力。

打電話時聲音很大，太希望自我表現了

電話是現今人們日常生活中的必備用品，打電話更是日常生活中最頻繁發生的動作，聯繫客戶要打電話，慰問親人要打電話，表達愛意要打電話……有的人打電話的時候聲音很小，不仔細聽還以為他在喃喃自語；有的人打電話時候的聲音很大，好像生怕旁人不知道自己在幹嘛。後者一般表現欲望比較強烈，非常希望自我表現。

狄瑩瑩是一個個性開朗，活潑外向的女生，剛剛高中畢業的她前一段時間報名參加了某劇組甄選

演員的工作。

到了指定地點才發現，前來報名的女生非常多，環肥燕瘦什麼類型的都有。每個人都按照要求表演了一段才藝秀，因為人多，所以狄瑩瑩等了很久還沒有輪到她，無聊至極的她開始給自己的好朋友打電話，電話一通，狄瑩瑩就開始大聲跟朋友聊天，不僅跟朋友描述今天壯觀的甄選場面，還逐個評論正在表演的人，完全不顧及周圍其他候選人投來的厭惡眼光。

後來，一個長相很清秀的女孩過來拍了拍狄瑩瑩的肩膀，示意她小點聲，吵到別人了，剛開始幾分鐘狄瑩瑩還控制了一下音量，但是漸漸的聲音又開始大了起來，說道興奮處還會手足舞蹈。

最後終於輪到狄瑩瑩上台表演了，別說，狄瑩瑩還真獲得了評委了好感，和另外一個女孩子並列成為了最終候選人。這時評委找上來一個人，狄瑩瑩一看就是剛剛讓她講電話小點聲的那個清秀的女孩，原來，這個女孩也是劇中演員，並且要和狄瑩瑩報名的這個角色演對手戲。評委對這個清秀的女孩子說，現在最終勝出了兩位候選人，她們的水準不相上下，你跟她們聊聊吧，看看哪個跟你搭戲更有默契就用哪個。結果毋庸置疑，狄瑩瑩落選了。

也許到最後狄瑩瑩也不會明白為什麼自己會落選，她可能無法理解自己強烈的表現欲望給他人帶來了怎樣的困擾。

自我表現欲望強烈的人，通常是自信心非常強的人，他們不會放過任何一次表現自己的機會，即使是打電話也一樣。他們提高嗓門，放大音量，其實就是想引起周邊人的注意，如果談話中有一些能讓他感到驕傲和自豪的事，他甚至不介意把事情的來龍去脈「現場直播」給所有人聽。

工作中，自我表現欲望強烈的人還能夠在短時間內吸引上司的目光——因為他們總是找機會有意無意的表現自己，上司想不注意都難。在公司集體活動中，這種人也是最容易出風頭的，有些人只能在家人、朋友面前表現，到了正式、公開場合就緊張的說不出話來，而自我表現欲望強烈的人越是在

打電話時聲音很大，太希望自我表現了

這樣人多的場合越喜歡表現自己、發揮自己的才能，屬於俗話說的「給點陽光就燦爛」的那種人，即使是他不擅長的事情，為了表現自己，他也會不斷的插科打諢，讓別人注意到自己。

如果你是這種性格的人，那麼就要注意了，工作中你這種喜歡表現的個性也許會受到上司的歡迎和賞識，但也會成為你和其他同事相處時的障礙。因為你太喜歡表現自我，所以常常會搶了別人的風頭，沒有人會永遠甘當綠葉，時間長了，其他同事肯定會對你心生不滿。正所謂「木秀於林，風必摧之。」公司是一個大團體，如果這個團體中總是有人獨占鰲頭、搶人眼球，那麼其他同事必定會跟你保持距離，因為你的出色表現會把周圍的人顯得非常平庸。時間長了，其他同事會自然而然的團結成一個小團體來對抗你、排擠你。試想，在這樣糟糕的環境下，還能做出什麼成績來呢。所以，不要再鋒芒畢露了，收起你表現的欲望，只在適當的時候拿出來展示一下，平時還是安心當一個「凡人」吧，要知道好的人緣也是做好事情的必備條件。

☆重點請畫線☆

喜歡表現自己沒有錯，但不分時間地點的表現自己就不對了。要知道，每個人都想當主角，但關鍵是時機是否合適，因為好的主角是需要很多配角來陪襯的，如果所有配角都在跟你鬧脾氣，那麼你這個主角還有什麼可發揮的餘地呢，所以學會審時度勢吧，只有這樣你才能不被排擠、才能有能力做好事情、做對事情。

不分時間打電話，一看就比較自私

有時候，電話鈴聲會在我們專心工作的時候響起；有時候，電話鈴聲會在我們香甜入夢的時候響起……很多人打電話之前都沒有看時間的習慣，想打就打，完全不顧及別人的感受。如果是有什麼特別重要的事情那還可以理解，但其實絕大多數電話一接起來都是些私事，什麼家裡的小貓下崽啦，隔壁的百貨公司週年慶啦，跟男朋友鬧彆扭啦等等，這種不分時間給人打電話的行為實際上是一種很不禮貌、很自私的表現。

徐夢傑在一家國企工作，一心希望升職的她經常加班到深夜，週末也會自己在家裡學習充電。對事業的執著讓她每天都過的很充實，但是有一件事情一直讓徐夢傑有些困擾，那就是她的閨密小薰經常會不分時間的給她打電話。

有一次徐夢傑正在整理資料準備待會兒開會時使用，這時手機鈴聲響起來了，是小薰打來的，她想要找徐夢傑週末去逛街，徐夢傑一聽沒有什麼重要的事情，就敷衍了幾句，說：「嗯，好呀，小薰，我馬上就要開會了，待會兒再說哦」。匆忙掛斷電話之後，徐夢傑就衝到會議室去了，會議剛剛開始沒有多久，徐夢傑的手機又響了，一看，還是小薰打來的，這時會議已經被迫暫停，所有人的目光都匯集到了徐夢傑這裡，其中還有徐夢傑上司不滿的眼神，緊張萬分的徐夢傑趕緊把手機關掉了。

還有一次，徐夢傑在公司加班，回到家時已經很晚了，疲累不堪的她草草沖了一個澡就上床準備睡覺了。剛要進入夢鄉，小薰的電話就來了，徐夢傑看了一眼時間，已經是晚上二十三點了，雖然很累，很想休息，但她還是接起了小薰的電話。電話那頭的小薰似乎沒有注意到徐夢傑疲憊的聲音，一個勁的抱怨他的男朋友不貼心，她過生日，他男朋友都不能陪她，而且連禮物都沒有送一個等等。等小薰抱怨完掛電話了以後，時間已經接近凌晨了。

像小薰這樣不分時間給別人打電話的人往往都是比較自私的人，他們只在乎自己的感受，只要自己這個時候想打電話，想聊天，就會直接撥通電話，完全不會考慮對方的立場，不會考慮對方能不能接電話，合不合適接，這是一種自私的做法。

自私的人的生活都是以自我為中心的，在他們看來自己是生活中的絕對主角，其他所有人都是配角，都要圍在他身邊，跟著他喜、跟著他憂，他希望能隨時隨地從旁人那裡獲得自己想要的物質需求或者精神需求，但卻從不肯輕易為旁人放棄自己的需求。

當他們提出的需求得不到滿足的時候，他們就會火冒三丈，認為對方不講義氣、不夠朋友；但當對方提出的要求他不答應時，就不會認為是自己講義氣、不夠朋友了，而是會抱怨對方自私、不懂得為他著想，總是提一些過分的要求。

在他們眼裡，自己永遠是有道理的一方，自己永遠是對的，自己的利益和需求永遠都是應該擺在第一位的，其他人的利益或者需求都沒有自己重要。

☆重點請畫線☆　對於這種不分時間打電話的人我們還是保持一些距離比較好，因為剛剛接觸的時候也許我們會認為他們很熱情，很好接觸，是朋友的不二人選，但時間長了就會發現他們的熱情都是來源於自身需求，他們想找你的時候就會顯得特別熱情，反之，他們會顯得很冷漠。

習慣讚美別人的人，不會輕易得罪人

《孟子》有云：「良言一句三春暖，惡語傷人六月寒」，良言不是蜜，但是比蜜甜；良言不是花，但是比花好看。如今，良言又有了進階版，那就是讚美，讚美是暢銷全球的通行證，讚美能讓友誼開花，能讓仇恨消解，讚美能讓人和人之間的相處更融洽。習慣讚美別人的人，很容易被接受，習慣讚美別人的人，懂得滿足對方的虛榮心，不會輕易得罪人。

彥立婷是某模特公司的新進模特，身高一百七的她雖然個子上不占什麼優勢，但是她的皮膚白皙，五官立體，最重要的是彥立婷的嘴非常甜，作為一個新模特，她對別人總是不吝讚美之詞。剛開始大家都認為這是彥立婷在做姿態，因為模特之間的競爭非常激烈，她想給別人留下一個好印象也是正常，但後來接觸時間長了之後，大家發現她的讚美確實是發自內心的，也就都卸下了心防接納她，漸漸的彥立婷成為了公司人緣最好的模特之一。

一次，一個洗髮乳公司要找一個模特去拍廣告，公司派出了一個資深的名模煥煥，本來以為這件事會順利進行下去，沒想到，過了幾個小時煥煥氣衝衝的回到了公司，說她不接這個廣告，一問原因才知道，原來這個洗髮乳公司要求煥煥在冬天下水不說，還拒絕提供溫水，要煥煥泡在室外的游泳池裡。煥煥是個資深的名模，何時有過這種待遇，她實在氣不過就和這個洗髮乳公司的負責人頂撞了幾句，誰知道這個負責人脾氣大的很，馬上就說不和煥煥合作了。

煥煥是公司的搖錢樹，公司不能讓煥煥太不開心，所以只能好言安慰，但是另一方面，公司又不能因為一個模特而得罪合作夥伴，想來想去，公司決定派出新模特彥立婷。彥立婷到工作現場之後，看到洗髮乳公司的負責人還是非常生氣，就走過去說：「你好，我是彥立婷，聽說貴公司要拍這個洗髮乳廣告，我非常開心，因為我一直都用這個牌子，是這個牌子忠實的擁護者，它洗頭的效果真的很好，我的頭髮又亮又滑而且還沒有分叉，所以我很希望能有個機會來拍攝這個廣告」。

洗髮乳公司負責人撇了一眼彥立婷，說道：「我們可沒有時間給你弄溫水，怕冷就趁早回去」，彥立婷微微一笑說道：「沒事的，我不怕冷，大家不都在外面受凍嘛，而且你們還這麼辛苦把游泳池弄的這麼乾淨，周圍又布置的如此雅致，能在這樣的環境裡拍廣告我覺得很滿意呢」。聽到這裡，洗髮乳公司負責人的態度終於有所轉變，他對彥立婷說：「可不是嘛，我們為了弄好這個布景一大早就來了」。

後來，彥立婷不僅接拍了這個廣告，而且還成為了這個洗髮乳的代言人。

公司之所以派出經驗還不十分豐富的彥立婷來辦此事，就是因為公司很了解彥立婷平時的為人，知道她習慣讚美他人，不會輕易得罪人，所以這個棘手的工作交給她辦是最合適的，而事實也證明公司的決定是對的，彥立婷不僅解決了這個僵持的局面，而且還給自己爭取到了更多的工作機會。

彥立婷這類人為人處事的方式就是「一加一」——讚美加不得罪。他們先用讚美俘獲他人的心，再用「不得罪」來鞏固自己的「勞動」成果，一段時間下來，周圍都是他的朋友，這樣的人成功的機率是很高的。

而想要學習這類人的成功方式，首先就要學會讚美。也許你會說，讚美很容易啊，多說好話就可以了，其實不然，讚美是一件好事，但不是一件易事。適當的讚美能溫暖人心，獲得對方的信任感；不恰當的讚美會讓人覺得虛偽、做作，會讓對方更討厭自己。那麼讚美時到底要注意些什麼呢？

首先，讚美要因人而異。世界上沒有一模一樣的指紋，世界上也沒有個性一摸一樣的人，就算是雙胞胎也不例外，所以讚美時首先要講究的就是因人而異，突出個性。比如對於年紀大的人來講，可以讚美他年輕時候的「豐功偉業」；對於年輕的人來講，可以讚美他們的才能和開拓精神，適當的表示很看好他未來的發展；對於經商的人來講，可以讚美他頭腦靈活，取材有道；對於幹部來講，可以讚美他清正廉潔，人民愛戴；對於研究人員來講，可以讚美他知識淵博⋯

其次，讚美要真心實意。每個人都有虛榮心，每個人都喜歡聽讚美的話，但並不是所有讚美的話都能讓人高興。比如，你對著一個胖胖的女生說：「你好苗條，好像名模哦」，這個讚美就不僅不會成功，還會讓對方覺得你油嘴滑舌、奸詐虛偽。但如果你仔細觀察她的穿著、談吐、舉止，發現她某方面的與眾不同後真誠的讚美，她就會覺得十分開心，會願意跟你進一步接觸。

再次，讚美要具體、清晰，不要含糊其詞。我們身邊絕大多數人都會很平凡的，沒有什麼轟轟烈烈的「偉績」能讓我們讚美，這時我們就要學會從小地方著眼，用非常詳細的讚美來讓對方覺得自己是真的很在意他、了解他的，這樣雙方的距離就會越來越近。千萬不要只是含糊其辭的說「你的工作很出色」、「你的品味挺高雅」等空泛甚至是不著邊際的話語，這樣不僅不能讓對方開心，有時還會引起不必要的誤會。

最後，讚美要及時。對於那些已經功成名就的人來說，我們的讚美只是「錦上添花」，沒有什麼特殊的意義，也起不到什麼明顯的效果。但對於那些處在人生低谷中的人來說，我們的讚美就好比一劑強心針，能讓他振作精神，勇往直前。

學會了讚美之後，就要學習他們不輕易得罪人的態度，其實這很好理解，前面已經用讚美為自己鋪好了路，後面就不要再得罪人給自己製造障礙。但需要注意的是，不輕易得罪人不代表不能得罪人，當我們認清對方是不懷好意或者根本就是抱著落井下石的態度時，就要毅然決然和對方進行鬥爭，維護自己的權益。

☆重點請畫線☆

讚美雖好，但也要懂得適可而止，否則再真誠的讚美都會讓人覺得是「疲勞轟炸」，時間長了以後就會覺得你除了讚美別人沒有其他的本事，就會漸漸遠離你。

愛打聽別人隱私，心藏控制欲

有位哲人曾經說過：「距離產生美。」在人際交往中，保持適當的距離既是禮貌的象徵，也是保護自己隱私的一種方式。但總有這樣一些人，他們樂此不疲的打聽別人的隱私，好像這是他們生命中最值得關注的事情。心理學家表示，愛打聽別人隱私的人，一般控制欲都很強，他想透過獲得隱私的方式控制對方。

李佳娥是某商場服裝櫃檯的售貨員，平時除了跟顧客推銷衣服之外，她最喜歡的事情就是打聽別人的隱私。

有一次，隔壁櫃檯的小王無意間跟李佳娥透露了原來對面賣鞋櫃檯的吉吉是個未婚媽媽，而且孩子的爸爸不知道到哪裡去了。從此李佳娥有事沒事就跑到吉吉那裡去聊天，她看似很關心的問孩子的近況，幾歲了？男孩女孩？上學了沒？平時都是誰在照顧小孩子？剛開始吉吉對李佳娥的關心還挺感謝，畢竟關心她的人不多。

後來漸漸的，吉吉發現李佳娥越問越多，不僅問她是怎麼跟孩子的爸爸認識的，還問她為什麼孩子的爸爸不見了，究竟是因為什麼原因。吉吉認為這是非常隱私的事情，所以就沒有跟李佳娥說，李佳娥問了幾次都無果之後，心生不滿，就把吉吉的事情告訴了其他幾個人，

吉吉怕自己的事情傳的沸沸揚揚，趕緊把李佳娥叫回來，讓她不要再多說。李佳娥對吉吉說，其實我也是關心你，不讓我說也行，那你告訴我孩子的爸爸究竟為什麼拋棄你們？無奈的吉吉只能吞吞吐吐的說出一些內情，還別說，李佳娥還真的沒有再出去宣揚吉吉的事情。但沒過多久，李佳娥又開始問，那孩子的爸爸現在在幹什麼？你們還有聯絡嗎？吉吉見李佳娥越問越多，索性就不理她了，豈料李佳娥把這個事情弄的沸沸揚揚，氣憤不已的吉吉在後悔之餘只能辭職離開這個是非之地。

隱私顧名思義就是隱蔽、不公開的私事。李佳娥一直追問吉吉關於孩子爸爸的事情，已經觸及了吉吉的隱私，而吉吉也因為處理不得當而落得辭職的下場。

工作中，如果遇到了像李佳娥一樣喜愛打聽隱私的同事，那麼一定要提高警惕了，他們經常會有意無意的打聽你的家世背景、打聽你的工作進度、打聽你和其他同事之間的關係。到最後，家世背景會成為他每天茶餘飯後的談資、工作進度會成為所有同事乃至主管都知道的「祕密」、你和其他同事的關係也會被加油添醋傳的沸沸揚揚。想讓他閉嘴嗎？方法只有一個，跟他做「知心朋友」，在工作上大公無私的支持他，在生活中不計報酬的幫助他，而且還要時不時丟出幾個新隱私給他「提神」，一旦惹得他不高興，你所有的私密資訊就都會被昭告天下。

所以遇到這樣的同事時，最好的辦法就是「敬而遠之」，離開他，不理他，讓你們之間完全沒有任何交集，不要跟他談隱私，也不要聽他談別人的隱私。當然也不要一不做二不休跟他撕破臉劃清界限，因為這樣不知情的同事會覺得你不好相處，他還會到處栽贓說你壞話，實在是得不償失。

☆重點請畫線☆　如果你也是這種喜歡打聽別人隱私的人，那麼還是及早懸崖勒馬吧，打聽隱私

不僅像毒品一樣讓你無法自拔，還會像毒品一樣害了你。想像一下你圍在他人身邊問這問那的形象，想像一下他人看你時不屑的眼神、想像一下所有人都遠離你的悲慘下場……如果不想成為人人討厭的對象，就及時收起你的好奇心，不要再執迷不悟了。

說話慢條斯理，心中多有主見

語言是人際溝通的載體，透過一個人說話時的音量和速度，我們就可以大概了解他的個性。一般來說，說話像洪鐘一樣響亮的人，大多數都頭腦聰明，有主見、有魄力；說話像打雷那樣刺耳的人，大多數都個性急躁、不擅長處理人際關係，邏輯思維能力也不高；說話輕聲細語的人比較安於現狀，沒有什麼野心；說話斷斷續續的人，大多數都比較古板，但頭腦聰明；說話一板一眼的人，考慮事情的時候比較慎重，原則性也較強；說話慢條斯理的人心理很成熟，想問題、看問題都有自己的主張和見解，不會輕易被他人說服。

朱新鵬是一家私營養豬場的廠長，平時村民都親切的稱他為「八戒」。有一次，朱新鵬新引進了一批種豬，剛開始豬群的狀態還算可以，但是慢慢的朱新鵬發現這些豬不愛吃食也不愛活動，對於他刻意放進圈裡的母豬也沒有反應。

村裡一個有養豬經驗的村民得知之後跟朱新鵬說：「這該不會是豬瘟的前兆吧，前年村東頭老李他家的豬就鬧豬瘟了，害的我們好些家的豬都死了」。朱新鵬不緊不慢的說，看情況應該不是，我去上網查一查。話雖如此，但嚇怕了的村民還是放心不下，跑到村裡其他養豬的家裡去詢問，一來二去全村都知道朱新鵬新買的種豬出現了問題，好多村民一窩蜂的跑到朱新鵬家，要求他趕緊把豬殺掉，深埋，以免再引起豬瘟。

看著情緒有些激動的村民，朱新鵬依舊不緊不慢的說：「我已經上網查過了，種豬出現這種問題可能是吃的東西不對，也可能是受到驚嚇了，反正不管是什麼原因，我保證不會是豬瘟」。此時村民哪裡會聽進這些，一致要求朱新鵬馬上處理種豬，朱新鵬想了想說：「這樣吧，如果我家的豬真感染了豬瘟並且波及到你們家，那麼你們家死掉的豬我都按照市場上的價格買過來，肯定不讓你們有損失，如何？」村民們聽到這個保證也就慢慢散去了。

幾天後，朱新鵬查出豬群是吃了變質的豬飼料造成精神萎靡，他馬上更換飼料，並找來獸醫投了些藥，豬群很快恢復了正常。

朱新鵬是典型的說話慢條斯理，想問題、看問題都有自己的主張和見解的人。他沒有輕易聽信村裡有經驗的養豬戶的意見，也沒有屈從於村民的壓力，他堅持自己尋找原因，並且最終解決問題。

很多主管或者有主管潛質的人在說話的時候都是像朱新鵬一樣慢條斯理的，這不單單是因為他們的管理能力很高，更主要是因為他們說話的時候有自己的主見。從實際接觸來看，說話語速慢一方面能讓聽話的一方有更多的時間去理解、消化以及做反應——這樣也有利於對方和自己進行有效的溝通；另一方面，說話慢能給說話者充足的時間考慮好言語或表達方式後再說出來，這樣更能達到自己想要的效果，並且還能避免一些無謂的誤解，這樣的溝通交流是最有效的。

和說話慢條斯理的人一起共事的時候，要學會適應他們的節奏，這種人工作效率一般都不會特別高，但是工作品質會很好，能應付很多工作中的突發狀況。如果在意見上有分歧的時候，不要指望能夠馬上說服他們，因為他們有自己的主張和見解，不會因為幾句話而改變。但他們也不是決不是從不聽取別人的建議，只不過他們要自己看清事態的發展和變化，然後再酌情處理。

☆重點請畫線☆

和說話慢條斯理的人在一起做事情的時候，千萬不要流露出魯莽和急躁的個性，也不要急於亮出底牌打壓對方，因為這樣不僅不能讓對方卻步，反而會使他把事情考慮的更加周全，讓你更加難以處理和駕馭。

喋喋不休的人，喜歡聽奉承話

從說話方式來判斷人的性格是看人識人必不可少的環節。一般來說，心直口快的人，說話都很坦誠、直接，不會拐彎抹角，他們做事衝動熱情，對朋友仗義豪爽，但有時也會因為口無遮攔而得罪人；幽默風趣的人大多開朗樂觀、頭腦聰明，偶爾會耍些小聰明；一板一眼的人性格內向，呆板，有些墨守陳規，說話辦事都非常有分寸；口若懸河的人聰明伶俐、邏輯思維強，喜歡被關注的感覺；喋喋不休的人心思細膩，多才多藝，有些以自我為中心，喜歡聽奉承話。

盧麗麗是一家兒童攝影店的中層管理人員，雖然大小也算是個主管，但實際上歸她管的只有幾個負責照顧孩子的員工。

每當有小孩子來照相的時候，盧麗麗都會在旁邊喋喋不休的說個沒完，「哇，好可愛的小孩子」、

「眼睛好大喔，好像洋娃娃」、「這個小男孩長的真俊俏啊，將來長大了去當明星吧」。員工在照顧小孩子的時候，盧麗麗也會在一旁嘟嘟囔囔，「那個孩子要哭了，快去哄啊」

「哎呀呀，那邊摔倒了一個，你們要注意啊」、「快！快！這小傢伙要上廁所，怎麼你們都看不出來嗎？」、「這個頭型不好看，給孩子換個頭型」、「這衣服沒有穿好，你看，內衣角還漏在外面呢，怎麼做事的呀」

對於盧麗麗一刻不停的喋喋不休，手下的員工是滿肚子的抱怨，但是沒人敢說出來。一天，攝影店新招來了一個年輕的小姑娘，她也被分配到了盧麗麗那裡。面對盧麗麗的喋喋不休，她沒有露出不耐煩的神色，反而說：「哇，麗麗姐懂的真多呀，看來以後我要跟麗麗姐你多多學習了」，盧麗麗聽完，臉上笑出了一朵花，從此就格外照顧這個年輕的小姑娘了。

喋喋不休的人就好像上滿了發條的娃娃，一開始就很難停止，這種人一般分為兩種情況：一種是表面看來特別善於言談的，從他們那裡經常能聽到很多現下正流行的理論、名詞。所以剛開始和這種人接觸時會覺得他們是知識淵博又善於表達的人，但是時間長了就會明白他們每件事情懂的都只是懂皮毛而已，沒有什麼有深度的看法和評論，總是不停的變換話題；另一種是確實懂的比較多，而且比較願意和旁人分享自己的心得和體會，所以遇到他們感興趣的話題是，會一開口就講個沒完沒了。

不管是哪種類型的喋喋不休，他們的最終目的都是讓對方覺得自己很了不起，讓對方讚美和奉承自己。所以遇到這種類型的人的時候，最好的辦法就是安靜的當個聽眾，不要打斷、不要試圖插話，也不要責備，讓他們把想說的話都說完。實際上，當他們察覺你有一段時間沒有附和的時候自己就會主動停下來給你說話和反應的機會，這時你不妨就適當的說幾句好聽話，奉承他們幾句，讓他們的虛榮心的到滿足，然後得體的結束談話。

千萬不要認為奉承他們是一件很丟人的事情，實際上，奉承是對人的一種恭維，是達到目的的一種手段，是搞好人際關係的一種技巧。適當的奉承能幫你拉攏貴人，能幫你拓展事業版圖，所以只要不過分，偶爾奉承幾句又有什麼關係呢。

☆重點請畫線☆

說話喋喋不休的女性適應能力比較強，大多具有語言、繪畫的才能，個性善良，是天生的樂天派，很少有事情能讓她們悶悶不樂；說話喋喋不休的男性大多以自我為中心，很難接納他人的想法和意見，常常會好心辦壞事。

說話像放連珠炮彈，一看就沒心計

我們經常會見到說話像放連珠炮彈，一開口就劈裡啪啦說個沒完的人。這種人說話像炒豆子一樣又快又沒有節奏，只要他們一開口，旁人就很難有說話的機會了。

李達志帶著女朋友去看自己好兄弟開的畫展，平時李達志和他女朋友對畫的研究就不多，到了現場一看，還是抽象畫，二人更是有種雲裡霧裡的感覺。

正在萬般無聊的時候，李達志的兄弟過來和他們打招呼：「你們來啦，隨便看啊，這是我近幾年畫的畫作，我把最好的都挑出來了」李達志說：「你小子行啊，平時就只知道你喜歡畫畫，真沒想到竟然還能開畫展」李達志的女朋友也接話說：「有藝術細胞真是讓人羨慕啊，我小時候也喜歡畫畫，不過沒堅持多長時間就放棄了，後來認識了李達志，我跟他說我有這個愛好，他根本就不屑一顧，說這有什麼用，是能當飯吃還是能當睡喝。」李達志聽到這裡暗地掐了自己女朋友一下，示意她不要在繼續說了，可是為時已晚，她的女朋友指著一副畫說：「這畫的是個線團嗎？還是其他什麼東西？抽象畫好難理解喔，我很懷疑來的人是不是都能看懂。」

後來，李達志花費了好大的力氣跟自己的兄弟解釋其實她說話真的沒有什麼惡意，他的兄弟當下也表示沒什麼，但是以後李達志再也沒有接到過他這個兄弟畫展的邀請函了。

說話像放連珠炮彈的人因為說話速度快，所以根本沒有足夠的時間來斟酌和思考，更別提顧及他人的感受了。而且太快的語速會洩露很多說話者本不想洩露的祕密，還容易因為表達不當而引起對方的誤解。此外，說話像放連珠炮彈的人還會在不經意間把雙方的交談變成一方的發言專場，這種不給他人表達的「唯我獨尊」態勢會讓對方有些反感。這些都是這類人說的比想的多，嘴巴跑在腦子前面造成的後果。

這類人表明看上去十分能言善辯，得理不饒人，但其實他們大多數都是思想單純、沒有心計的人。他們就好像小孩子一樣，通常當小孩子發現一件能引起自己興趣的事情的時候，會不假思索、語無倫次的跟家長去敘述，就像放連珠炮彈，而小孩就是最單純、最沒有心計的人。

在日常工作中，這種人會因為心直口快的性格結交到很多好朋友，但也容易因為說話時沒有顧及別人的感受而得罪很多人。當我們在和說話像放連珠炮彈的人共事時，沒有必要因為他們無心的話語而記恨或者覺得受到傷害，更不要因為討厭這種說話方法而遠離他們，因為他們是最單純、最沒有心計，值得交往和信賴的，而且很可能下一刻他就跑過來跟你掏心掏肺繼續劈裡啪啦個不停。但需要注意的是這類人總是把事情想得很簡單，辦事情的時候也毛毛躁躁的，而且還喜歡耍小聰明，所以對於他們的建議和保證，都要先持有一些保留態度，等到親自驗證後才能完全相信。

☆重點請畫線☆

如果我們本身是說話劈裡啪啦不停的人，那麼看完這篇文章就要進行適當的調整了。說話的目的就是要讓對方明白自己的意思，如果因為我們說的太快，對方根本聽不清或者跟不上我們的思維而導致談話失敗甚至是產生不必要的尷尬和誤會那就太不值得了，所以，適當的放慢速度，給他人發言的機會吧，這樣才是良好溝通的方式。

第三章　穿著打扮，觀外表識人

不化妝的女人，不喜歡表現自己

我們身邊常有這樣一些女人，她們不論何時何地都描繪著精緻的妝容，好像如果不化妝，就不能出門見人一樣；還有另一種女人，不論什麼場合都是素面朝天，即使非常重要的場合，也會選擇「裸妝」出場，從不刻意描眉畫眼、裝扮自己。

這兩種女人的不同，並不只是體現在化妝與不化妝的區別上，還能從中看出這兩種女人對待事情的方式有所不同。喜歡化妝的女人，希望在任何場合都能表現得最完美，渴望能夠得到別人的矚目，成為萬眾的焦點，簡單而言就是喜歡在大眾面前表現自己；而不化妝的女人，做事比較低調，喜歡把自己隱藏在人群之中，不喜歡自己表現的太出眾，引起別人的注意。

夢靈和雨露是一對非常要好的閨密，從上大學到參加工作，她們的感情一直很好，即使畢業之後，也會經常相約見面，逛街。這一天，她們又約在必勝客見面敘舊，可是眼看著過了約定的時間，夢靈卻還沒有來。雨露看看錶，並不十分著急，因為每次約會夢靈都會遲到，這幾乎成了慣例，所以雨露也就見怪不怪了。

果然，二十分鐘後，夢靈姍姍來遲，她在一個安靜的角落裡看見了雨露，夢靈大聲的對著坐在角落裡的雨露打著招呼，引得很多人側目。

雨露本是性子安靜的人，所以才選擇角落裡的座位，不想被夢靈這樣一喊，幾乎吸引了全餐廳的目光。面對夢靈吸引過來的目光，雨露即使不喜歡，卻也沒有辦法。

夢靈坐下以後就打開隨身攜帶的小鏡子，看看自己的妝花了沒有，雨露笑著調侃她：「大小姐，先吃飯吧，不看功能錶照什麼鏡子呢？」夢靈卻說：「當然要想看看自己現在的妝容是不是花了啊，要不花兩個多小時畫的妝，不就白費了嘛。」

「花了兩個小時啊！這也太麻煩了，多浪費時間。你看我每天都不化妝，不也挺好的嘛。」

「哎，化妝和不化妝當然不一樣了，化了妝的女人，氣色就比不化妝要好，這樣走在大街上，才能吸引別人的目光啊。就是去上班，化了妝也更能引起別人的注意呢。你看你，叫你化妝你又不聽，總是這樣素氣，誰會注意到你呢？」

夢靈說得沒錯，雨露確實是個普通的不能在普通的女孩，在大街上沒什麼回頭率，在公司也沒多少人注意。但雨露毫不在意別人的忽視，她明白自己和夢靈的不同，夢靈是個喜歡表現自己的女孩，喜歡受到矚目的感覺，而自己願意把自己隱藏起來，不希望引起別人的關注，更加不喜歡表現自己。因此夢靈需要每天花費兩個多小時裝扮，讓自己時刻看起來都那麼美麗無瑕，而自己則不願意為了化妝而耽誤時間，而希望利用省下來的時間，做好更多的事情。

夢靈和雨露對於化妝或是不化妝的選擇，體現出了當今社會兩種具代表性女人不同的做事態度。那麼，到底哪種女人更勝一籌呢？

也許答案出乎意料，不化妝的女人更勝一籌。

試想一下，女人為什麼一定要化妝呢？目的就是為了吸引別人，引起別人的注意。但引起別人注意的辦法有很多，比如天生麗質，比如才華橫溢，比如充滿自信，而並非一定要以精緻的妝容去吸引別人的眼光。當然，我們不能說化妝的女人就一定沒有吸引別人的資本，但不化妝的女人，通常都具有那些資本，而她們最難能可貴的特質就是在現如今這個推崇個性、張揚的社會中依然低調而淡然。

所以，當我們遇到不化妝的女人時，不論她是否美麗，是否充滿活力與朝氣，我們都應該另眼相看，因為她們具備充足的自信，具備誠實的特質，更有著淡然的人生境界，不喜奢華，是美麗而純淨的空谷幽蘭。

☆重點請畫線☆

當我們在工作或是生活中，遇到不化妝的女人，或是要與她共事的時候，不要被她那種不喜歡表現自己的低調而「欺騙」，因為不知何時她們就會爆發出驚人的能力來證明我不是「花瓶」，我是靠能力吃飯的。

化妝時注重眼睛，此人做事踏實認真

走在路上放眼望去，我們身邊的女人十之八九都化了妝。但這些妝扮過的面容，卻絲毫都不會讓我們產生審美疲勞，因為每個妝容都各有特色——不同的女人化妝時的著重點不一樣，比如有的女人願意染上熱情的紅唇，有的女人在意臉頰上的亮色，而有的女人則更注重描繪自己的眼睛。

化妝時注重描繪的位置不同，不僅能夠化出不同的妝容，更加能夠體現出化妝者的性格。注重唇妝的女人，通常比較成熟、感性；注重臉頰上亮色的女人，通常甜美而可愛；注重眼妝的女人，則性格踏實，做事認真沉穩。

日常生活中，我們在與化妝時注重眼睛的女人交往的時候，通常也會發現她們的眼神中充滿自信和睿智，做起事情來一絲不苟，她們坦率而不浮誇，做事踏實認真。

張巧玲在一家公司任職文祕工作，雖然上班才一年多，卻已經屢次升職，成為了總經理助理。

升職的那天，同事們看著張巧玲從格子間搬到自己專屬的辦公室，心裡有說不出的羨慕與嫉妒。一個平時和張巧玲關係不錯的同事向大家爆料：「聽說張巧玲這次被總經理選中，就是因為她做事踏實認真。」

「做事踏實認真，這個條件也太簡單了吧。我們這些同事，誰做事也都挺認真的啊，怎麼偏偏升她的職呢？」其中一個王姓的女同事不服了，「我去找總經理問清楚，我在這裡都待了三年了，憑什麼好事都讓她張巧玲一個人占盡了！」

王姓女同事來到總經理辦公室，氣呼呼的說「劉總，我就是不太明白，想來問問您，張巧玲才來多久，我都來多久了，憑什麼讓她坐上總經理助理的位置？」

「小王啊，按理說，公司的人事調動我沒必要向你解釋，但是既然你有不滿，我就舉個例子讓你心服口服吧。」劉總說：「其實小張來公司應聘的時候，我正好是主考官，當時我就覺得她為人應該很沉穩，做事也十分認真。因為她那天化了十分仔細的眼妝。試想一下，如果這個人不認真，怎麼能畫出這樣精緻的眼妝呢！後來在工作中，我發覺她確實如我想像的那樣，做事十分踏實認真，每次的會議記錄都做得分毫不差，也只有這樣的人，才有資格成為我的助理，至少她不會像你這樣冒冒失失闖到我的辦公室裡來！」

愛默生說：「人的眼睛和舌頭所說的話一樣多，不需要字典，卻能從眼睛的語言中了解整個世界。」可見，眼睛對我們來說是多麼的重要，我們在注視一個人的時候，往往也先看他的眼睛，因為這樣更容易看清他的內心。

故事中的張巧玲之所以能夠屢次得到提升，就是因為她做事踏實認真，得到了總經理的青睞與認同。也許張巧玲沒有想到，自己第一次給總經理留下做事認真的好印象，竟然源於應聘時所化的精緻眼妝！這個因果緣由看似有些荒謬，但細想起來，卻是十分有道理的。化過妝的女人都知道，化妝是一件費時的事情，要經過很多繁複的工序才能把自己妝點得美麗動人，而整個面部妝容中最重要的恐怕就是眼妝了，因為眼妝是最難、最繁複的步驟，眼妝精緻與否，甚至能夠直接決定整個妝容的好壞。就拿畫眼線來打比方好了，要先用眼線筆把睫毛根部一點一點的填滿——這是急需認真和耐心的工作，並且在這個過程中，手一定不能抖，否則不僅很難化出流暢而順滑的眼線，還有可能會弄髒了剛剛修飾好的面妝。

所以說，肯花費時間描繪細緻眼妝的女人，一定是十分有耐心的人，她們往往為人踏實，並且做事十分認真。張巧玲也是一樣，通常來講要準備面試的人，多多少少都會有一點緊張，但她在面試之前，依然能夠不慌不忙的化好眼妝，可見她是一個有耐心，並且很認真的人。

正所謂「細節決定成敗」，化眼妝對於整個妝容而言雖然只是一個小細節，但也是最能體現妝容特點、最重要的一個細節。而我們做事情是否踏實認真，往往也體現在細節上。因此能夠畫好眼妝的人，通常都是十分認真踏實的人，即使是再小的細節，也會認真的做好。

☆重點請畫線☆

我們在做事或是與人共事的時候，首先要觀察對方的眼睛，如果她十分注重眼妝，那麼幾乎可以肯定是個踏實認真的人。而我們日常生活中要想培養自己踏實認真的個性，不妨也多關注一些細節上的事情。

喜歡穿著比平常的尺寸還大的衣服，自我顯示欲較強

衣服是人的「第二張臉」，不同的穿著喜好，不僅能夠體現出一個人的個性，還能體現此人的辦事風格。比如，喜歡穿運動服的人，通常活力四射，做事比較隨性，喜歡隨心所欲；喜歡穿正裝的人，常常會不自覺的壓抑自己的性格，比較古板，喜歡按部就班的做事情；喜歡穿合身衣服的人，大都十分注重自己的感覺，做事也追求最舒適的方式；喜歡穿比平常的尺寸還大的衣服的人，則有很強的自我顯示欲望，喜歡誇大自己的能力，做事時也顯得十分高調。了解了這些，我們便可以觀外表識人，在最短的時間內了解對方，這樣做事情的時候成功的機率也就會更大一些。

楊立明是一家外貿公司的職員，他所在的研發部經常要開會討論公司新產品的研發以及推廣。因為薪水豐厚，又能發揮個人創意，所以很多員工都希望能進入研發部工作，奇怪的是，很多能力頗高的員工都在短時間內被部門經理調走或者被辭退。幾年下來，楊立明成了研發部唯一的「老員工」，並且還得到了部門經理的賞識，被任命為小組長。

為什麼只有楊立明能夠讓部門經理青睞有加呢？

其實楊立明一開始到研發部上班的時候，部門經理也並不看重他。一次例會上，大家要討論公司下一階段新產品的研發工作，楊立明因為初來乍到，急於表現自己，於是沒能等部門經理先發言，就第一個提出了意見。因為這件事，部門經理在會後不僅批評他急功近利，而且這次產品研發工作也不許他參加。

楊立明百思不得其解，到底是哪裡得罪了頂頭上司呢？楊立明覺得自己一定要弄清楚經理的心

理，這樣才能投其所好，避免再招來這樣的無妄之災。後來上班的幾天，楊立明留心觀察部門經理，發現他每天上班雖然都穿不同的衣服，但每身衣服都比正常的尺寸要大，顯得十分寬鬆。從這個細節中，楊立明看出經理應該是個自我顯示欲望較強的人，而回想起上次被批評的事情，也是因為自己急於表現，所以才讓經理不快了。

所以在此後的工作中，楊立明再有好的意見，也不直接說出來了，而是拋磚引玉，謙虛的提一點自己的想法提示經理，讓經理把好的意見說出來，一段時間之後，經理果然對他另眼相看了。反觀其他同事，雖然工作能力也很強，提出的想法也很有價值，但因為光芒幾乎要蓋過了部門經理，被經理忌憚，最終被調走或是辭退了。

楊立明做事的聰明之處在於懂得察言觀色，能夠透過經理的穿衣喜好看出經理的性格，從而趨利避害，投上司所好，最終得到升職的機會。試想一下，如果楊立明懵懂不知，一味的表現自己，忽略經理是一個有強烈自我顯示欲望的人，一定會不為上司所喜，恐怕最終也難逃被辭退的命運。

楊立明的故事告訴我們這樣一個道理：在工作中，如果你遇到一個喜好穿著比平常尺寸還大的人，一定要避其鋒芒。因為這種人往往希望自己看起來比較強勢，喜好誇大自己，並且有強烈的自我顯示欲望。而他們之所以要穿著寬大，就是想讓自己看起來比本身更加強大，更加有威懾力，希望獲得別人的注意、肯定和認同。與這種人共事的時候，如果他的身分是你的同事，而你希望和他搞好關係，那麼你可以適當的誇獎他，讓他的顯示欲望得到滿足；如果這個人的身分是你的上司，那麼你做事必須要低調，要有甘當綠葉的精神，讓他充分顯示自己，這樣才能得到主管的賞識，得到升遷的機會。

☆重點請畫線☆　面對一個喜好穿著大尺碼衣服的人，你要不選擇針鋒相對徹底得罪他，要不就懂得避其鋒芒充分滿足他的自我顯示欲望。而一個會做事的人，通常不會選擇第一種方式，因為誰也不知道他今後是不是會對你有所幫助，而你有一天會不會有求於他。能夠做好事情的人，通常會給這種人自我顯示的空間，這樣不僅給他留了面子，也給自己多留了一條路。

喜愛打華麗色彩領帶的人，他是一個比較自私的人

環顧我們身邊形形色色的男人，無論年輕年長，大多都喜歡打一條領帶。因為西服的樣式實在是太少了，走在街上，難免會出現「撞衫」的尷尬。而男人的領帶就好比女人的首飾，不僅能夠為自己的著裝增添一點亮色，還能夠顯示出自己的與眾不同。如果你認為領帶色系的選擇只跟西服的顏色、款式有關，那就大錯特錯了，領帶色系的選擇還直接反應了個人的喜好和個性。

比如，開朗而富有朝氣的人，多半會選擇天藍色、銀色或是淡紫色這樣明快、醒目的領帶；比較沉穩的人，多半會選擇深藍色、黑灰色這樣比較百搭顏色的領帶；寬容大度的人通常會選擇深色系的領帶，即使是在喜慶的場合，需要佩戴亮麗顏色的領帶，這類人也會選擇暗紅色、深紫色之類的顏色；而個性浮誇，比較自私的人，則喜好佩戴顏色華麗鮮豔的領帶。因此，當我們想要了解一個人的性格的時候，只需要看看他挑選什麼顏色的領帶，然後解讀領帶顏色裡所隱含的資訊，就能夠對此人有一個大概的了解了。

小李是一家大公司的高級職員，年輕而又帥氣，經常是筆挺的西裝搭配色彩華麗的領帶，打扮得十分精神。按理說小李年輕有為，人也長得帥氣精神，異性緣應該不錯，但事實恰恰相反，小李不僅沒什麼女孩喜歡他，就連一起工作的同事也都或多或少的遠離他。

原來這一切都是因為小李太自私了，不論什麼事情，他都只為自己考慮。

就說上個月吧，公司的同事一起聚餐，讓小李訂餐廳。他明知道公司裡好幾個女同事不能吃辣，還一意孤行按照自己的口味選擇去吃麻辣香鍋，結果那幾個女同事不僅沒有吃多少，隔天還有人因為急性腸胃炎住進了醫院。

工作中也是一樣。一次，部門經理要小李和同事小王一起合作寫一份企劃案。小李和小王決定先分別寫出自己的構想，然後再看誰的更勝一籌，更勝一籌的策畫方案會被上交給部門經理。

兩人的企劃案都寫出來之後，明顯看出小王的更勝一籌，但是自私的小李不願意把這個在部門經理面前出風頭的機會拱手讓人，於是堅持要交上自己的策畫案。小王為人忠厚老實，不懂得爭辯，所以儘管知道自己的策畫案比較好，但還是同意把小李的交上去。

方案提交上去後，部門經理表示並不滿意。小李怕經理責怪，便推卸責任說：「雖然這個方案是我們一起合作完成的，但是因為小王的經驗比較豐富，所以多半都是他的想法，我只是提出了一點意見。」結果小王被經理批評了一頓。

後來小王氣不過，就和一個要好的同事訴苦。那個同事聽完後說：「全公司恐怕只有你敢與小李合作了吧，他是出了名的自私，很多人都吃過他的虧呢。只有你傻，看不出來罷了。」

「自私這種事，難道還會寫在臉上嗎？」小王不服氣的說。

「雖然沒有寫在臉上，但是也能看出來啊。你看小李平時打領帶，全都是色彩華麗的那種，這就說明他是個以自我為中心的人，自私心比較強。」見小王依然十分懵懂，這個同事又說：「你想啊，領帶佩戴在正中間，最為顯眼了，他打那麼華麗鮮豔的領帶，一定是希望別人注意他。當他成為被關注的焦點的時候，其他人不都被忽視了，這不是自私是什麼！」小王這才恍然大悟。

正如那位同事所說，自私與否雖然沒有寫在臉上，但透過此人佩戴領帶的喜好，也能分析出他的性格。上述事例中的小李就是一個典型，表面上，他總是喜好打華麗色彩的領帶，讓自己看起來十分亮眼，而華麗色彩領帶的背後，反映出的則是小李自私的內心，顯示出他是一個以自我為中心，自私自利的人。

在我們的身邊如果也有這種喜愛打華麗色彩領帶的人，那麼我們做事的時候一定要加倍提防了，因為他們在做事的時候只考慮自己，想方設法的把自己的利益最大化，很少會考慮他人，所以很可能你一不小心就掉進了他的陷阱，成為墊背的了。

☆重點請畫線☆

當我們遇到喜愛打華麗色彩領帶的人時，雖然不一定要退避三舍，但也要心存謹慎，千萬不要大意的放鬆警惕，以免成為他自私的犧牲品。當然，如果能在看清這種人本性的基礎上再針對他自私的特性加以利用，說不定也可以成為我們做好事情的助力。

脫衣時常常慢條斯理，此人充滿自信

穿衣脫衣是我們每天都在重複的事情，但你知道嗎，脫衣服的速度，也能反映出一個人的性格。脫衣服慢條斯理，說明此人比較自信。也許你會覺得有些納悶，脫衣服和自信有什麼關係呢？為什麼會這樣理解呢？其實道理並不深奧，脫衣服慢條斯理的人，通常性格十分沉穩，做事不徐不疾、條理清晰，有泰山崩於頂而面不改色的氣勢。這樣的人不論做什麼事情，都會先擬定一個周密的計畫，讓每一個步驟都十分完美，所以運作的時候也會有運籌帷幄的感覺，因此總是充滿自信。

李宜欣還在上學的時候，媽媽就說她是個慢性子，常常五分鐘前叫她起床，五分鐘後看她還在慢吞吞的穿衣服，絲毫不理會時間的流逝。

上班之後，李宜欣還是老樣子，做事慢條斯理，常常讓脾氣火爆的媽媽看著就覺得著急。比如一次李宜欣加班，回家時已經是午夜了，因為明天還要工作，所以媽媽催促李宜欣快點換衣服睡覺。而李宜欣依舊慢條斯理的脫著衣服，過了半天也沒有換完睡衣，媽媽看在眼裡急在心裡，對李宜欣說：「你脫衣服都這樣慢性子，做事更不用說了，一定是慢吞吞的，以後有哪個同事願意和你共事！

可事實正和李媽媽說得相反，在公司，很多同事願意和李宜欣共事，原因就是和李宜欣在一起工作的時候感覺十分踏實。

李宜欣工作的公司是做首飾設計和加工的，最需要的就是沉穩、細心和自信。因為同事們都覺得李宜欣是個十分自信的女孩，並且她的自信常常能夠影響到別人，所以都願意和她一起做事，彷彿只要待在李宜欣身邊自己就也會有運籌帷幄的那種自信產生。

有一次，一批項鍊的設計出了問題，佩戴的時候掛扣總是容易開，根本沒有辦法出售。同事們都很著急，可是誰也想不出解決的辦法，不由得慌了手腳。這時李宜欣依舊表現的十分鎮定，她對大家說：「這只是一個很小的缺陷，只要盡快找到解決辦法，公司就不會有多大的損失。現在我們要做的就是鎮定下來，並且相信自己有能力解決好這件事情。」

李宜欣的話鼓舞了大家，在她的帶動下，同事們仔細的查看了原來的設計圖紙，一點一點尋找問題所在，然後再一點一點的修改設計細節，最終解決了項鍊掛扣的問題。李宜欣也因為工作沉穩，做事充滿自信，加之有領導才能，被董事長提升為設計總監。

自信是一個人解決困難時的必須具有的特質，也是能夠做好事情的前提。

李宜欣的事情就是一個很好的例子，如果李宜欣沒有自信，或是也和別的同事一樣遇到困難先慌了手腳，那只能耽誤解決事情的最佳時機。這樣即使後來想到了解決辦法，也會因為時間緊迫而根本無法做好。而如果時刻保持自信情況則會大不相同，不僅能夠更好的解決問題，做事也會比別人略勝一籌。

那麼，我們如何才能擁有自信呢？

其實，自信的訓練方法很簡單。首先要默念「我行，我能行」，默念的時候要果斷，不要猶猶豫豫或者自己都抱持懷疑態度，特別是在遇到困難的時候，更要多默念幾次。這種積極的自我暗示方式能說明你逐漸樹立信心。其次是要多想高興的事情，面帶微笑，相關研究顯示，高興是一種正面情緒，能催生信心和力量；微笑是快樂的表現，也會提高你的自信心。第三是學會抬頭挺胸走路，細心觀察周圍的人不難發現，遇到挫折的人，通常走路都是垂頭喪氣的，而成功的人，走路都是抬頭挺胸、意氣風發的，所以說抬頭挺胸也是有自信的表現；第四，主動和人打招呼，一般來說，沒有自信的人都很怕面對人群，怕跟人群接觸，那麼想要擁有自信就要反其道而行之，主動融入人群和人打招呼；第五，在自己擅長的領域內繼續奮鬥，這種方式能最大的激發你的潛能，增加你的自信心。

☆重點請畫線☆

雖說脫衣服慢條斯理的人做事調理都很清晰，並且容易取得成功，但是過慢的速度還是不提倡的，因為現在的社會是一個高速運轉的社會，每個人都在跟時間賽跑，如果你的速度過慢，那麼哪怕你再有自信、再有能力都會被淘汰掉。

脫衣速度快，性格外向而友善

脫衣慢條斯理說明此人充滿自信，那麼脫衣速度飛快又說明了什麼呢？

一般來說，脫衣服速度快的人大多是行動派，無論做什麼事情，都是風風火火的，絕不會拖遝扭捏。這類人性格外向，脾氣直爽，並且為人十分熱心、友善，生活中我們不妨多多結交這樣性格的朋友，因為他們通常會在危難時給予我們幫助。

張勇強大學畢業後，不希望為別人打工，想要自己創業，但苦於沒有創業基金，只好向父母開口。父母聽了張勇強的想法後，東拼西湊拿出了一筆錢支持他。

當時房市火爆，房地產行業十分興隆，所以張勇強拿著這筆錢開了一家房屋仲介公司，準備大幹一番。

雖然家人大力支持，也給了張勇強足夠的啟動資金，但因為沒有關係，沒有人脈，沒有經驗，張勇強幾乎找不到房源資訊，苦苦支撐了一段時間後，張勇強第一次創業只得以失敗告終。

房屋仲介公司關閉的那天，張勇強失魂落魄的走到街頭，不知不覺中就走到了另一家房屋仲介公司的門口。張勇強看著公司裡業務員忙碌的身影，聽著此起彼伏的電話鈴聲，心裡十分不是滋味。

這時，房屋仲介公司的門被打開了，一個四十多歲的男人走了出來，說：「年輕人，你不是在臨街也開了一家房屋仲介公司嗎？怎麼了？是失敗了嗎？」

張勇強苦惱的說：「嗯，我是曾經開了一家房屋仲介公司，可是因為沒有房源資訊，生意冷清，入不敷出，只好關門大吉了。」

男人又說：「那你來我的公司試試吧，就當為以後累積一些經驗。」

「你願意聘用我？我剛剛失敗，你不怕我無法勝任這份工作嗎？」張勇強有點不相信自己的耳朵。

男人笑了笑，「如果你願意的話，今天就可以上班了。」

張勇強十分感謝經理能在他遇到困難時伸出援手，成為這個公司的新員工後，他加倍努力工作，很快工作就進入了正軌。一次，張勇強和一個同事聊天，說起自己是如何進入公司的，感嘆經理為人友善，而且做事雷厲風行。那個同事深有同感，「我們經理就是這樣一個人，平常做事就風風火火的，絕不拖泥帶水，你沒看他每天到辦公室的時候，幾秒就把外套脫下來了，連口水都不喝就開始工作。這些都是經理能有今天成就的原因」

張勇強感悟頗深，更加發奮努力。在經理這種外向、友善、積極的性格的影響下，逐漸蛻變成為一個行動派，加之業績也逐步提升，很快被經理委以重用。

正如那個同事所描述的那樣，經理脫衣速度快，表現出了他為人友善、做事雷厲風行、不喜歡受束縛的外向性格。也正是因為經理這樣的個性，才使他樂於幫助創業失敗的張勇強。

在生活中，如果我們能夠遇到這樣一個人，或是有幸與這樣的人成為朋友，一定要視之為生命中的貴人，因為這類人友善而熱情，會在關鍵時刻伸出援手。即使只是在一起共事，他也會對你產生很多好的影響，為你做好事情創造有力條件。

☆重點請畫線☆

如果你本身就是這樣一個人，那麼在慶幸這種性格給你帶來很多朋友很多機遇之外，還要注意不要太「老好人」，因為畢竟還是可能會有一些心懷不軌的人接近你，想要利用你這種個性謀取利益，甚至是坑害你。

一進門迫不及待的把鞋子踢掉的人，認真、絕不苟且

我們每天馬不停蹄的做事情，一天下來，哪裡最累呢？答案不是手，也不是腦，而是腳。因為不論你做什麼事情，腳都在最下面，支撐著全身的重量，承受著所有的壓力。

有人會說了，我們也給腳提供了很好的保護啊，我們時刻不忘給它穿上一雙鞋。但是，高跟鞋、皮鞋與其說是腳的保護措施，不如說是給腳戴上的枷鎖，即使舒適如運動鞋，也是把腳完全的包裹住，根本不能透氣，而腳在裡面是一刻也不得放鬆的。

心理學家研究表明，喜歡一到家就迫不及待把鞋子踢掉，讓自己完全放鬆下來的人，往往不喜歡被束縛，不習慣妥協，做事認真並且絕不苟且。

王鵬每次一回家，都會習慣性的把鞋子踢得滿天飛，每到這時，妻子都會喋喋不休的數落他：

「又來了，又來了，總是踢得哪裡都是，鞋子和你有仇啊！以後我再也不給你買鞋了，讓你光腳出門！」

面對妻子的指責，王鵬毫不在意，「脫掉鞋才叫回家嘛，要不跟在外面有什麼區別？而且我的腳都在鞋裡捂了一天了，回家也不讓趕緊脫掉豈不是太不人道了，所以我一刻也不能等啊，踢掉是最好的辦法，嘿嘿。」

這就是王鵬的個性，不喜歡被束縛，不願意妥協，也絕不苟且。不僅在家是這樣，在公司也是一樣。

王鵬在公司的人事部任職，因為做事認真幾年就升到了人事部主管的位置，掌管著公司人事調動的生殺大權。人事部主管的名號使王鵬身上多了一圈特殊的光環，很多人找上門來請求王鵬幫忙，有的希望調換到好一點的工作崗位，有的希望安排個親戚朋友來公司上班，但都被王鵬一一拒絕了。因為他的個性就是如此，做事認真，講究原則，不會給人大開方便之門。

一次，公司市場部的經理找到王鵬，希望能夠把自己的侄女招到公司來上班，並且暗示可以給王鵬一些好處，結果也被王鵬嚴詞拒絕。碰了釘子，那個經理十分氣惱。軟的不行，只好和王鵬來硬的，於是威逼利誘道：「如果你幫了忙，以後一切需要我出力的事情都好說，不然的話，看你出錯的時候，誰能幫你說話！難不成你做事能永遠那麼認真，找不出一點錯處！」即使經理好話壞話都說盡了，王鵬依然沒有妥協，沒有給他提供幫助。

王鵬秉持原則做事，雖然得罪了一些人，但卻深得總經理的青睞，不久就再次得到了提升，而那個市場部的經理，因為因私廢公被免職了。

一個人做事時秉承怎樣的態度，就會得到怎樣的回報。王鵬做事認真，堅持自己的原則，即使遇到困難，甚至威脅也絕不願意妥協退讓，他對任何人都秉持一視同仁的態度，不會利用職務之便以公謀私，因此得到了總經理的倚重，事業節節攀升。相反，如果我們做人做事像那個市場部的經理一樣，企圖給自己的家人便利，漠視公司的規章制度，凡事都得過且過，不顧原則，最終只能得到被免職的下場。

所以不要再覺得把鞋子踢掉的人沒有規矩，放蕩不羈，其實事實正好相反，他們只是把鞋子當作世俗的束縛。而急於踢掉束縛的做法，正是他們對待事情原則。如果我們與這樣的人相交或是在一起共事，一定要謹記別試圖讓他改變原則，更不要隨意敷衍他，因為這是他的心中大忌。一旦你觸碰到他的底線，此人認真而絕不苟且的精神，一定會成為你做事情阻力。

因為這本身就是一個不可能的任務，同時我們還要學習那種認真、不妥協的精神，因為這是最對事情、做好事情的首要條件。

☆重點請畫線☆

這種人看上去不太好相處，也不太好溝通，但其實他們只是比較認真而已，想要讓他們妥協，唯一的方法就是拿出真憑實據，讓事實說話。當然，我們做事情的時候，也要學習這種精神，凡事都不敷衍自己，力求把事情做到最好。

脫衣方式次次不同的人，個性而風趣

脫衣服的方式有很多種，有的人習慣先脫上衣，有的人習慣先換褲子，有的人脫衣服慢條斯理，有的人則風風火火……脫衣服的方式不同，同樣能夠看出一個人的性格。對於脫衣服方式次次不同的人，千萬不要以為他性情不定，性格多變，不好相處。其實恰好相反，這類人通常個性而風趣，喜歡追求刺激，不愛走尋常路。

生活中，如果我們有幸能夠找到這樣一個情人，那一定十分幸福了，因為他們總是能夠給我們帶來驚喜，而他們的浪漫、幽默，也總能為我們的生活增添樂趣。當然，他們性格的好處並不僅止於此，在工作中，風趣的性格讓他們更容易接觸客戶，更容易和同事相處；追求刺激的心理還能讓他們更樂於接受挑戰，樂觀的性格也會使他們成功的機率遠高於他人。

松威福是一家上市公司的總裁，自從上任以來，他一直希望賦予這家公司更加鮮活的企業形象，希望公司在生動、和藹、幽默，令人愉悅的環境中，以自己的專業服務於客戶。

他不止一次的對自己的員工說，「我希望百姓在提到我們公司的時候，會不自覺的露出微笑。」一次，一個記者在會議上碰到松威福，他臨走的時候，穿著正式的西裝，背著一個雙肩帆布大背包，像要出門遠行——那真是個相當大的背包。當記者詢問為什麼他在如此正式的場合要背著這個大背包的時候，松威福顯得比記者還驚訝：「背起來很方便啊，為什麼不用？這是公司統一訂購的電腦包，裝上電腦和其他會議物品，背起來真的很輕鬆很舒服。」記者聽完笑著說：「您還真是一個有個性的主管。」

後來松威福帶著記者參觀他的辦公室和他的同事。出乎記者意料的是，松威福居然沒有自己專用的工作室，他跟其他同事一樣待在了大辦公室裡。「我坐到大辦公室裡，只是為了能隨時看到風景。」看到記者驚訝的表情，松威福笑著解釋道。原來，松威福原來的辦公室，都是沒有窗戶的，有窗戶的的辦公室都留給了其他人，所以他就搬出來和其他員工一起辦公。

如果說這一切已經讓記者大感意外的話，那麼讓記者更加大跌眼鏡的是，松威福居然是個辦公室

「美食專家」，擁有「專業」的美食知識，這一下子縮短了談話者之間的距離。記者問：「您和員工之間的關係好像很好，我剛剛看你進來就跟女同事打招呼，跟男同事藉煙抽，感覺很是和諧融洽呢」，松威福笑著說，這個不能問我，你去採訪別的同事吧。

在記者對別的員工的採訪中，意外的得到了一個小八卦，因為松威福每天都跟其他同事一起辦公，所以他的很多生活習慣都被員工看在眼裡，其中最讓他們津津樂道的就是松威福每次脫衣服的方式都不一樣，而當問到松威福這個問題的時候，松威福風趣的說：「我的衣服都很貴呢，要想方設法吸引員工們的目光好顯擺一下啊。」打造「讓人喜愛的公司」，首先要成為一個讓人喜愛的人，看來，松威福是身體力行的做到了。

松威福的管理方式無疑是成功的，老闆跟員工之間平時能夠融洽的相處，遇到問題的時候就能齊心協力，需要衝刺的時候也能夠萬眾一心，而這種和諧在很大程度上要歸功於松威福的性格。

在我們很小的時候，家長總是不厭其煩的向我們講述養成良好習慣、完善自己性格的重要性，而那時懵懂無知的我們，根本無法想像養成良好習慣、完善性格可能會改變我們的做事態度，進而改變我們的人生。而事實恰恰是這樣，生活中很多小習慣——比如脫衣服的方式，都會決定我們的性格。如果我們脫衣方式次次不同，那麼一定是一件值得慶幸的事情了，因為這預示著我們是個性而風趣的人，這樣的性格，會使我們在做事情的時候充滿熱情，我們的風趣能夠打動人心，使我們更快的做好事情。

☆重點請畫線☆

如果你的身邊有脫衣方式次次不同的人，那麼與這樣的人一起做事，一定十分愉快，做起事來也幹勁十足。而我們要努力使自己成為一個個性十足而幽默風趣人，不妨也嘗試用不同的方式脫衣吧。

衣服摺好或掛起的人，多善解人意

當你到了辦公室準備開始一天的工作的時候，當你勞累了一天疲憊不堪回到家的時候，你是會將衣服隨手一扔，還是把衣服摺好或是掛起來呢？

也許你會想，隨手一扔或是掛起來，這有什麼關係呢，只不過是脫衣服而已。豈不知這一個小動作也能反映出一個人的性格。如果是隨性的人，大多選擇把脫下的衣服隨手一扔；而細膩的人，大多會選擇折好或是掛起來。當然，這並不是憑空猜測，而是根據每個人做事風格的不同而得出的結論。脫衣後把衣服隨手一扔的人，通常比較隨性，為人開朗豁達；而脫衣後習慣把衣服摺好或是掛起的人，則心思細膩，善解人意，做事也比較認真而有條理。可見，我們想要了解一個人的性格，也可以從他脫衣後的表現中看出。

曉陽和海悅是同學兼同事，雖然是很要好的朋友，性格卻迥然不同。曉陽性格細膩，做事謹慎認真，而海悅為人大大咧咧，十分隨性。

一次，公司安排曉陽和海悅一同出差去談一筆業務。下了飛機已經快到中午了，旅途的勞頓使兩人疲憊不堪，到了酒店，海悅脫下外套隨手仍在床上，而曉陽脫衣後卻掛在酒店的衣架上。

「等一下就出去吃飯了，肯定還要穿外套啊，幹嘛還掛起來呢？像我這樣仍在床上，一會隨手穿起來就好了。」海悅笑著對曉陽說。

「我一直都這樣，從小就習慣把脫下來的衣服掛起來或是折好，要不總覺得屋子裡面亂，這麼多年都成習慣了。」

到了晚上，海悅依然把換下來的衣服隨手仍在沙發上，而曉陽則把衣服整齊的疊好。

第二天，曉陽和海悅一起去見客戶，因為雙方已經初步溝通過了，所以這次談得還算順利。可是，當對方看了曉陽他們公司的最終報價之後，就變得十分猶豫，推脫說要再回公司商量一下。海悅不以為意，和對方客套了幾句就準備要走了，而曉陽卻極力挽留對方，說：「不如我們再談談吧。其實各個行業都有競爭，我知道您是想再參考一下別的公司的報價，但是報價低的公司，產品品質一定不如我們公司。我看我們雙方都十分有誠意，不如我替公司做主再降一個百分點，您也替公司做回主，把合約簽了吧。」

對方一看曉陽說穿了自己的心事，只好說「您真是太善解人意了，我是覺得報價有點高，不過既然您主動降了一個百分點，我就把合約簽了吧。」

業務做成了，海悅也說：「全賴曉陽心思細膩，善解人意，否則就放走了一個大客戶了。」

正如海悅所言，這筆生意之所以能談成，就是因為曉陽心思細膩，善解人意，在關鍵的時候能夠理解對方的心意，看出對方的猶豫。而如果是海悅自己去談生意，憑她大大咧咧的性格，肯定想不到對方為何打退堂鼓，這樣就會白白丟失一筆大生意。

工作中我們也經常會發現，脫完衣服之後把衣服摺好或是掛起的人，非常善解人意，做事情的時候能夠和他人進行換位思考，理解他人、體諒他人，不會讓人產生誤解，與這樣的人一起共事，很難產生矛盾或是不快。而他的細膩和善解人意，還能夠提高你們做事的效率，是非常優秀的夥伴人選。

☆重點請畫線☆

善解人意也分兩類，一種是智慧型的，既能給周圍人相處的空間，也能給自己獨處的空間；一種是感性型的，他過於在意他人而忽視自己，遇到事情的時候總是先為他人設身處地的著想，為別人提供便利，對於自己則能忍就忍，能讓就讓。智慧型的善解人意能讓人既在人群中廣受歡迎，又不至於太過犧牲自我，是值得提倡的做法。感性型的善解人意會讓自己像一個兩頭燒的蠟燭，想的多、做的多、付出的也多，在無窮無盡的付出後，剩下的就只是一個勞累的軀殼。

穿著清新的人，性格比較單純、天真

我們的衣櫥裡總是不乏各式各樣的衣服——有性感的、有成熟的、有甜美俏皮的，也有簡潔清新的。

不同的衣服，能穿出不同的風格。比如喜歡穿著性感的衣服，說明此人性格開朗，充滿魅力；喜歡穿著成熟的衣服，說明此人性格沉穩、老練；喜歡穿著甜美俏皮的衣服，說明此人性格溫柔、細膩；喜歡穿著簡潔清新的衣服，說明此人性格直率、單純，思維活躍。

張萌和李楠同在一家公司任職，她們不僅是同事，還是十分要好的朋友，常常一起上下班，一起吃工作餐，幾乎到了無話不說、無事不談的地步。她們兩個人雖然要好，但穿衣風格卻迥然不同，張萌喜歡穿著清新簡潔的衣服，而李楠喜歡穿著成熟的套裝。

張萌和李楠兩個人本來同在宣傳部工作，但是一次例會上，經理卻突然宣布讓張萌去廣告部任職。面對突如其來的調動，張萌十分納悶，難道是自己工作能力有問題？還是自己在宣傳部做得不好了？她百思不得其解，決定去經理辦公室一問究竟。

「經理，怎麼突然把我調到廣告部呢？是不是我在宣傳部做得不好？」張萌單刀直入的說。

經理笑笑說：「也不是做得不好，只不過我認為廣告部更加適合你。」

「可是……」張萌欲言又止。

「我知道你和李楠十分要好，不希望調開。」經理打斷張萌說：「但是李楠性格穩重，做事也比較老練、沉穩，適合在宣傳部工作。而你性格比較單純、天真，這種率直性格如果在宣傳部工作的話，十分容易出差錯，而在廣告部，你的這種個性卻可以得到充分的發揮，你思維活躍，擁有天馬行空的思想，十分適合做廣告創意的工作。」

疑問得到解決，張萌服從了經理的安排。事實證明，經理的決定非常正確，張萌單純的個性給廣告部注入了很多靈感，使廣告創意工作進行的異常順利，而她自己也找到了自身的價值，並且很快得到了升職的機會。

穿衣風格不同的決定了其性格的不同。事例中，經理之所以能夠看清張萌和李楠的性格，就是透過她們的穿衣方式看出來的。可見，我們想要了解一個同事的內心，只需要看此人的穿著風格就可以對其性格有一個大概的了解。

工作中，我們也要根據自己的個性，選擇自己適合從事的職業，因為只有在適合自己的崗位，才能最大限度的發揮我們的才能。正如上述事例所講，如果張萌一直在不太適合自己的宣傳部工作，那麼她的率真只會慢慢被世俗同化，而在需要思維活躍的廣告部，張萌個性裡的單純，就是她取用不竭的創意源泉，使她能夠隨意發揮自己天真的創想。

雖然說「人靠衣裝，佛靠金裝。」但我們不禁要問，難道人只有靠衣著的亮色，才能為自己添彩嗎？當然不是，喜好清新穿著的張萌就是很好的例子。

穿著清新的人之所以不需要繁複的衣著修飾自己，就是因為他們有充足的自信，不願意淪為華麗衣衫的裝飾品，也不需要靠美麗衣著為自己加分。他們本身就是一塊美玉，白璧無瑕，任何裝飾都顯得畫蛇添足，而他們最大的光芒，就是單純而天真的性格。因此，我們看到穿著清新的人，常常會想到這樣一個詞——天生麗質，她們雖然不夠妖嬈、不夠豔麗，但卻自有一種氣質，令人無法移開眼球，因為他們的單純、天真，不僅是一種難得的特質，更能帶給我們最原始、最簡單的快樂。

與此類人在一起共事的時候，要能夠慧眼識人，看出他們不僅在衣飾上不喜歡繁瑣，就連說話做事也同樣追求簡單快捷。但是，千萬不要以為這類人不懂人情世故，他們只是性格單純，不喜歡太複雜的事情而已，而並非是什麼都不知道的「小白」。

☆重點請畫線☆　當我們遇到穿著清新的人時，切記說話或做事不要拐彎抹角，因為此類人性格單純，想法也比較簡單，喜歡直來直往，不喜歡說話做事繞彎子的人。如果是長篇累牘的說話，或是拐彎抹角的暗示，往往會讓他們覺得不知所云。因此與此類人一起共事，還是有話直說更容易做好事情。

穿著性感熱辣，充滿野心

二〇一〇年，男性時尚雜誌《Maxim》公布了「年度百大性感熱辣女郎」排行榜，全球性感美女排行再次刷新，蔡依林《Myself 2010 概念專輯》在邀請到七國音樂人跨境製作的同時再度添加了性感熱辣的新造型。為什麼性感熱辣如此被關注呢？為什麼穿著性感熱辣的女子顯得如此與眾不同呢？

原來，相比穿著清新的女子，性感熱辣的女人多了一些嫵媚成熟；相比穿著成熟的女子，性感熱辣的女人多了一些性感柔美；相比穿著甜美的女子，性感熱辣的女人又多了一些熱辣狂野。而她們之所以要穿著的性感熱辣，就是希望能夠更多的吸引別人的目光，讓女人相形見絀，讓男人拜倒在石榴裙下，這類人通常充滿野心，希望能夠征服所有人，無論是情感的征服，還是事業的征服。

夏薇是個公認的美女，還在上學的時候，就是學校的校花，來告白的人排成排，但是都被夏薇拒絕了，她還因此得了「冷美人」的稱號。但是夏薇對此並不在意，她認為能夠讓自己傾心相許的人，一定要是最優秀的，否則根本配不上自己，所以她依舊我行我素，享受著別人的追捧和讚美。

畢業後，夏薇到一家大型企業任職。工作以後，夏薇出落得更加美豔，加之她總喜歡穿著性感熱辣的衣服，依然走到哪裡都是焦點。夏薇的業務能力和她的樣貌一樣出色，很快就被提升為業務經理。如果是常人的話，這麼快就得到升職的機會，一定十分滿足，可是夏薇並不滿足，因為她的目標是不給別人打工，而是要自己創業。她認為自己具有更大的潛能，應該有更多的成就，絕對不能屈居人下。因此，她在以後的工作中更加努力，想盡一切辦法掌握更多的客戶群和人脈關係，為今後自己創業做準備。

幾年之後，夏薇終於積蓄了足夠的人脈和資金，開了一間自己的公司，而原來她手下的員工，很多也被夏薇挖了過來。在人才和客戶資源充足的前提下，夏薇終於完成了自己最開始的目標。

很多人對穿著性感熱辣的女人都有一個誤解，認為她們是靠「本錢」在生活的，認為她們對於外表的關注遠遠大於其他方面。其實，美麗性感的女人，通常都有很高的追求，從不滿足於現狀，而喜歡穿著性感熱辣衣服的女人，野心更甚。當然，野心並不是一件壞事，因為野心可以成為奮鬥的動力。工作中，如果能夠像夏薇這樣充滿野心，為自己建立一個目標，然後為了這個目標不懈的奮鬥，即使不能獲得夏薇這樣大的成就，也一定可以事業有成，前途光明。

這類人在做事的時候目標性很強，對成功充滿渴望，本身也有十分強烈的表現欲，希望時刻成為矚目的焦點。她們看上去好像不好相處，但其實很好揣摩，因為她們總是表現得十分張揚，不會刻意去掩飾內心的想法，因此和穿著性感熱辣的人一起共事，只要確定自己沒有成為她野心下的犧牲品，就不需要刻意小心提防了。

最後需要提示的是，性感熱辣絕對不是薄、露、透的代名詞，真正的性感熱辣是看似輕柔，卻透出韌性，敏感纖細，讓人無法將目光移開的。比如秋季穿高圍領的毛衣時，可以配搭小百褶花邊裙，這種組合性感、浪漫、時髦又實用，可以輕鬆點綴不同造型。比如永不過時的淑女的迷你裙，三十歲以後，如果還捨不得脫下那條顛倒眾生的迷你裙，就要學會搭配一雙高雅精緻的鞋子，還要配合端莊的笑容和動作，在不經意的腰身扭動款擺之間自然會讓人血脈噴張，心蕩神馳。

☆重點請畫線☆

在工作中，當我們遇到穿著性感熱辣的人，或是在一起共事的時候，我們不必被她們的野心所嚇倒，也並沒有必要遠離她們。因為此類人雖然充滿野心，卻也充滿做事的熱情，如果能夠和她站在統一戰線，或是你們有共同的目標，不妨一起合作，達成雙贏的局面。

穿誇張服飾，內心深處有著不安全感

時下，非主流已經成為一種時尚，非主流人群，也正在成為另一種主流。我們不禁要問，現在的人都怎麼了呢，為什麼喜歡穿著誇張的服飾，打扮得奇奇怪怪？

答案有兩種——一種是因為個性張揚，想穿出自己的風格，避免「撞衫」的情況發生；另一種則是想透過穿著誇張的服飾來隱藏自己的內心，此類人不希望被別人看穿，認為穿著奇怪誇張的衣服，能夠迷惑別人的眼睛，使別人無法從外表看透自己的性格。但是，事實卻剛好相反，正所謂「此地無銀三百兩」，越是希望靠穿著誇張的服飾來迷惑別人，越是因此而暴露了內心深處的不安全感。

小雯是一個相貌極其普通的女孩子，加之本身也沒有什麼特長，因此總是有一點自卑。生活中，小雯自卑的情緒時刻困擾著她，使她無論做什麼事情都瞻前顧後，怕做得不對，怕有遺憾，怕失敗。為了掩飾自己內心的不安全感，小雯時常穿著誇張的服飾，希望能夠從他人眼中看到一點訝異，藉此增強一點自信。

這天，小雯要去參加一個招聘會，因為十分擔心自己不夠優秀、怕自己無功而返，小雯精心挑選了一套她認為最能夠引起招聘公司注意的誇張服飾。到了招聘會現場，裡面果然是人山人海，其中絕對不乏精英，小雯見狀更加緊張，但是已經來了，就硬著頭皮找了一家專業對口的公司遞上簡歷。

招聘者看著小雯誇張的著裝，不由笑笑說：「你是第一次來應聘吧，沒事的，第一次應聘都會不安和緊張，慢慢就好了。你先來填張求職表吧。」

小雯心中詫異，「他是怎麼看出我的不安和緊張呢？為何一下就被別人看穿了呢？難道是自己哪裡露出了破綻？」一連串的疑問使得小雯根本安不下心來填寫求職表格，於是第一次應聘就這樣匆匆收尾了。

生活中的很多人都有過小雯那樣的經歷，都有過緊張和不安的情緒。如果我們留心觀察，路上形形色色的人中，總會看到一些穿著誇張服飾的人。他們或是戴著誇張的大耳環，或是戴著不計其數的手鐲，或是搭配一條奇奇怪怪的褲子，或是套上一件誇張的外衣……在我們疑惑他們的審美觀的同時，還要能夠看清他們內心深處的祕密——這類人，通常內心深處有著不安全感。他們誇張的服飾就像是變色龍的偽裝，其實他們的內心十分脆弱，多愁善感，敏感多疑，從不敢輕易相信別人，只能退而求其次尋求心靈上的慰藉。

但是，為什麼內心深處有著不安全感的人，要穿著誇張的服飾呢？

心理專家研究表明，這類人認為用誇張的服飾把真實的自己包裹起來，就好比為自己建立起一座圍牆，能夠杜絕別人的窺視。他們把自己打扮得奇怪誇張，讓人看起來覺得放蕩不羈，對什麼事情都毫不在意，好像什麼事情都無法對他們造成影響和傷害。但實際上，他們比任何人都要脆弱，因為害怕傷害，所以不敢對別人敞開心扉；因為害怕失望，所以不敢對任何事情抱有太大的期望；因為害怕失敗，所以做任何事情都不敢放手一搏，而這種畏首畏尾的做事態度，往往注定了失敗的結果。

事實證明，太在意自己的不安心理，或是想要藉助誇張服飾掩蓋自己的不安全感的人，會更加容易被人看穿，更加容易受到傷害。相反，只有那些能夠從容面對自己的不安全感的人，能夠承受失敗的人，才能走出不安心理的陰影，才能夠做好事情。

☆重點請畫線☆

當我們遇到穿著誇張服飾的人，一定要表現得十分有耐心，因為他們內心深處的不安全感常常會使他們變得憂愁、多疑而自卑，如果我們能夠真心相待，讓他們感覺安全，那麼此類人一定會成為我們做好事情的幫手。如果你沒有一顆寬容而細緻的心，那麼還是遠離這類「麻煩」吧。

正式套裝，傳統保守又執著的人

套裝是現代職業人必不可少的單品，這是因為套裝給人的感覺比較正式，能夠給旁人留下做事沉穩的好印象。

但是，不同的人穿著套裝上班的原因也各不相同，有的人是因為公司有明文規定，為了遵守公司的規章制度不得已才穿套裝；有的人是因為經常需要談業務，為了維護公司的形象，給合作方留下良好的印象才穿套裝；有的人，是性格使然決定她喜歡穿著套裝，哪怕是公休日，哪怕是要去逛街，也會一絲不苟的穿著正式套裝。而這種喜歡穿著正式套裝的人，通常比較傳統保守而又執著。

劉麗是個標準的職業女性，她每天上班的時候都穿著正式的套裝，她認為工作的時候只有穿著套裝才最適合，最得體。

在員工眼裡，劉麗是個令人稱讚的好上司。下屬對她的稱讚並不是因為她姣好的面容，也不因為她是他們的經理所以故意獻媚，而是劉麗的執著精神和工作能力使下屬折服。

某一個週五，劉麗依舊穿著正式的套裝來到辦公室開始一天的工作。因為明天就是週末，所以很多人週五就開始慵懶起來，但是劉麗依然很認真的做著每項工作。快下班的時候，祕書小張把週一要用的會議資料拿給她，她隨手翻開一看，發現有一處細微的紕漏。這本來只是一個小的環節，對會議整體的影響並不大，開會時忽略不提也就算了。但是劉麗本來就是執著而認真的性格，看到錯處，即使是很小的一點不足，也不能放任不管。巧的是那個問題雖然不大，但是修正起來卻十分不容易，要查閱大量的資料才能彌補，費時費力。直到全公司的人都走了，劉麗還在查閱資料，又經過幾個小時的努力，終於完成了修正工作。

到了下週一，全公司的例會上，劉麗因為認真的準備了資料，從而對董事長的提問對答如流，得到了董事長的讚許。

套裝會給人幹練、穩重的感覺，而喜歡穿著套裝的人，大都是傳統保守而又執著的人。他們雖然性格有些保守，有些古板，言談之間也缺乏幽默感，但是此類人做事執著，毫不馬虎，容易給人留下沉穩、踏實的好印象。而劉麗正是這樣一個人，對待工作執著而認真，即使是很小的紕漏也不能放過，寧可在週五的晚上加班，查閱大量的資料，也不許工作中存在一點不完美。而作為回報，她得到的不僅是董事長的讚許，還有下屬的擁戴。

工作中，有很多場合需要我們表現得保守、沉穩而執著，而以這樣的精神面貌接人待物，往往能夠得到別人的好感和認同。當然，保守和執著也會給我們帶來一些困擾，比如過於保守會讓我們無法接受新鮮思想和新鮮事物，在日新月異的今天，不能接受新鮮思想和新鮮事物是非常可怕的，而且過於保守不願意接納他人的觀點和意見的做法會成為自己工作中的桎梏，你的工作很可能就此陷入僵局，再也沒有突破的機會。另外，執著也要有個限度，合理的、適當的執著能夠讓你避免被周圍環境影響，做出錯誤的判斷，但過於執著自己的觀點和意見會讓朋友、同事都遠離你，認為你無法溝通，而這將成為你做事情時候的致命傷。

☆重點請畫線☆

工作中，如果你有喜歡穿著正式套裝的同事或上司，你一定不要表現出不穩重的作風，這會讓他們對你產生不好的印象，而且因為他們非常固執，所以一旦認定，就不會輕易改變看法了。相反，如果你表現得謹慎而沉穩，則容易得到他們的好感和認同，做好事情的機率也會提高很多。

第四章　興趣愛好，流露真性情

喜歡粉紅色的人，依賴性很強

仔細觀察，我們往往會發現一個奇妙的現象——喜好紅色的人，通常比較熱情，而且充滿自信；喜好綠色的人，擁有無限的活力，且時刻充滿希望；喜好藍色的人，比較理智，讓人覺得寧靜；喜好紫色的人，高貴中帶著些許神祕；喜好白色的人，天真單純，心靈純淨；這是什麼原因呢？原來顏色和性格也是密切相關的，也就是說，喜好不同色彩的人，擁有不同的性格。

那麼喜歡粉紅色的人是怎樣的性格呢？一般來說，喜歡粉紅色的人都在相對富裕的環境中長大，家庭環境優越，他們的性格大都比較溫柔、依賴性都比較強，做事缺乏自信。

李琳從小喜歡粉紅色，她認為只有粉粉嫩嫩的顏色才是最能代表女孩的顏色，因此無論是衣服還是用品，她一律都選擇粉紅色系。

李琳參加工作之後，同事們都很喜歡她，認為這個女孩十分乖巧，也很可愛，只是有一點讓和她共事的人十分頭痛，那就是李琳的依賴性很強，不論什麼事情，都要詢問他人的意見。這麼說可一點也不誇張，她真的是事無鉅細都要依賴別人，就連中午吃什麼，李琳也拿不定主意，總是讓和她要好的同事小張決定。

一次，公司有一個去總部學習兩個月的機會，本來這個機會十分難得，公費出差，不僅能夠學到東西，薪水還照發。消息一出，很多同事都想獲得這次機會，但是經理覺得李琳剛剛參加工作，應該利用這次機會去總部多學點東西，便把這次機會給了李琳。哪知道李琳一聽要去外地，就趕忙擺手說不願意。經理十分疑惑，心想要是換成別人，肯定十分高興，她怎麼還不願意去呢，便詢問李琳原因。李琳喃喃說道：「我從小在父母身邊，從沒獨立生活過，我怕到了外地自己一個人照顧不好自己，要不您還是讓別人去吧。」經理聽了十分失望，他沒有料到李琳的依賴性這麼強，連獨自生活的能力都沒有，一個連自己也照顧不好的人，還何談做好工作呢!自此，經理十分不看好李琳，並總是讓她做一些無關緊要的工作。即使是這樣，李琳依然不能獨自完成，總是請別的同事幫忙，日子一久，李琳也覺得自己實在不能勝任這份工作，只得黯然辭職了。

上述事例中我們可以看出，雖然同事和上司一開始都十分喜歡李琳，但是因為她自身的依賴性很強，無法獨立做任何事情，對公司毫無價值可言，最終只得黯然離開。

那麼為什麼喜歡粉紅色的人，會有很強的依賴性呢？

因為粉紅色本來就是所謂的「公主色」，只有養尊處優的小公主，才會喜歡嫩嫩的粉紅色，而性格獨立的人，通常喜歡冷色系，因為那是剛毅的顏色。

細心觀察不難發現，生活中有很多李琳這樣的人，從小她們的生活就都被別人安排好，自己根本不需要擔心，她們沒有想過如何獨自生活，也不知道如何獨立做事，一切都依賴父母的幫助，理所應當的當著家裡衣來伸手飯來張口的小公主。這樣的成長過程就決定了她們會有很強的依賴性，決定了她們沒有獨立做好事情的能力。

依賴思想不僅會使人喪失獨立生活的能力，還會使人做事缺乏信心，成為人格上的一種缺陷。總想依靠別人的人，往往不能夠透過自己的努力做好一件事，這種依賴性不僅使人無法融入社會，還會讓人產生惰性，一味貪圖享受。而想要擺脫這種凡事依靠別人的性格，首先就要克服依賴的習慣，增強自信心，為自己打氣，並且樹立奮發圖強的精神。

☆重點請畫線☆

如果你正是喜歡粉紅色的那個人，那麼努力做一個有獨立意識的人吧，不然你只會成為別人唯恐避之不及的對象。而克服依賴的習慣，首先就要糾正自己對粉紅色的過度依賴，否則不論你如何努力著使自己獨立起來，你的內心深處依然有很強的依賴性，因為喜好是騙不了人的。

喜歡看大型綜藝節目的人，自信充實、熱忱大度

有人說電影就是人生的縮影，其中的情節起伏，濃縮了我們生活中的喜怒哀樂。其實電視節目也如此，它就好比我們性格的反光鏡，透過節目的選擇，能看出我們是什麼性格的人。比如，喜歡看喜劇的人，通常能夠笑看人生；喜歡看旅遊節目的人，總是對生活充滿夢想；喜歡看娛樂節目的人，大都積極樂觀向上，有很強的自我調節能力；喜歡看新聞節目的人，團體意識強烈，比較關心時事的變化；而喜歡看大型綜藝節目的人，則自信充實、熱忱大度。

趙志龍在一家大型企業工作，絕大多數和他在一起工作的同事，閒暇時間裡都喜歡在和他一起聊天，因為他知識淵博，說話幽默，無論何時都充滿熱情。但是，同事小田卻不喜歡趙志龍，她認為趙志龍總是喜歡嘩眾取寵，而且她十分看不慣趙志龍喜歡看大型綜藝節目的習慣，在小田看來，男人喜歡看綜藝節目，是內心極度空虛、無聊，沒有上進心的表現。在公司，她從不掩飾自己對趙志龍的厭惡，還企圖讓別的同事也和她站在「統一戰線」上討厭趙志龍。

時間一長，很多同事都知道小田不喜歡趙志龍，有些同事也在私下提醒趙志龍。但趙志龍聽了根本不以為意，依舊和每一個同事都有說有笑，即使是面對小田也不例外，但小田總是愛理不理的樣子。

一次，小田竟然主動找趙志龍說話，原來小田最近要策畫一台小型晚會，可無奈對於綜藝節目了解得太少了，根本無法完成策畫方案，於是希望趙志龍能夠指點迷津。同事們都是一副看好戲的樣子，等著看小田吃閉門羹，結果非常讓大家意外，趙志龍竟然不計前嫌的幫助小田，把一些收視率比較高的綜藝節目推薦給小田，並提出很多中肯的意見，還在節目的先後設置上提了很多建議。

自此以後，小田也不再對趙志龍充滿敵意了，不僅經常其他同事一起在閒暇的時候與趙志龍聊天，還養成了收看綜藝節目的習慣，現在儼然成為了公司的第二號「綜藝通」。有多事的同事調侃小田說：「這會你怎麼不覺得趙志龍是嘩眾取寵的人啦？」小田不好意思的撓了撓頭跑開了。

趙志龍的充實造就了他的自信，而他的自信讓他無謂小田背地裡的誹謗，最終他熱忱大度幫助小田的做法贏得了小田以及其他同事的讚賞。試想一下，如果趙志龍在得知小田惡意詆毀自己的時候，與之爭辯或是反唇相譏，不僅失去了男人應有的風度，也會讓其他同事略有微詞。

工作和生活中，我們無法做到讓每一個人都喜歡，總會有一些人對我們保持敵意，或是表現得漠不關心。如果我們因為別人的態度而感到失落，或是企圖透過爭辯的方式改變別人的看法，那麼我們會活的很累，而且容易失去自我。要知道，充實自信的人，不會在意別人的態度；大度豁達的人不會計較別人的過錯；熱忱善良的人不會對別人的請求視若無睹；而用時間和事實證明自己，無疑是最明智的做法。

☆重點請畫線☆

當我們遇到喜歡看大型綜藝節目的人時，一定要和他成為朋友，並努力向他的方向靠攏，因為這類人自信充實、熱忱大度的性格，能夠成為我們做好事情的助力，而努力擁有這種性格，則使我們更容易取得成功。

喜歡看體育節目的人，爭強好勝、追求卓越

還記得我們看 NBA 時激動的心情嗎？還記得我們看世界盃時祈禱自己喜歡的球隊能夠晉級時的心情嗎？還記得我們看奧運會時期待自己國家多獲得一塊金牌時的心情嗎？是的，體育運動本就是要你爭我奪，要角逐勝利的運動。我們之所以喜歡體育節目，就是因為我們本身的性格中就有爭強好勝、追求卓越的基因。

李毅從小就喜歡打籃球，長大了依然喜歡看籃球比賽，即使有的時候工作忙碌，也不忘記讓家人把比賽過程錄下來，留到閒暇的時候再觀看。

李毅之所以這麼喜歡籃球，就是因為他喜歡打籃球時那種激烈的爭奪感，在他看來，勝利就應該被追逐。即使失敗了，還可以等待下一次比賽，可以加倍的努力以贏得下一次的勝利。而追求卓越的感覺，追求將自身的優勢、能力以及所能使用的資源發揮到極致的一種狀態，則能夠讓李毅熱血沸騰，充滿幹勁。

工作中，李毅也是一個爭強好勝、追求卓越的人。他任職於一家銷售公司，在公司裡，一切都是

靠業績說話，而老闆為了讓大家充滿鬥志，把每個月的業績做成表格，掛在公司最為顯眼的地方，並且按照業績給大家獎勵。

剛剛工作的時候，因為李毅是新人，沒有工作經驗，又缺乏客戶資料，前兩個月都在業績榜中墊了底。這讓性格爭強好勝的李毅倍感羞恥，他看看業績榜首的位置，下定決心要讓自己的名字出現在那裡。

為了能夠登上業績榜首的位置，李毅付出了很多努力，他耐心的開發每一個有可能成為他客戶的人，不厭其煩的解答每一個潛在客戶的問題。別人上班的時候李毅從不閑著，別人下班了，李毅依然努力工作。每到心灰意冷的時候，李毅就想想名字排在業績榜最後的窘境，爭強好勝的性格，讓李毅一次又一次燃起鬥志。就這樣，四個月之後，李毅終於如願登上業績榜首。但李毅並沒有因此而滿足，他認為一次的成功並不能代表什麼。因此，他依舊不斷的努力，希望能夠超越自己，能夠刷新自己的業績額，並且不斷的進步。公司年終總結的時候，李毅交上了連續十二個月業績榜首的好成績。

我們常常認為爭強好勝是一個略帶貶義的詞彙，形容一個人爭強好勝，就是說這個人喜歡逞強，喜歡出眾。但在做事的時候，爭強好勝卻並不見得是一件壞事。比如李毅，如果他沒有爭強好勝的個性，也許就會默默接受自己排名墊底的事實，根本談不上奮起直追，也完全不會有進步可言。

當然，想要做好事情，只有爭強好勝的精神是不夠的，如果說爭強好勝是一劑強心針，那麼追求卓越就是持久堅持的營養素了。卓越不是一個標準，而是一種境界，是追求將自身的優勢、能力以及所能使用的一切資源發揮到極致的一種境界。

在日常工作或是生活中，如果我們遇到喜歡看體育節目的人，一定不要簡單的以為這類人只是喜歡運動項目上的競爭。因為競爭已經從一種喜好，潛移默化的成為他們的一種性格，不論是做人還是做事，他們都敢為人先，不僅要從競爭中脫穎而出，而且還要求自己要逐漸提高，達到卓越的境界。

和這種人相處的時候，如果我們與之處在對立面上，應該懂得避其鋒芒，以免正面衝突。如果我們與之處在同一戰線，有共同的目標，則可以藉助他們的力量，一起把事情做好。

☆重點請畫線☆

做事的時候，我們雖不必要事事處處都超過或是壓倒別人，但也應該在某個領域裡有自己的作為。必要的時候，可以看一些體育節目，藉此使自己時刻充滿爭強好勝、追求卓越的精神，並且努力使自己成為強者，也只有這樣的人，才能夠成為社會上的強者，才能夠真正做好事情。

喜歡驚險刺激節目的人，對隱祕的事情和消息情有獨鍾

相信大家都多多少少看過驚險刺激的節目，這類節目讓我們的精神高度緊張，腎上腺素急劇上升，很多人看一會就受不了了，但是也要人專門挑這樣的節目看。

這樣的人大多可以分為兩種情況：一種是內心對這類節目有一定的渴望，屬於心理需求；一種是因為生活中很難有驚險刺激的事情發生，而又希望體驗一下驚險刺激的感覺，所以藉此來滿足心中的好奇。

不論是因為何種原因，喜歡驚險刺激節目的人，一定對隱祕的事情和消息情有獨鍾，他們總是把自己想像成為私家偵探之類的人，喜歡打探隱祕的事情，對八卦充滿興趣。

上學的時候，孫倩就十分喜歡看驚險刺激類的節目，每次看此類節目的時候，探祕心理都會得到極大的滿足，這種滿足時常讓她覺得心潮澎湃，好似做了什麼了不起的大事情一樣。慢慢的，她不滿足於只在驚險刺激的節目裡探祕，而是將這種探祕心理帶到了生活中。

比如學校裡有什麼新的消息，老師之間有什麼祕密，同學們最近的動態等，無論什麼隱祕的消息，她都樂於打聽，並且樂此不疲。孫倩儼然成了班裡名副其實的「情報員」，什麼八卦、祕密都逃不過她的眼睛。

久而久之，大家都知道孫倩對隱祕的事情和消息情有獨鍾。因為害怕自己隱祕的事情被孫倩洞悉，所以同學們除了找她打聽一些十分想要知道的事情外，都不願意和她交談。

工作之後，孫倩也是這樣，有著強烈的探祕心理，喜歡打聽隱祕的事情，對於別人的隱私也不乏興趣，儼然成了公司裡的監視器和傳音筒。對此，和她一起共事的同事真是又愛又恨。愛的是每次公司有什麼暫時保密的消息，比如放假安排，比如誰要被加薪，誰要升職等，都能夠透過孫倩的嘴提前獲知，能早他人一步掌握公司動態；而恨的是，自己的隱私也幾乎都逃不過孫倩的眼睛，在孫倩眼裡幾乎成了透明人。

一次，公司裡來了一個新同事。儘管上班沒幾天，但是主管卻對他十分關照。大家都很好奇，孫倩便忍不住要打聽這位新同事的來路。經過幾番打探，孫倩終於弄明白經理對此人另眼相看的原因——原來此人是主管的侄女。孫倩打探到這樣隱祕的消息，自然沾沾自喜，忍不住逢人便說，最後傳到了經理的耳朵裡。經理把主管批評了一頓，並開除了主管的侄女，主管因此記恨起孫倩，終於有一天，主管找到了孫倩的錯處，二話不說就將她開除了。孫倩無法，只得灰溜溜的離開。

這一切都是由於孫倩喜歡打探隱祕的事情和消息所造成的。她以為小道消息能夠顯示出她的能力，因此樂此不疲的打探，打探後還十分樂於散播，這在無形之間得罪了很多人。其實打探隱祕的事情和消息，並不能給自己帶來什麼實際的好處，只是滿足了自身的好奇心理，如果要因此賠上工作，那真是太不明智了。

我們每個人都有自己的祕密，都有一些隱私的事情不想讓別人知道。在喜歡窺探別人隱祕事情或消息的人面前，會覺得十分沒有安全感。所以在生活中，如果遇到喜歡驚險刺激類節目的人，而他又千方百計想要透過你打探隱祕的事情或是消息，你就一定要提高警惕了。俗話說「東西可以亂吃，話不可以亂說」。如果是別人的隱私，就一定守口如瓶不能透露，因為此類人很有可能到處宣揚，這時你就會成為眾矢之的了；如果是關於自己的隱祕的事情，如果你沒有打算讓此事盡人皆知，奉勸你也不要將此事透露給這類人。但是，此類人也有一個好處，就是可以利用他們的口，把你想要撒播出的消息撒播出去，而此類人一定樂意為之。

☆重點請畫線☆

與此類人一起共事，一定要管好自己的嘴，因為不知什麼時候，你就有可能因為大意而透露出一些隱祕的事情。但你也沒有必要遠離這類人，因為他所知道的隱祕的事情和消息，很有可能對你有所幫助。只要你能巧妙的利用他們所知道的祕密，又不成為他們消息的來源，就能既辦好事情，又不會得罪他人。

喜歡競走的人，有自己特殊的品味

「飯後百步走，活到九十九」，這是民間廣為流傳的一句俗語，意思是適當的運動對身體有益，但是你知道嗎，選擇什麼樣的運動方式，也能夠反映出一個人的性格和品味。

有的人選擇散步，喜歡邊走邊聊的愜意；有的人選擇慢跑，喜歡出汗之後的暢快；也有人選擇競走，這種介於走路與跑步之間的運動方式，不僅有一定的規則，也有很強的技術性。喜歡競走的人生活品味大都十分獨特，他們樂於推陳出新，樂於讓自己的做事風格與別人不同。他們不想落入俗套，不想自己成為普通的芸芸眾生。這類人對生活有很高的追求，有自己特殊的格調，也有獨特的做事風格。

王媛是個美編，過著朝九晚五的上班族生活。她每天早睡早起，生活習慣十分健康。

每天早上起來以後，王媛都要出去鍛鍊半個小時，她的鍛鍊方式與眾不同，既不是散步、慢跑也不是早操，她喜歡競走。她覺得早上繞著社區裡競走幾圈，一天都會精力充沛。

王媛不但晨練方式和別人不同，就連生活品味也異於常人。她喜歡在陰雨綿綿的時候跑到海邊看日落；喜歡在烈日炎炎的午後穿著另類的雨鞋逛商場；喜歡把自己的生活記錄在微博上卻不讓任何人評論、轉發；喜歡拿著書本坐在游泳池旁細細品味；喜歡在大雪紛飛的冬天捧著一大杯冰淇淋過馬路……

也正是因為王媛有如此特殊的生活品味，所以工作時的王媛，總是有不斷的創作靈感。她所設計的封面，創意都十分獨特，每個讀者都能從中感悟到不一樣的內容。王媛認為，一切不夠特殊的東西，都不能稱之為是優秀的，而她自己做事也十分善於推陳出新。她總是努力創作出不一樣的作品，試圖給人耳目一新的特殊的感觀。

很多同事都羡慕王媛有這樣取之不盡用之不竭的靈感，虛心求教之下，王媛只是笑笑說：「大概是因為我喜歡競走吧。」

特殊的運動方式反應了王媛特殊的品味，而有特殊品味的人，大多都十分適合從事創作類型的工作。王媛就是一個很好的例子，她是一個以創作為生的美編，工作性質本身就要求工作者有取之不盡的靈感，而特殊的品味就是王媛創作的源泉，使她能夠勝任美編的工作，並且做得很好。

有自己特殊品味的人，往往十分隨性，也很感性。他們內心充滿靈感的同時，也十分敏感，能夠感受到事情細微之處的變化。因此，與這類人一起共事的時候，沒必要高談闊論，或是強調自己的觀點，因為他們大都不願意屈服於他人的思想，只會認為想法不同的人格格不入。如此話不投機半句多，又怎麼能夠一起做好事情呢？

☆重點請畫線☆

當我們遇到這種人時，一定不要妄想同化他們。因為他們天生就是特殊的，失去了特殊的本質，他們只能淪為工作的機器。而與這樣的人一起共事，就一定無法做好事情了。

騎自行車鍛鍊的人，不會過於呆板

鍛鍊的方式有很多種，有的人選擇常規的走步、慢跑、瑜伽、太極拳、游泳等健身方式，也有人選擇比較新穎的騎自行車鍛鍊，那為什麼有的人選擇慢跑類的常規方式，有的人卻選擇騎自行車這樣比較新穎的方式呢？這是因為人的性格不同，所以喜好也會不同。

喜歡慢跑類常規方式健身的人，習慣沿著統一軌道向前行進，這類人只會努力的埋頭苦幹，只求達到目的地，而忽略了過程；喜歡騎自行車鍛鍊的人，在達到鍛鍊目的的同時，還不忘欣賞一下沿途的風景，此類人做事注重過程，不會過於呆板。兩者相較，雖然前一種人往往能夠更快的獲得成功，可是成功的過程都會比較辛苦，沒有樂趣可言；而後一種人則能夠在取得成功的同時，享受成功的過程。哪種人更勝一籌，自然不言而喻了。

文娟在一家設計公司任職，公司離家不遠，每天坐車上班只需要四腳站地，走著只要不到一個小時的時間。為了能夠抽空鍛鍊一下身體，讓自己多運動一下，文娟選擇每天騎自行車上班。

文娟是個注重過程也注重享受的人，即使在每天上班的路上，騎著自行車的她也能找到一些樂趣——偶爾眯起眼睛看看太陽初升，或者看看周圍慢慢行走的人群，或者看看商店的櫥窗裡又有了什麼新奇的東西……

工作中的文娟也是一樣，她不會像別人一樣埋頭苦幹，不會昏天黑地的加班，也不會一根筋的解決問題。

一次，文娟所在的公司先後接了兩筆生意——其中一個要求他們設計一組清新涼爽的圖案，用來為他們新推出的涼茶做推廣；另一個則是用來為即將開幕的冰雪節做宣傳之用。公司把涼茶推廣的設計工作交給文娟所在的小組，經過十幾天的努力，文娟和同事終於設計好了一組圖案。但是對方卻對設計圖卻並不滿意，原來這個設計圖是以雪為背景的，他們認為冬天涼茶本來就不易銷售，而這組設計太過於突出冰雪的感覺，更加讓人感覺寒冷，於是要求文娟他們返工。

十幾天的努力啊，就被對方一句話給否決了，就在大家都十分惋惜的時候，文娟卻跑到另一個負責設計冰雪節宣傳圖的小組，找到他們的負責人，說：「小劉，你們那個設計圖怎麼樣了？」

「唉，還說呢，我們根本還沒有思路呢！」小劉懊惱的說：「再過幾天就要交給對方，真不知道怎麼辦好。」

「要不把我們的那個設計方案給你們吧。」文娟說：「你們肯定也聽說了，我們的方案太過於突出冰雪的細節，被打回來了，應該和你們的主題比較適合吧。」

「真的！那太好了！」小劉高興的說：「那涼茶的那個設計，我們兩個組一起完成吧，效率還能高一些。」

就這樣，在約定的時間內，兩個設計方案都被採用了。而文娟靈活機變的做事風格，也得到了大家的讚賞。

很多時候，換一種思路，很可能會取得意想不到的效果。試想一下，如果文娟也和別的同事一樣呆板，只知道惋惜，不尋求解決方法，第一次的設計方案很有可能就只能埋身於垃圾桶裡了，而大家先前的努力全都白費了不說，還很有可能無法在約定的時間內完成。而轉換一種思路，事情就很容易解決了。

正所謂條條大路通羅馬，從文娟的事例中我們就不難看出，想要做好一件事情，方法有很多種，不必要執著於某一種途徑。當遇到困難的時候，不要墨守陳規，要懂得隨機應變，這樣才能避免做許多無用功，才能在做好事情的同時享受到許多樂趣，才能更深層次的感受生活的美好。

☆重點請畫線☆

跟這種人在一起做事情的時候，懂得「隨機應變」是非常重要的，這個隨機應變不僅僅指工作上，還有和他們的相處上，因為他們很有可能會隨時隨地提出一個讓你目瞪口呆的思路或者想法，這個時候不要忙著說拒絕，不妨仔細思考一下，也許會是一個不錯的點子。

天天散步，有很好的耐心

做一件事情並不難，難的是每天都堅持做這件事情。散步也是一樣，一次兩次的散步不難，難的是每天都堅持散步。生活中，如果有誰能夠雷打不動、風雨無阻的天天散步，那麼此人一定有很好的耐心，不管多麼困難的事情，都能被他的耐心「腐蝕」。

馬萍是個幼師，每天的工作時間十分固定，除了上班之外，總有大量的時間可以自由支配。因為時間充裕，馬萍習慣每天吃完晚飯後出去散步，即使趕上陰天下雨或是狂風亂作的天氣，到了在固定散步的時間，她也會在客廳裡走上幾圈來代替。

堅持不懈的習慣，需要用良好的耐心來培養，而馬萍就是這樣一個有耐心的人。因為工作的特殊性，馬萍每天要面對很多小孩子，小朋友的學習能力不是很強，自制能力也不夠，所以總是狀況不斷，而馬萍則對這些突發狀況很有耐心，也很有辦法。

教小班的小朋友學數數，是園裡老師們最頭疼的一件事情，因為孩子還太小，邏輯思維能力差，要想教會他們從一數到十都十分困難。但是馬萍班裡的小朋友，每個都能輕鬆的做到。馬萍是如何教他們的呢？其實並沒有什麼祕笈，也沒有任何捷徑，所需的只是耐心而已。每個小朋友的領悟能力都不一樣，有的小朋友很快就能夠從一數到十，而有的小朋友則半天也不能學會，針對領悟能力差的小朋友，馬萍就不厭其煩的教導他們，耐心的一遍一遍重複，直到每個小朋友都學會為止。

不僅如此，馬萍的耐心還體現在工作中的方方面面，比如每天午睡之前，為了防止孩子們尿床，她都會讓小朋友先去上次廁所，從沒有一天忘記；再比如她每天都會在幼稚園門口和小朋友一起等待家長，直到最後一個孩子安全被接走後才下班，沒有一次自己先走；遇到小朋友問了好多次都不懂的問題，她也會不厭其煩的為他們講解，從沒有不耐煩的情況出現……

馬萍的耐心，得到了很多學生家長的認同和讚賞，同樣，許多同事也十分佩服馬萍對待孩子的那種耐性，因此馬萍在老園長退休之後，順利的接任了園長的職務。

馬萍之所以能夠得到學生家長的認同，之所以能夠讓同事佩服，之所以能夠做好每個老師都頭痛的事情，就是因為馬萍有很好的耐心。其實做好事情就是這樣簡單，只要有持之以恆的精神，有很好的耐心，就能夠做好任何事情。而耐心的培養，需要有一個良好的習慣，並且能夠每天堅持去做。

生活中，有時我們做不好一些事情，並不是因為那件事情於我們而言有多麼的困難，也不是因為一些外力的干擾使我們無法完成，真正的原因在於我們自己，因為我們沒有耐心，所以往往遭遇一些困難，或是遇到瓶頸的時候，我們選擇了放棄。而成功其實很有可能就在下一秒鐘，只要我們再耐心一點，在堅持一會，我們就能做好這件事情。

所以，當在我們佩服他人有很好的耐心的同時，也要努力向之靠攏，因為耐心能夠幫我們清除前進道路上的障礙，不論面對怎樣的困難，都能夠迎刃而解，最終把事情做好。

☆重點請畫線☆

千萬不要認為每天做同一件事情是單調、無聊的體現，因為這是對我們耐心的極大的考驗，而能夠堅持下來的人，任何困難在他面前，也不能稱之為困難了。與此類人一起共事，會增大我們克服困難的決心，跨越障礙的信念以及做好事情的機率。

不喜歡運動的人，積極性差

有的人喜歡透過運動來達到強身健體的目的，而有的人卻寧願靠一些維生素片劑維持健康，這類人天生就習慣懶惰，他們的身體裡好像住著一隻大懶蟲，這使得他們喜歡賴床，喜歡安逸的生活，不喜歡運動，不喜歡接受挑戰。

如果你認為不喜歡運動只是一種單純的生活習慣的話，你就大錯特錯了，它還能夠體現出一個人的性格：不喜歡運動的人，大都積極性很差，做許多事情的時候都缺少主動性，常常要旁人再三催促才會去做，這樣做事情，怎麼可能有成功的人生呢？

杜永康出生在一個富足的家庭，做為家裡唯一的「獨子」，父母和家人對他都十分的溺愛，這種過度寵愛養成了杜永康懶惰的個性，他無論做什麼事情都要家人操心，積極性非常差。而且這種優渥的生活，使得杜永康從小就開始發福，為了讓杜永康不過分肥胖，父母總是督促他去運動。但是杜永康十分不喜歡運動，他認為運動太累了，所以總是三天打魚兩天曬網，不能堅持下來。

畢業之後，杜永康到一家公司做會計。工作之後的杜永康還是老樣子，對於自己的工作，他總是一拖再拖，總要等到最後不得不完成的時候才去做，因此工作效率和品質都不高。

一次，經理讓杜永康在月底之前呈交一份財務報表。因為剛剛月初，所以杜永康覺得不用著急，並沒有立刻著手去做。兩個星期過去了，杜永康幾乎將財務報表事情拋之於腦後了，要不是無意間翻開月初的工作記錄表，很有可能就忘記做了。眼看著月底將近，現在開始做的話，時間也很緊張了。為了能夠在月底交差，杜永康並沒有過多的時間仔細的翻閱資料，而是在匆忙之中做了一份財務報表應付了事。因為過於匆忙，所以財務報表存在很大的問題，險些給公司造成無法挽回的損失。

經理盛怒之下找杜永康談話：「我給了你將近一個月的時間，怎麼把財務報表做成這個樣子？你必須給我一個解釋。」

杜永康知道事情重大，自己已經掩蓋不過去了，只好支支吾吾的說：「一開始我想著時間還早，就沒急著做，後來想起來的時候，時間已經不夠用了……」

「你的積極性這麼差，還當什麼會計！」經理憤怒的打斷他：「公司不需要你這樣的人，明天你可以不用來了。」

從事例中我們不難看出，杜永康的積極性非常差，不論什麼事情都不能主動的去做，都需要旁人的催促——不管是小時候的運動減肥，還是長大後的工作事宜，他總是能拖就拖，最終還因此丟掉了工作。

工作中，如果我們自身也存在著這種問題，那麼我們著實應該自查一番了。要知道沒有誰應該成為我們的「保姆」，也沒有誰有義務時刻提醒著我們此刻應該做些什麼。能否做好事情，是我們自己的事情；能否取得成就，也完全取決於我們自己。所以，提高自己的積極性，主動的去做一些事情，才是不喜歡運動的人的當務之急。而如果自覺無法短時間內改變自己的性格，那麼不妨從培養運動習慣開始，讓行為潛移默化的改變你的個性。

當然，立下運動的目標很容易，但是要長久堅持下來卻不是一件容易的事情，特別是對於本來就不喜歡運動的人來說更是難上加難。所以對於這類人，不妨先從生活中的小細節中培養運動習慣。比如和朋友相約，一起出去運動，有了朋友的監督和鼓勵，堅持運動會容易很多；再比如閱讀一些圖文並茂的運動書籍，提高你運動的積極性；或者還可以先堅持一個可以在室內進行的無須其他器材輔助的簡單運動，這樣即使天氣不佳，運動計畫都不會受到影響，而且家人也可以陪你一起運動。

☆重點請畫線☆

工作或生活中，如果我們遇到不喜歡運動的人，一定要看透此類人的真性情——他們通常是積極性差且需要別人照顧的孩子，很難成為和你一起做好事情的夥伴。雖然你不一定要遠離他們，但也不要指望他們能夠幫你做成什麼事情，此類人往往連自己的事情都做不好。

鍾情舉重的人，最在乎外表

觀看舉重比賽的同時，我們還經常會為運動員結實而健美的身材驚嘆。如果說專業運動員練習舉重是為了為國爭光，那麼日常生活中鍾情於舉重的人就是有個人的「目的」了，在他們看來，舉重本身就是一種有力量的表現，練習舉重能讓自己的身材看起來十分健美，而鍾情於舉重的人，也是最在乎外表的。

在意外表的人，往往不注重內涵而重形式，彷彿有一副好身材便是最要緊的事情。此類人認為舉重能夠賦予他們令人羨慕的力量，藉此使自己看起來很特別，這使得他們忽略了一些實質性和內涵的東西。他們通常做事沒有主見，很在意別人對他們的態度，容易為了迎合他人的品味，而失去自己的原則。

王磊身材高大，十分魁梧，在外人眼中已經是標準的壯漢了。但是，女朋友卻總認為他的身材還是不夠完美，建議他去健身房鍛鍊。為了能夠讓自己看上去更加結實、健美，工作之餘王磊經常練習舉重。每一次看到自己舉起更加重的啞鈴時，王磊心中都雀躍至極，因為他認為自己的身材正在日趨完美，而自己也在日趨完美。

最近，王磊和女朋友決定要步入婚姻的殿堂。但在新房的裝修問題上，兩人產生了分歧，王磊認為牆面應該以白色為主，這樣才顯得大氣而整潔；可王磊的老婆卻認為家是兩個人的愛巢，應該以甜蜜的粉色為主基調。禁不住老婆三言兩語的勸說，王磊妥協了，家裡的牆面一律按照老婆的意思刷成粉色。

不僅家裡的事情王磊沒有主見，就連工作上的事情，王磊也總是詢問老婆的意見。一次，公司決定讓王磊到外地分公司歷練一下，時間是一年。職位、年薪都有所提高，還能夠藉此多學一些東西，本來是十分好的事情，但因為老婆不同意兩地分居，軟磨硬泡了幾次，王磊就改變主意了，依舊在公司裡當個小職員，不知什麼時候才有出頭之日。

鍾情於舉重的人，往往最在乎外表，這常使得他們忽略自己的內心，過分在意別人的意見。王磊就是這樣，因為過分在意妻子的態度，所以事事妥協；為了迎合妻子，討妻子的歡心，全然不顧自己的意願和做事原則，連大好的工作機會都放棄了。

那麼為什麼王磊這類人要依靠外表來博得別人的矚目或是讚美呢？有兩種可能：一種是他認為外在的東西比較直觀，能夠更加直接的給人以視覺上的衝擊，效果立竿見影；另一種是因為他沒有能力，內心空虛，除了外表沒有任何其他本事可以讓自己自信。但其實這類人都忽略了，虛有其表是永遠不可能成為做好事情的資本的。

所以，當我們滿足於自己外表的同時，也要關注一下內心。因為外表的成功並不代表你就是一個成功的人，只有內心的強大，才能使你充滿自信，才不會因為其他人的隻言片語就改變自己的初衷，才有堅持努力的動力，才能夠不斷地進步，最終才能具備做好事情的能力。

☆重點請畫線☆

工作中，如果你有鍾情於舉重運動的同事，特別是當他向你炫耀自己結實的身材的時候，你根本無需嫉妒他，因為這類人只是徒有其表的傢伙罷了。如果此人是你的競爭對手，那麼你反而要讚美他，因為讚美於他而言，就像是一枚煙霧彈，能夠迷惑他們，使他們在讚美聲中迷失自己，而你就能夠輕鬆取勝了。

喜歡閱讀的人，往往比較上進

俗話說「讀書破萬卷，下筆如有神。」我們一直視閱讀為增長知識和智慧的途徑，而把閱讀當作一種興趣喜好的人，往往是比較上進的。

楊秀卉是一家旅行社的中文導遊，平時在公司的時候工作十分努力，待人也十分熱情，最難得的是，楊秀卉見多識廣，學識淵博，並且為人十分上進，因此人緣極好，同事們都很喜歡和她接近。

這天，旅行社主管把所有導遊叫到一起說：「這兩天，我會有一個美國朋友來中國旅遊，他不想找別的旅行社導遊，希望我給他介紹一個，但是你們都是中文導遊，不知道有沒有哪個英文比較好？」

「讓楊秀卉去吧，她英語流利得很。」一個同事舉薦道：「上次我還看見她在午休時間看一本英文原著呢，想來帶外籍旅行團一定沒有問題。」

楊秀卉有些不好意思的說：「我覺得口語交流不會有什麼問題，但畢竟我不是英文導遊啊」旅行社主管說：「你不是作為導遊的身分出去的，是作為我的朋友的身分，帶著他四處走走看看。」

同事們聽見經理這麼說，心裡都有些羨慕，但他們英文都不好，所以也只能默不作聲。

第二天早上，楊秀卉陪著這位外國朋友參觀故宮。因為是第一次看到這樣宏偉而又壯觀的宮殿，這位外國朋友顯得十分興奮，不停的問這問那。比如每個宮殿的名字，宮殿名字的來歷，哪個宮殿裡都住過些什麼人，以前的皇帝在哪裡辦公等等。楊秀卉因為喜歡閱讀，所以十分了解這些歷史，不僅對答如流，而且還主動介紹了關於清朝的一些歷史和人物。

幾天的遊覽下來，這位外國朋友對楊秀卉的印象非常好，旅行社主管也很滿意。

楊秀卉要求上進的個性不僅為她贏得了主管的讚賞，同事的認可，還得到了鍛鍊自己的機會。不得不說，這是一個典型的「成功性格」。那麼是不是所有喜歡讀書的人都是一摸一樣的個性呢？當然不是。

喜歡讀歷史書籍的人，通常有豐富的創造力，此類人講究實際，不喜歡漫無邊際的閒談，希望能把時間都用在有建設性的工作上面，討厭無意義的社交活動；喜歡閱讀財經雜誌的人，大多野心勃勃，不喜歡一成不變的生活，有知難而進的勇氣，喜歡挑戰高難度，挑戰極限，不會輕言認輸；喜歡讀言情小說的人，大多比較感性，心思細膩，對身邊的人和事物都觀察的非常仔細，而且這類人大多十分自信和豁達；喜歡看傳記的人，有比較強的好奇心，希望能窺視他人不為人知的一面，他們做事小心謹慎，不會輕易留下把柄；喜歡看通俗讀物的人，大多熱情善良、單純直爽，是人群中的開心果；喜歡讀偵探小說的人，擁有天馬行空的想像力，善於用另類的方式解決問題，喜歡思考一些深奧的問題。

不難看出，雖然喜歡閱讀的書籍不同，性格也不盡相同，但他們身上都有一個共同的優點那就是上進心強，做事積極進取，不甘人後。那麼我們應該怎樣培養自己閱讀的愛好，讓自己也成為做事積極進取的人呢？

第一，要學會找時間讀書。不要再拿工作忙沒有時間為藉口，魯迅先生曾經說「時間就像海綿裡的水，只要願意擠，總還是有的」，所以只要你有這個意願，每天都能夠找出一段時間來讀書，哪怕只有十分鐘，十五分鐘，不要嫌棄時間零散，每天抽出四個十分鐘不就四十分鐘了，最重要的是，這個是養成讀書習慣的良好開端，也是必不可少的步驟。

第二，不管什麼時候，身上都帶本書。不管你要去哪裡，不管你要去做什麼，都請帶本書在身上。在等待見客戶的時候，在等待公車的時候，在等待女友下班的時候，在排隊買東西的時候，都是可以看書的。

第三，減少看電視上網的時間，找一個安靜的地方讀書。如果真的想要培養讀書的習慣，那麼就要先學會減少看電視和上網的時間，雖然對於大多數現代人來說，這樣做真的非常難，但其實我們是完全可以把看電視上網的時間拿來看書的。看書的時候，不妨給自己找一個既舒服又安靜的地方，周圍沒有電視，沒有電腦，沒有娛樂設備，沒有家人，沒有朋友，只有你和書本。

第四，找到真正適合你，而且你喜歡的書。俗語說「強扭的瓜不甜」，培養讀書的喜好也是一樣，不要看某某名人喜歡看傳記自己就去看傳記，也不要看某某著名作家推薦歷史書籍就跑去盲目的看歷史書籍，一定要找到真正適合你，吸引你的書，這樣你的動力才會一直持續下去。即使你喜歡的書不是文學名著，也不是經典的傳世之作，但只要是你喜歡的，能幫助你培養讀書習慣的，不妨都試著讀讀看，當你養成讀書習慣後，自然而然的就會想要挑戰有更高難度的書了。

☆重點請畫線☆

如果我們遇到喜歡閱讀的人，即使此人外表看上去樸實無華，我們也一定不能小覷。因為一個人是否有能力，是否能夠做好事情，並不是寫在臉上、穿在身上的。當我們與喜歡閱讀的人一起共事的時候，除了要保持謙虛謹慎的態度，還要學習他們那種積極向上的精神。

第五章　交際圈中，識別他人心

總說「我們」的人，想和你拉關係

友情就像好酒，要慢慢的釀造才會醇香；友情就像濃湯，要慢慢燉煮才會味美。和朋友一起聊天，總是會習慣性的說「我們」，因為彼此之間十分熱絡，十分親近，但如果你和某個人只有一面之緣，或是只是萍水相逢，交情不算深，他卻一直十分熟絡和你說「我們」，那此人一定是另有目的。如果常有這類人在你身邊出沒，那麼你一定要謹慎了，因為這類人通常有求於你，所以想要和你拉關係，千萬不要被他們三句兩句的親熱就衝昏頭腦，而答應一些會損害自己利益的事情。

董濤是某公司的職員，他為人外向，對誰都很熱情，即使是剛剛認識的人，他也會十分自來熟的湊上去和人攀談，而且還總是「我們……」不離口，一開始同事們還都覺得董濤十分熱情豪爽，但是接觸久了，就發現他為人不怎麼樣，都盡可能的遠離他。

事情是這樣的，董濤剛來公司上班的時候，因為大家和他也不熟悉，所以都不怎麼說話。但是午休的時候，董濤卻十分熱絡的自我介紹，並且和每個同事打招呼，這讓同事都覺得他十分熱情。特別是對同一個科室的小王，董濤表現得更加熱絡，總是說「我們一起去吃飯」、「我們之間的關係誰和誰啊」，時間長了小王便真的把董濤當成好哥們對待。

日常工作中董濤有什麼不懂的地方，就會向小王請教，小王自然是知無不言，即使是小王的客戶資料等私密的問題，小王也會信任的告訴他。但一段時間之後，小王發現以前和他一起合作的客戶都不願意再和他繼續合作了。沒有了客戶，小王只能看著自己的業績直線下滑。與小王的情況截然相反的是，剛進公司不久的董濤的業績正以驚人的速度遞增，善良的小王很為董濤感到高興。

有一天，經理找小王談話，告訴小王，他的業績已經連續幾個月墊底了，如果再沒有起色，只能請他另謀高就。近乎於絕望小王下班後在街頭遊蕩，為了保住自己的飯碗，他決定打電話給一個最熟悉的老客戶，問問原因。豈料，客戶聽後驚訝的說：「不是說你的業務都轉給你們公司的董濤負責了嗎？我還以為你不在這家公司做事情了呢。」小王聽了恍然大悟，這才想明白，自己和董濤認識不過三四個月，他怎麼可能跟自己如此投緣呢？原來他看似掏心掏肺的舉動只不過想和自己拉關係罷了。氣憤的小王回到公司，把事情公諸於眾，同事們聽後都十分厭惡董濤耍手段的行為，再也沒人理他了。

董濤之所以能夠順利騙取小王的客戶資料，就是因為他總說「我們」，這個比較親密的稱呼成功的在短時間內縮短了他和小王的距離，讓小王卸下心防，放鬆警惕接受他，願意與他交朋友。其實董濤並不是真心想要和他交好，只是想拉關係，獲得一些有用的客戶資料，提升自己的業績。如此居心，真是不得不防。但世界上沒有不透風的牆，當事情被同事知道的時候，董濤不僅失去了別人的信任，還丟失了自己最起碼做人的尊嚴。其實與其靠這樣和別人拉關係來提高自己的業績，不如踏踏實實做事，一步一個腳印。

生活中，我們時常也會遇到這類人，即使剛剛認識，他們也會十分熟絡的和你主動搭話，一出口就是「我們」，顯得和你十分親近。遇到這樣的人，或是與此類人在一起共事，一定要擦亮眼睛，不要被他的熱情所矇騙。必要的時候，我們也要學會對此類人虛與委蛇，他熱情你也熱情，他拉關係你也將計就計和他拉關係，但對於實質性的問題，一定要把握好自己的底線，維護好自己的利益。

☆重點請畫線☆

工作中遇到此類人，我們沒有必要如避蛇蠍一樣躲著他們，因為多個朋友多條路，也許以後我們還需要藉助他的力量成事。即使他可能是假意與你交好，你也沒有必要拂了他的面子，只要對此人保持警惕就好。

善說恭維話者，多比較圓滑

《孟子．公孫醜上》：「子路，人告之以有過則喜。」意思是，聽到別人指出自己的過錯就會高興。實際上，恐怕只有真正的大聖人才能有如此胸襟。一般情況下，絕大多數人都無法真正做到「人告之以有過則喜」，也就是說能夠聽進忠言逆耳的人並不多，所以日常說話辦事的時候，我們不妨多說一些人人愛聽的恭維話。

恭維話能幫助我們擁有良好的人際關係，恭維話能幫助我們擁有圓滿而順利的社會生活，恭維話能成為我們做好事情的最佳幫手。恭維話雖好，但是卻不是人人都能駕馭，恭維的話說對了，事半功倍；恭維的話說錯了，事倍功半。而那些善於說恭維話的人，大多是經驗比較豐富、世故圓滑的人。

李金亮是一個電器銷售員，一次，他到郊區一個養鴨廠推銷電器，養鴨場的主人是一個中年婦女，對方一看見他穿的工作服就把門關上了。吃了閉門羹的李金亮並不氣餒，他再一次敲開了對方的門，對這個中年婦女說：「你好，請不要誤會，我不是來推銷電器的，聽我朋友說你這裡的鴨蛋非常好，我想買一些回去給我父母嘗嘗。」

中年婦女聽了李金亮的話，半信半疑的打開了門，說：「賣鴨蛋的地方有很多，為什麼你專門跑到我這裡來？」李金亮說：「因為我朋友極力推薦我，說這裡的鴨蛋確實與眾不同。」

中年婦女聽後高興的帶這李金亮向存有鴨蛋的倉庫走去，走到半路，李金亮看見一個又一個嶄新的鴨舍，他對中年婦女說：「我敢打賭，你一定是周圍十裡八村最出色的養鴨專業戶」，中年婦女一聽就樂了，她說是的，雖然別人都不願意承認這個事實，但現在她養鴨場的規模確實是最大的，說到興頭中年婦女還帶著李金亮參觀起了鴨舍，李金亮和她邊看邊聊，說的話句句入耳。李金亮說，如果能用電器照射，鴨子的產蛋量會更高，中年婦女好像忘記了剛才的事，反而問李金亮用電器是否合算。當然，她得到了完滿的解答。兩個星期後，李金亮在公司收到了這個中年婦女交來的購買單。

過去大家常說「良藥苦口利於病，忠言逆耳利於行」，現在則比較推崇讚美能使人快樂，恭敬能讓人自信。善於說恭維話的人，心思都比較細膩，能夠準確的洞察人心然後投其所好。這種人隨機應變的能力很強，有所謂的「見人說人話，見鬼說鬼話」的能力，能和據大多數的人保持良好的關係，在各種問題的處理上也顯得十分嫻熟、老練。和這種人一起做事的時候要注意，雖然他們表面上給人感覺很容易妥協，但實際上他們的主觀意識非常強，總是能在不知不覺中把事情往有利於自己的方向引導，很少會有吃虧上當的時候，所以不要再被他們的外表蒙蔽，維護住自己的權益才能做好事情。

同樣，我們也要學會在做事情的時候適當在語言上面施些小恩小惠，也許被恭維的人表面上沒有什麼反應，但他的內心一定是高興的、愉悅的，對你的好感也只會增加、不會減少。恭維是投入和產出相差非常懸殊的「美差」，投入非常少，通常幾句話就夠了，但是產出非常多，除了能夠拓展你的人際關係外，還能間接提高你的做事效率以及成功率，如此「一本萬利」的方法，還不快試試。

☆重點請畫線☆

對於恭維，大家不要覺得是一種不齒的行為。事實上，我們都知道任何事物都是有兩面性的，好比鴉片被毒販利用會使人死亡，但到了醫生手上，鴉片又搖身一變成為了麻醉劑和鎮靜劑，能解除人的痛苦一樣，恭維作為一種表達方式，它本身是沒有對錯的，只要我們使用的恰當，就會取得良好的效果。

常用禮貌用語的人，內心多謙恭

人的一生要練就兩個本領：一是說話讓人喜歡，二是有能力做好事情。而說話讓人喜歡跟有能力做好事情大多數情況下都是相輔相成的。仔細觀察不難發現，說話讓人喜歡的人，言談中絕對缺少不了禮貌用語，而心理專家研究顯示，習慣使用禮貌用語的人，絕大多數內心都很謙恭，一般都能尊重和體諒他人。

謝麗靜是酒店大堂經理，平時要處理很多突發狀況。有一次，一個五十歲左右的男人到大堂的酒水區坐下，但是遲遲沒有點餐，按照酒店的規定，大堂的酒水區是消費區，只有買飲料喝或者買甜點吃的客人才能坐下來。

服務生看到這個男人遲遲沒有買東西之後，就走過去問：「先生你好，想喝點什麼？」這個男人看了看服務生說：「不用，我什麼也不要」，服務生說：「根據規定，沒有消費是不能坐在這裡的」，這個男人對服務生的話置若罔聞，還是紋絲不動的坐在那裡，服務生很生氣，但又不能跟他理論，因為旁邊還有其他正在喝茶的客人。這時，又有一位女性過來點咖啡，但是酒水區已經沒有多餘的位置了，這個女性很不高興，堅持要服務生為她找位置。不知道該如何處理的服務生怕事情鬧大影響不好，就趕緊跑到謝麗靜身邊，跟她講述了事情的經過。

謝麗靜先走到這個女性客人的旁邊，說：「你好，感謝你來到我們酒店，現在酒水區的位置滿了，我再讓服務生多添加一個椅子給您坐好嗎？」這個女客人看著服務生拿來的椅子不高興的說，為什麼我的椅子跟別人的不一樣，謝麗靜看了看，讓服務員把自己坐的椅子拿來，說：「不好意思，因為酒店的椅子都是配套的，要不您先坐我的椅子吧，我的椅子和別人的一樣」。安撫了這個女客人之後，她又來到了這個男性身邊，很客氣的說：「先生，請問我有什麼能幫你的嗎？」這個男人頭都沒抬就說沒有，周圍的服務生看了都很生氣，但謝麗靜依舊微笑的說：「不好意思，這裡是消費區，看您是不是可以到對面的紅色沙發上休息」，這個男人聽後生氣的說：「怎麼？沒錢還不能在這裡待著了是嗎？你們是有歧視是不是？」謝麗靜說：「所有的顧客都是我們的上帝，沒有尊卑之分，只不過這裡離酒水亭比較近，買東西的客人可以很方便的坐下來，您既然暫時沒有消費的需要不如就到紅色沙發那裡坐，與人方便自己方便嘛。」這個男人聽完站起來就走了。

晚上，謝麗靜被叫到了經理辦公室，經理對謝麗靜說，下午的那一男一女是公司的兩個股東，他們是來抽查的，對於他們的刻意刁難，謝麗靜還能一直使用敬語，這讓他們很滿意，最後，經理也給謝麗靜發了獎金以示鼓勵。

謝麗靜使用禮貌用語的習慣可以說是行業需要，但也反映出了她的個人素養，面對素不相識的客人，她沒有表現出自己是大堂經理的優越感，一直保持謙恭的狀態和他們交流，最終達成一致，不得不說，這時她完美解決問題的法寶。

同樣，在日常生活中，我們想要做好事情，也要學會使用禮貌用語，但要注意的是禮貌用語並不只侷限與「你好」、「對不起」等簡單詞彙，使用時還要注意「四要四不要」，即，要有分寸、要有禮節、要有教養、要有學識，不要談論隱私，不要不懂裝懂，不要涉及忌諱，不要言語粗鄙。

要有分寸：想要做到語言有分寸就要在談話之前大概了解對方的背景，要明確談話目的，同時選擇適當的動作來配合語言；要有禮節：禮貌語用的禮節可以大致分為問候、道謝、道歉、告別、回敬這五種禮貌。問候是「您好」，道謝是「謝謝」，道歉是「對不起」，告別是「再見」；要有教養：有教養指的是說話時的遣詞用語要雅致，要尊重他人符合道德和法規的私生活、穿著、擺設、愛好，對於他人的不足要委婉而善意的指出，對於他人的錯誤要給予一定的諒解，不要得理不饒人；要有學識：要有學識是因為在這個高度文明的社會裡，有學識的人才會被社會接納，被他人尊重，而不學無術的人將被社會拋棄，被他人鄙視。

不要談論隱私：不要談論隱私是因為既然稱之為隱私就說明是不想讓他人知道的事情。所以禮貌用語的前提條件就是不要談論隱私問題，歐美國家在這一方面做的相對來說比較好，他們談話時不會詢問對方的年齡、職業、婚姻、收入，否則會被認為十分不禮貌；不要不懂裝懂：不要不懂裝懂是因為如果硬要談論自己不懂的事情會造成雞同鴨講、詞彙貧乏、語句不同等尷尬。對方也會覺得疑惑、不快，當遇到這種情況的時候，不妨安心當一個聽眾，保持謙虛謹慎的態度，不可妄發議論；不要涉及忌諱：社會通用的避諱語也是社會一種重要的禮貌語言，比如和「死」有關的事物要避諱；不能說「棺材」、「墳墓」等。對於生理上的缺陷也要避諱，不要說「聾子」、「瞎子」、「啞巴」等，要統稱為「殘障人士」。學會使用禮貌用語，保持謙恭的內心，能讓你在事業上有如神助，在生活上順風順水，是一個不用花錢的妙方，不妨嘗試看看。

☆重點請畫線☆

《論語．先進》有云：「過猶不及」，凡事都要保持一個適當的度，使用禮貌用語也是一樣，太過講究會讓對方覺得你有惺惺作態的嫌疑，所以學會適可而止很重要。

愛說「對呀」的人，比較狡猾

生活中，當我們想對某人表示認可或者對某件事情表示認同的時候通常會說「對呀」，每次說完之後對方都會露出開心的表情，這是因為大家都希望自己的想法和意見能被旁人接受，沒有人會喜歡自己總是被駁斥，也正因為如此，生活中經常說「對呀」的人人緣通常都不錯。但需要注意的是，總喜歡在你面前說「對呀」的人雖然表面上感覺很好相處，但其實是比較狡猾的，說「對呀」是他的一種溝通手段，目的是迎合你，麻痺你，讓你看不透他在想些什麼。

林箬雅是一名會計，生性活波開朗的她對這份略顯沉悶的顯得有些不太適應。轉眼又到年終，這是會計最忙的時候，要把整整一年的帳目都算清楚，林箬雅跟同事小姚抱怨說：「早知道會計這麼辛苦，當初就不要學這個。」小姚一邊忙手裡的工作一邊說：「對呀，真的是很辛苦呢」，看到小姚和自己有同感，林箬雅又繼續說：「小姚你有沒有聽到，經理好像要讓我們週末過來加班呢，真是的，我週末已經跟男朋友約好去買年貨了，我根本不想來啊」，小姚依然頭也不抬的說：「對呀，真的是不太合適。」

林箬雅看到小姚跟自己達成了一致非常開心，她覺得小姚既然也覺得不合適，那麼週末她肯定不會來加班了，於是林箬雅週末也跟男朋友恩恩愛愛的逛街買年貨去了。豈料，週一一上班，林箬雅就看見小姚和經理有說有笑的邊走邊談，小姚手上還拿著已經整理好的帳目。經理看到林箬雅就問：「林箬雅，你的帳目整理好了嗎?」林箬雅訝異的看著小姚，緩緩的說：「還沒有呢」，經理頓時面露不快，對林箬雅說：「你要跟小姚多學習，看看人家的敬業態度，週末這兩天小姚都沒有休息，每天都來公司加班呢。」

「嗯，對呀，就是這樣」、「對啊，沒錯，你說的對」，類似這樣贊同的話不僅會讓對方聽起來格外順耳，還會讓對方覺得你們的觀點是相同的。但其實他們的話並不是發至內心，就好像小姚一樣，「對呀」這兩個字對於她而言已經沒有任何意義。

這類人之所以經常把「對呀」掛在嘴邊就是因為他們知道這樣會比較容易和你相處，能迅速的拉近和你之間的距離，能在短時間內把你歸入他們的人際關係網，希望藉此得到更多的利益。

日常工作中，如果我們遇到了小姚這樣的同事，一定不要耳根子發軟相信他們的話，要堅持自己的立場和觀點；如果我們遇到了這樣的主管，一定要有「追根究底」的精神，不能輕信他們的評價。因為一開始對於你的意見他們很可能會說：「對啊，你說的對」，但是當事情進入最後階段的時候，他們會跳出來挑你的毛病，讓你統統按照他們的想法去做，此時再想提什麼想法、意見都沒有用了，寸步不讓的做法會使他與往日判若兩人。

☆重點請畫線☆

生活或者工作中遇到這種人的時候，千萬不要被他的「糖衣炮彈」迷惑。如果一時間無法分辯對方的真實用意，就不妨拿一件小事情當作「問路石」，看看他對待這件事情的態度是不是真的言行一致，如果是那固然很好，但如果不是那麼以後的相處中就要倍加小心了。

當他斜著眼睛看你，拒絕的意思

在古希臘神話中，有一個叫做梅杜莎的怪人，據說旁人只要接觸到她的眼光就會變為一堆石頭，這個神話故事充分說明了眼神的威力。現代研究也表明，眼睛的感覺領域涵蓋了身體所有感覺的百分之七十以上，人在社會生活中產生的情緒都會不自覺的流露在眼睛以及視線中，所以想了解一個人，看他的眼睛和視線是最好的辦法。

一般來說，仰視說話，視線從不離開說話者的，表示此人非常信任和尊敬說話者，對說話者的談話內容深信不疑；俯視說話的人，有很強的自我防範意識，企圖用「俯視」這個動作來提升自己的地位，增強自己的實力；而斜著眼睛看說話者的，表示自己想利用視線的轉移來表達自己也想轉身的意圖，就是所謂的「迴避視線」身體語言，這種語言通常都有比較明顯的拒絕意味。

丁小柔是某化妝品專櫃的銷售員，她從工作那天起，業績就高於其他同事，一年下來後，丁小柔更是因為出色的銷售業績被提升為組長。

最近，區域經理派給丁小柔一個任務，讓她給員工傳授一下賣貨訣竅。丁小柔把所有員工聚集起來，然後挑出一個看起來聰明伶俐的小姑娘去櫃檯那裡招攬生意，丁小柔和其他員工在一旁觀察。不久，小姑娘就迎來了第一個客人，她熱情的迎上前去，說：「你好，為您推薦一款新的睫毛膏，它能讓你的眼睛瞬間放大，睫毛又濃密又捲翹，而且還不會暈染，非常實用」，那個客人斜著眼睛看了一眼睫毛膏，沒說話，小姑娘繼續說：「現在我們這裡有打折活動，買夠三百元可以打八五折」，客人聽了一言沒發就走開了。

客人走開後，丁小柔把員工叫到一起，她說：「剛剛那個客人，在我們介紹產品的時候雖然停下了腳步，但是卻斜著眼睛看產品，這就說明她對這個產品沒有興趣，根本沒有購買的欲望，這時就不必再多說了。」聽到這裡一個員工問：「丁小柔姐，那我們就要這樣放走那個客人嗎？這樣可能一整天都做不成一筆買賣誒」，丁小柔說：「這種情況下，可以嘗試推薦其他的產品，比如眼影、腮紅、唇蜜，如果一套介紹下來客人還是斜著眼睛，那就不要嘗試了，因為她根本沒有買東西的意願。」看著其他員工有些茫然的表情，丁小柔說：「斜著眼睛看你，就說明她拒絕你了，對於這種已經拒絕自己的人我們何苦再在她身上浪費時間，應該把力氣放到有可能購買商品的顧客身上，這樣才能提高我們的工作效率啊。」

丁小柔的化妝品銷售之所以成功，就是因為她懂得透過眼神解讀消費者的心，不會把時間浪費在沒有消費意願的顧客身上，所以她的銷售業績才會高於他人。

在工作中，如果你的同事或者上司用眼睛斜著看你，那你就要注意了，可能是你的為人處事方法出了問題，可能是你工作上出了問題，也可能是你們之間出現了某些誤會，總之，在看見「斜眼睛」的信號之後，就要馬上查找原因，在對方出口拒絕你之前解決問題。

同樣，如果有時你想拒絕某人卻又不好直接開口的時候，也可以用這種「迴避視線」身體語言。比如在午休的時候，想結束和同事之間漫無邊際的八卦和牢騷時就可以使用，這種方式通常都很奏效，當同事看見你表面上在跟他聊天，但眼睛卻斜視他的時候，就會明白你在拒絕他。

☆重點請畫線☆

斜視雖然是一種能夠從心理上拒絕他人的「迴避視線」身體語言，但在工作和生活中還是少用為妙，因為沒有人喜歡自己被忽視、被拒絕。而且時間長了之後，對方難免也會「投桃報李」的經常對你使用斜視的目光，這會嚴重的破壞你的人際關機，進而阻礙你做事情。

頭髮粗直、硬度高的男性，大多豪爽、不拘小節

我們平時觀察人的時候經常會說：「從頭到腳的打量」，可見頭和腳都會在潛意識裡面給人留下很深刻的印象，而頭髮更是一個人氣質和精神的整體表現，有的人頭髮天生就十分柔軟，但卻十分稀疏，有的人頭髮濃密，自然下垂；有的人頭髮自然向內捲曲，如燙過一樣；有的人頭髮粗直、硬度很高，而發質的不同，還可以反映出一個人的性格。

比如，頭髮柔軟，但卻十分稀疏的人多有健忘的表現，平時他們具有很強烈的自我表現欲望，喜歡出風頭，喜歡成為他人關注的焦點，這類人做事情的時候，常常會意氣用事，不會做周詳的考慮，容易疏忽掉一些十分重要的細節，常常會做出錯誤的判斷。頭髮濃密，自然下垂的人大多是性格內向，不善言談的人，這類人心思細膩，善於思考，抗壓能力很強，對於一些挫折和失敗能以正確的態度去面對；頭髮自然向內捲曲，如燙過一樣的人，大多個性分明，脾氣火爆，容易因為一些小事而火冒三丈，而且多疑的個性會讓他們倍受患得患失的煎熬；而頭髮粗直、硬度高的人，往往比較豪爽，做事不拘小節，他們很有魄力，而且組織能力也比較強。

邵鑫是一家髮廊的老闆，他最初對弄頭髮有興趣是因為他本身的頭髮就又粗又硬，很不好塑造形

狀，去很多家理髮店都弄不好，所以大學畢業後，他乾脆自己開了一家髮廊。

因為剛開始不懂行，所以邵鑫的店連續好幾個月收入都少的可憐，偶爾幾個客人都是順道過來的，而且剪了一次之後再也沒有來過。為了扭轉這個頹勢，邵鑫走到大街上去做問卷調查，辛辛苦苦幾週下來，邵鑫終於知道了自己的不足——他們店裡缺乏有能力、有個性的理髮師。

於是他開始大張旗鼓的招聘理髮師，一天來了一個長髮飄飄的男士，他一進來就大咧咧的坐在椅子上，對服務員說：「我是來應聘的，你們老闆呢」？服務員見他這樣高傲的態度都不願意搭理他。等了一下，這個長髮飄飄的男士大聲說道：「我是來拯救你們的，如果我走了你們的理髮店就要關門大吉了。」邵鑫此時正在屋裡研究新髮型，聽到外面有人大聲喧嘩，就走了出來，他剛出來，服務員就跟他說：「來了一個很討厭的人，自稱是面試的，可是一點禮貌都不懂。」邵鑫見狀就走上前去詢問，那個長髮飄飄的男人開門見山的說：「我姓劉，我願意在這裡工作，但是每個月我要個人的業務提成，不能跟其他人業績合併。」邵鑫十分豪爽的說：「沒問題啊，只要你的能力足夠高，我每個週末都給你單獨的提成，現在向我展示你的能力吧」，那個姓劉的男士二話不說，只用了短短幾分鐘，就剪出了一個新穎、與眾不同的髮型，後來他還幫邵鑫處理了他那又粗又硬的頭髮，而新的髮型讓邵鑫非常滿意。

邵鑫馬上和他簽訂了合約，並親切的稱他為「劉大師」，而這個「劉大師」並沒有讓他失望，上班的第一個月，店裡的客人明顯多了起來。月末邵鑫特意舉行了小型慶祝會，慶祝會每個人都玩的不亦樂乎，唯有這個「劉大師」獨自一人坐在角落喝酒，對於邵鑫的招呼也是愛理不理。「劉大師」的這個舉動讓很多店員頗有微辭，他們無法理解邵鑫怎麼能容忍他這樣一個脾氣怪異的人，而且他們還紛紛抱怨「劉大師」只有面對客人的時候談笑風生，面對他們總是冰冷著一張臉，邵鑫聽後大笑，「這些都不重要啊，只要我們的髮廊能夠紅紅火火開下去就是成功不是嗎？」

中國有句古話「單絲不成線，獨木不成林」——成功從來都不是單獨一個人能完成的事情，它需要一群人的說明，而想要透過一群人的幫助獲得成功，就要用人唯賢，不拘小節，包括一些有怪脾氣的人。邵鑫就是深知這樣的道理，所以他不計較「劉大師」有些高傲、有些冷漠的個性，所以他最終取得了事業上的成功。

在大多數人眼裡，那些不拘小節，感覺很豪爽的人好像離成功比較遠，但事實恰恰相反。中國著名數學家陳景潤不拘小節，一邊走路一邊思考問題，甚至還撞到了電線桿；物理學界的泰斗牛頓不拘小節，煮飯煮到把懷錶錯當雞蛋扔到鍋裡⋯他們都是不拘小節的代表，但他們也都是在自身領域取得了傲人成績的成功人士。究竟為什麼這種類型的人比較容易成大事，容易成功呢？

首先，能夠成大事者肯定是在某個領域取得了傑出成就的人，這樣的人往往具有長遠的眼光，具有敏銳的觀察力，能較好的預測事情未來的走向，他們對於主要矛盾和次要矛盾分的很清楚，能夠明晰「小節」的作用，不會墨守成規按部就班的做事情，更不會被「小節」牽絆。

其次，從實際工作的角度看，每個人的精力都是有限的，想要成功就要學會把精力使在刀刃上，只有心無旁騖的全身心投入才能取得預期效果。如果總是拘泥於「小節」，把時間和精力都浪費在「小節」上，必然會對成大事產生阻礙作用。

最後，從理論角度出發，事物的矛盾分為主要矛盾和次要矛盾，主要矛盾才是對事物的發展起主導作用的，所以捨棄「主要」處理「次要」這種捨本逐末的方式要不得。

需要注意的是，「小節」和「細節」是完全不同的兩個概念，「小節」值得是無關大局的旁枝末節，對事件的發展和方向不起決定作用；而細節是構成事物的基礎，是要素，不可忽視，對一個很小細節的疏忽很可能會直接影響整件事情的成敗，所以不拘小節絕對不等於不拘細節。

☆重點請畫線☆

遇到頭髮粗直且硬度高的男性，我們一定要努力使他成為自己的朋友，因為他們大都具有領導才能，做事果斷而有魄力，不僅會十分豪爽的幫助你，還不會在利益方面斤斤計較，是難得的好夥伴。

經常留短髮的男性，大多做事乾脆直接

如果說頭髮的軟硬程度，能夠看出一個人天生的性格，那麼喜歡留什麼樣式的頭髮，則能夠看出一個人後天養成的做事風格。

喜歡留稍長頭髮的男性，大多個性鮮明，不喜歡按部就班的做事情；喜歡留飄逸劉海的男性，做事通常比較愛出風頭，時刻希望成為眾人關注的焦點；喜歡留短髮的男性，往往有些大男子主義，他們為人直爽，做事乾脆直接、努力上進並且野心勃勃，他們喜歡簡單的事物，不喜歡把事情複雜化。而在工作中，這類人的乾脆直接也能夠贏得大家的好感。

秦漢文是一家大型企業的高層主管，他留一頭俐落的短髮，看起來十分乾淨簡潔，他為人也和髮型一樣乾脆爽快。他做事直截了當，不僅同事和上司和喜歡他，更因為果斷的做事風格，為公司贏得了很多客戶，前途不可限量。

正當秦漢文事業有成的時候，他一個十分要好的朋友張曉明給他出了個難題。張曉明籌備好了資金，準備另起爐灶自己做，但是新公司缺少像秦漢文這樣的人才，便希望秦漢文到自己的公司任職。

因為秦漢文在公司做得不錯，老闆很賞識他，待遇也很好，所以他主觀上並不想離開。但是張曉明是他最要好的朋友，他又不想讓他失望。正當秦漢文左右為難時，張曉明想出了一個折中的辦法，說：「要不你還在公司當你的主管，只要週末休息的時候給我幫幫忙就行，你也知道我的公司剛剛起步，真是需要你的說明啊！」

見張曉明這樣誠懇，秦漢文便爽快的說：「既然你這樣說，那我明天就去辭職，等這邊交接完了，我就去你那邊幫忙好了。」

聽秦漢文這樣直截了當的答應，張曉明心裡十分高興，但還是勸道：「要不你再跟嫂子商量一下，跳槽畢竟是件大事。要不你再想想，我們朋友多年，我也不願意逼你啊。」

「不用了。」秦漢文乾脆的說：「本來就是簡單的事情，何必弄那麼複雜呢。既然都決定了，自然要果斷一點嘛。」

秦漢文的辦事效率和他做人一樣，簡潔而直接，因此很快幫助張曉明把公司打理得妥妥當當，不出月餘，張曉明的公司已經上了軌道。而藉助秦漢文的人脈資源，公司迅速的發展起來。

事例中，秦漢文之所以能夠幫助張曉明的公司迅速發展起來，就是因為他做事習慣乾淨俐落，直截了當，而張曉明之所以非要秦漢文來公司幫忙，恐怕也正是看中了秦漢文這樣的性格和做事風格吧。

如果我們與經常留短髮的男性一起共事，並且有求於他的話，一定不要表現得扭扭捏捏，因為這樣會使他們失去耐性，很有可能等不到你請求的話說出口，就直接別拒絕了。如果能夠弄清他的做事風格，乾脆而直接地說出你的意圖，他們會十分樂意幫助你的。

☆重點請畫線☆　需要注意，做事情乾脆直接的前提是自己對這件事情已經有了充分的了解，並且有足夠的自信能夠駕馭、處理，如果在不明就裡的情況下就盲目「乾脆直接」做出選擇，那很可能會失敗的很快。

頭髮愛旁分的女性，個性十足

頭髮是女人的第二張臉，是女人嫵媚的標誌，除了臉部，最讓女人費心的就要數頭髮了，所以想讀懂一個女人，首先就要讀懂她的頭髮。

比如，會留一頭飄逸披肩髮的女性大多單純、可愛；會留齊眉短髮的女性大多天真活潑，無憂無慮；會留有些野性的卷髮的女性大多追求個性；會把頭髮梳成芭蕾舞演員那樣球狀的女性大多安分守己，容易知足；會把頭髮梳理得很整齊，並且不追趕任何潮流髮型的女性女權意識非常強烈；會經常變換不同樣式的髮型，而且每個髮型都要完美無瑕的女性自尊心很強，事事追求完美；頭髮愛旁分的女性個性十足，喜歡張揚，而且十分自信。

彌月是個天之驕女，她的爸爸是政界高官，媽媽是商界顯貴，她的生活被父母安排十分好。可是天之驕女並不等於是「乖乖女」，當然並不是說她十分叛逆，而是她不希望按照父母安排好的方式生活，不想任人擺布。從小彌月就十分有主見，從不聽父母的安排。比如媽媽喜歡讓彌月留娃娃頭，認為那樣的小女孩才可愛，但是彌月不喜歡，非要旁分。

關於彌月的工作，父母也早就安排好了，只等她一畢業就去媽媽的公司裡任職，可是彌月認為那是沒有能力的表現，如果被同事們知道她是董事長的女兒，只會認為她是靠父母生活的「吸血蟲」，所以彌月背著父母自己找了一份工作——進入一家中小規模，福利待遇都不是很高的公司。

一次，公司要接待一個大客戶，但是公司自身的規模和開出來的合作條件都不足以吸引對方，於是洽談了幾次都未果。彌月聽說後，找到經理希望自己能夠一試。本來經理覺得事情已經無望了，多一個人去試試，也無所謂，就答應了。因為有個董事長媽媽的緣故，彌月從小見慣了這種場面，因此能夠應對自如。面對對方公司的經理，彌月說道：「我的來意您應該十分清楚了，我知道我們公司的規模不夠大，比起很多公司而言，並不具備競爭力，但對於貴公司而言，這未必不是一件好事。因為其他公司也很強勢，根本不乏合作對象，對於貴公司的業務，也許不會那麼盡心盡力。而我們迫切需要與您合作，自然會盡最大的努力去做，而且我們有最好的團隊，我們完全有能力和您達成合作。」彌月個性十足的說法以及她的自信打動了對方，最終促成了這次合作。

彌月的成功就在於她充滿自信且個性十足，如果換做其他員工來談判，很可能會被對方的氣場壓住，唯唯諾諾，有想法也不敢說。而彌月不同，她的自信使她時刻保持思路清晰，個性十足的做事風格，使她有條理的和對方分析合作的利弊，最終打動合作方，達成了共識。

可見，頭髮愛旁分的女性不介意張揚個性，喜歡與眾不同，樂於接受挑戰，喜歡出其不意攻其不備，而這也是她們做好事情的法寶。工作中遇到此類人時，我們不要排斥他們看似「不可靠」的做事風格，需知，條條大路通羅馬，他們只是處理事情的方式與一般人不同而已，而且一把鑰匙開一把鎖，他們獨特的個性能夠處理很多旁人無法解決的棘手問題。

☆重點請畫線☆

與這類女人一起共事時，沒必要把她當作柔弱的小女生來保護，因為她們的做事能力，有時候可能比男人都「強悍」。

經常說「其實」，脾氣倔強而任性

梅林和芸韻是兩名服裝設計師，一次她們受到公司的委派去給一個婚紗店設計「鎮店之寶」。婚紗店主人是一個時髦、前衛的女性熊德玲，她熱情的接待了梅林和芸韻。三人落座之後，梅林拿出了她們之前設計好的三個方案，一個是卡肩式禮服，一個是雞心領禮服、一個是拖尾式禮服。梅林解釋到這三款禮服基本囊括了各個類型的女性，卡肩式禮服能露出新娘漂亮鎖骨和頎長的脖頸，比較高貴優雅；雞心領禮服能提高胸線，並使胸部更為集中；拖尾式禮服是教堂婚禮的首選，華麗又莊重。

熊德玲聽了梅林的介紹後，露出了猶豫的表情，芸韻見狀就問熊德玲：「哪裡覺得不妥嗎？」熊德玲想了想說，「在你們來之前，我自己也構思了一下，我比較傾向迷你短裙式禮服或者是及踝芭蕾裙式禮服或者是及踝修身式禮服」。梅林說：「其實你說的那些我們不是沒有考慮過，但是我們給你提供的是符合大眾口味的。」

熊德玲說，「我們這個婚紗店主打的就是個性品牌，迷你短裙式禮服是時尚新娘的個性首選，及踝修身式禮服窄直的貼身裙能突顯出新娘美妙的身姿，及踝芭蕾裙式禮服輕盈優雅，適合展現女生可愛的一面。我希望能夠在這三者中選擇一種。」

芸韻聽完，就對梅林說，要不我們考慮看看，現在很多有個性的新娘確實都很喜歡迷你短裙式禮服。梅林卻不以為然，仍然說：「其實那只是一小部分新娘的選擇，我仍然覺得卡肩式禮服或者拖尾式禮服比較合適。」

芸韻因為性格比較隨和，所以在和客戶溝通的時候能夠站在客戶的立場上來考慮問題，對熊德玲的看法能持有贊成的態度。但梅林則不然，她不僅無法理解熊德玲和芸韻的態度，而且還固執的堅持自己的觀點。仔細觀察我們周圍的人不難發現，很多喜歡說「其實」的人都和梅林有一樣的特點——倔強而任性，不會輕易改變自己的想法。

心理專家研究顯示，喜歡說「其實」的人多多少少都有一些自戀的傾向，他們大多比較自私、比較主觀，喜歡以自我為中心。工作中，這種人接受新鮮事物的能力比較差，做事情喜歡墨守陳規，不僅很難聽進他人的意見，而且還會不斷的說服你，讓你跟著他的想法走。當你不被說服的時候，他任性的一面就會顯露無遺，會一意孤行的把事情做下去，如果過程或者結果中出現某些錯誤的時候，他們也會用「其實」來為自己開脫。

不得不說，這些喜歡說「其實」的人是很難成功的，因為他們性格中的倔強和任性全都是負面因素，會嚴重阻礙我們做事情，所以說想要成功就要首先克服倔強和任性的性格，這個過程中千萬不要去想什麼「江山易改本性難移」，要堅信「世上無難事只怕有心人」，遇到事情的時候要學會冷靜思考以及換位思考。冷靜思考能讓你逐漸改善任性的性格，因為冷靜下來之後，你就會發現因為每個人的立場和出發點不同，所以自然表達出來的觀點就不同，而這些經過思考得出來的結論是不會因為你單方面的任性而改變的，想通這一點之後，你自然就不會再任性了。

換位思考就好比一個緩衝帶，它能讓你有機會看清他人的想法，讀懂他人的意願，當你不再一意孤行只在意自己想法的時候，外人眼裡倔強的你自然而然就消失了，而時間長了之後，你也會逐漸學會接受他人的觀點和意見，倔強的性格會被慢慢的軟化，摒棄，此時成功就不會再那麼遙遠了。

☆重點請畫線☆

日常生活中，當我們遇到經常說「其實」的人的時候，要注意加強自己的語氣和態度，讓對方明白你的觀點也是不容忽視的。當對方為自己的疏忽尋找藉口開脫的時候，你要用事實來回應他，讓其無話可辨。

在你面前常挖苦別人，嫉妒心太強

我們周圍總是有這樣一群人，他們習慣挖苦別人，習慣不停的「潑冷水」，通常這樣的人都是嫉妒心很強的人。他們大多心胸狹窄，有較強的自卑心理，生活態度消極，喜歡挑剔和諷刺他人，偶爾還會做一些落井下石的事，對於那些曾經傷害過自己的人，更是會想法設法的進行報復。

呂迪是一個手模，她每天沒有工作的時候最重要的任務就是保養雙手，不僅不能做任何家務，而且不管春夏秋冬都要帶著手套保護手部。

一次工作的間隙，同樣是手模的卞蓉蓉對呂迪說：「你看小芭，手指頭不夠長，皮膚也不夠白，真不明白她怎麼能接那麼多廣告。」呂迪對手模之間的這種相互挖苦向來不感興趣，就敷衍了一句，說：「可能是她手部的動作比較豐富吧」卞蓉蓉聽完瞥了瞥嘴，說：「就她那麼大的指關節，能做出什麼好看的動作。」看到呂迪還是沒什麼反應，卞蓉蓉說：「我聽說小芭平時在家什麼也不用做，甚至吃飯都是爸媽做好端上來誒。典型的嬌嬌女，我在家可都是自己幹活呢。」呂迪覺得自己實在是無法跟卞蓉蓉繼續聊下去，就找了一個藉口走開了。

後來有一天，呂迪無意間聽到卞蓉蓉和小琶的對話，卞蓉蓉說：「你知道呂迪的大小姐個性有多嚴重嗎？她在家從來不自己做飯、洗衣服，平時有事沒事還總帶個手套，好像生怕誰不知道她是一個手模一樣。」

卞蓉蓉強烈的嫉妒心導致她總是要伺機挖苦別人。應該說，嫉妒本身沒有錯，它和其他情緒一樣，都是人之常情，是人的某種自戀和自私混合而成的情緒。但是嫉妒心太強就會影響自己的形象，影響自己的事業了。

心理專家研究發現，嫉妒大多數來自於一種比較，這種比較不是工作能力、不是學識多少，而是欲求、得失。嫉妒者的人生不是用理性來支配的，是用欲求來衡量的，凡是自己想要但是得不到，最終被別人得到的，都會引發嫉妒，而嫉妒的物件就是得到的人。

莎士比亞在悲劇《奧賽羅》中說了這樣一段話：「嫉妒是綠眼妖魔，誰作了它的俘虜，誰就要受到它的愚弄。」究竟什麼人非常容易嫉妒別人呢？一種是不學無術的人，這種人因為自己沒有本事，所以就會嫉妒那些有本事的人，極盡可能的貶低他們，挖苦他們，用這種極端的方式緩解自身的自卑感；另一種是有著無法彌補的缺陷的人，比如身體上有殘疾的人、病人、甚至是出身貧寒的人，當這種人無法正視自己的不足和缺陷的時候，強烈的嫉妒心就會油然而生，這時他們就會用傷害他人的方式來求的補償；還有一種是經歷了非人的折磨、苦痛、磨難甚至是災難的人，這種人也非常產生嫉妒心理，他們希望用他人的失敗來補償自己之前所經歷的痛苦；最後一種是虛榮心特別強的人，他們見不得別人比自己好，很容易產生嫉妒心。

和這種人在一起的時候要特別注意，他們很可能因為各種不知名的原因而當眾挖苦、諷刺別人，這時你最好的辦法就是不附和、不回應，找個理由離開。如果你聽到他在別人面前挖苦、諷刺自己的時候，也不要怒火中燒衝上前去和他辯論，因為這樣只能激發他的「鬥志」，讓他以後更以挖苦你為樂。對於這種人，最好的辦法就是「冷處理」，不給他創造挖苦他人的環境和條件，讓他沒有任何藉題發揮的機會。

☆重點請畫線☆

嫉妒就好比一顆定時炸彈，控制不好就會釀成非常嚴重的後果。所以不要再用嫉妒本來就是一種人之常情來麻痺自己、原諒自己，小心這個雙刃劍既傷害了別人又傷害了自己。

第六章　人在江湖，規避小人謀

突然表現出和藹可親的面孔，想掩飾內心真意圖

每個人都會有自己的朋友，他們能夠在你悲傷時給你安慰；在你無助時給你關懷；在你失望時給你信心；在你徬徨時給你力量。朋友雖有千般好處，但也要「謹防假冒」。真正的朋友需要用真心去結交，用時間去驗證，對於那些突然出現，帶著和藹可親假面具的「朋友」，我們一定要留意，他可不是突然覺得你是一個好人，想跟你做朋友，而是有什麼不可告人的祕密或是意圖，所以才會用「和藹可親」做餌，然後伺機謀事。

樊嘉今年三十有餘，大學畢業近十年了，和大多數同學都一直沒有聯繫。一次，大學時代的班長給樊嘉打電話，邀請她參加大學的同學聚會。聚會時大家一起回憶過往的學生時代，又說起現在的工作狀況，彼此相談甚歡，愉快的結束了這次聚會。

但是沒過幾天，大學同學李哲給樊嘉打電話，約她出來吃飯。樊嘉心裡很是納悶，自己與李哲上學的時候並沒有什麼交情啊，畢業之後也再沒有聯繫過，怎麼會突然請她吃飯呢？雖然不明就裡，樊嘉也不願意駁了老同學的面子，便欣然赴約。

吃飯的過程中，李哲表現得十分熱情，好像他們是相交已久的知心老友一樣。面對李哲倍加和藹可親的面孔，樊嘉覺得有些不知所措，不知李哲葫蘆裡到底賣的什麼藥。吃飯到尾聲的時候，李哲終於說明了來意，原來上次聚會的時候，他得知樊嘉是一家大公司的人事部經理，掌管著公司的人事調動，便希望樊嘉能夠給他開個後門，讓他去樊嘉所在的公司任職。因為李哲上學的時候就沒有什麼能力，現在工作成績也不好，所以樊嘉覺得他根本沒有能力到公司任職，就婉言拒絕了。被樊嘉拒絕之

後，李哲並沒有表現出任何不愉快，相反依然保持著和藹可親的面孔，禮貌的問樊嘉住址，說是以後要常聯絡。

樊嘉出於禮貌就告訴了他，誰知惹了甩也甩不掉的麻煩。李哲得知樊嘉的家庭住址後，經常上門軟磨硬泡讓她為自己辦事。現在樊嘉是一個頭兩個大，她十分懊悔被自己那天沒有看出李哲的真面目。

社會是一個大學堂，其複雜程度要遠遠高出我們的想像，如果沒有過人的聰明睿智，那麼就要學會事事小心。樊嘉之所以惹上這樣一個大麻煩，就是因為太輕信李哲表現出的和藹可親的面孔，忽略了他內心的真正意圖，因此著了李哲的道。

《鄒忌諷齊王納諫》中有這樣一段話：「吾妻之美我者，私我也；妾之美我者，畏我也；客之美我者，欲有求於我也。」人的行動都是受思維支配的，沒有人會無緣無故突然表現出和藹可親的面孔。而要分析這種和藹可親的背後是否含有「企圖」並不難，首先是看看自己目前的狀況，是否握有資源，例如有權有勢。如果是，那麼這個人對你的企圖，可能是想透過你的權勢得到一些好處；如果你無權也無勢，但是有錢，那麼這個人也有可能會向你借錢，甚至騙錢；如果你無權無勢又無錢，沒什麼好讓別人求的，那麼這突然表現出的和藹可親的面孔，很有可能「項莊舞劍，意在沛公」，他想利用你來幫他做些事。

所以說，如果在生活中，某個久不聯絡的朋友、同學、同事突然聯繫你，並且表現出極大的熱情的時候，千萬不要被他們和藹可親的面孔迷惑，因為他們對你突然「升溫」，只是想達到某些個人目的，此時一定要保持高度的警惕，冷靜處理，既不要忍氣吞聲，也不要大動肝火，保持距離讓其無計可施，自動偃旗息鼓離開才是最好的辦法。

☆重點請畫線☆

工作中，遇到突然出現的和藹可親的面孔時，一定不要忽略此人內心的真實意圖，要盡量看清他們以防止被其利用。當然，棋高一著的做法是，看穿此人的真實意圖而不說破，將計就計請君入甕。有這種能力的人，不僅能夠規避小人，還能藉他人之力幫助自己。

在你面前說別人不好，小人最明顯的特點

小人是中國儒家定義君子的反義詞，多喜歡造謠生事、挑撥離間、拍馬奉承、搬弄是非、陽奉陰違、落井下石。小人與貴人相反，是能給人帶來厄運的「瘟神」。那麼在生活中如何才能夠分辨出自己身邊的人哪些是小人呢？其實仔細觀察不難發現，小人有個最明顯的特點——總在你面前說別人不好。

在你面前說別人不好的人，可能有兩種：一種是想和你達成共識，讓你也認為他所說的那個人一無是處，然後藉助你的力量或幫助，給那個人一些教訓，如果你一時頭腦衝動被說服了，很可能就被小人當槍使了；另一種是喜歡逞口舌之快，他不止在你面前說別人不好，在別人面前，也難免會轉過頭來說你的壞話，這類人口舌惡毒，最喜歡搬弄是非。

不管是兩種人我們都要敬而遠之。因為與他們一起共事，很有可能會被利用而不自知；如果與之交惡，我們還可能會惹得一身腥。

程芳芳在一家商貿公司上班，有一天程芳芳在工作中出了點紕漏，被經理狠狠的批評了一頓。這下程芳芳可不高興了，下班回家的路上喋喋不休的對同事劉佳抱怨起來，不僅說經理對她不公平，還把經理說的一無是處。程芳芳說她認為經理根本就是無知、淺薄之人，把經理的一些醜事統統說了出來，最後，怒猶未盡，忍不住又大罵了一通。

劉佳聽後拍了拍程芳芳的肩膀安慰她，沒有多說什麼。氣憤的程芳芳看劉佳沒什麼太大的反應就不停的問：「是不是呀？」，「你說我說的對不對？」為了安慰她，劉佳也只好附和著說了幾句，但沒想到這幾句話竟然成了日後被開除的伏筆。

過了些日子，經理和程芳芳一起到外面談業務，到了中午的時候二人就一起在外面用餐。吃飯的時候，經理在程芳芳面前誇起了劉佳，言語之間充滿讚賞。程芳芳聽出經理言語中的讚美之意，十分不服，便說起了劉佳的壞話：「我覺得劉佳在工作中經常不顧大局，而且她本身平庸無能、不思進取，並沒有經理說得那麼好啊！」

經理十分納悶，問程芳芳：「劉佳平時是這樣的嗎？」

怕經理不信自己所言，程芳芳便說：「我和劉佳住得不遠，下班順路總是一起走。那天我們一起下班，在路上的時候，她還忍不住說起您的壞話來呢。」

「是嗎？她都說了寫什麼？」經理生氣起來。

程芳芳便把那天劉佳說的話添油加醋的學給經理聽，對自己喋喋不休的抱怨卻隻字不提，經理聽後非常生氣，以後在工作中處處為難劉佳。劉佳因為被經理排擠，做事束手束腳，最終只得辭職了。辭職後，她才知道是程芳芳在經理面前說了自己的不好，回想起程芳芳的為人，十分後悔自己以前毫無戒備，但是此時已經悔之晚矣了。

程芳芳就是一個典型的「小人」代表。明明是自己對經理有意見，在劉佳面前不停抱怨，最後卻尋個機會向經理打小報告，導致劉佳失去工作。其實劉佳也犯了錯誤，那就是太不謹慎了，她不應該為了安慰程芳芳而隨聲附和，如果劉佳早一步看清程芳芳的真面目，早一步懂得在你面前說別人壞話的人，同樣會在別人面前說你壞話的道理，就會和程芳芳保持距離，就不會落得這樣的下場了。

生活中，我們身邊不乏程芳芳這種人，與這類人相處的時候，不僅要謹言慎行，不落入他的「圈套」，還要防止他在背後捅刀。最好的辦法就是遠離他們，否則不知那句話被其抓住把柄，我們不僅做不好事情，可能連工作都要丟了。

與此類人一起共事的時候，無論他向你抱怨誰，說誰的壞話，你都不要搭腔，而要盡量轉移話題，因為他能夠在你面前說別人的壞話，就一定會在別人面前說你的壞話。因此，不論你對誰有任何不滿，都不要透露給他，因為這類人是絕對不值得相信的。而這種喜歡搬弄是非，在你面前說別人不好的人，他們不務正業，將心思都用在這方面，自然也是做不好事情的。

☆重點請畫線☆

工作中，遇到在你面前說別人不好的人，特別是他時常問你對某人的意見時，你一定不要誤以為他是在和你閒聊。要認清他小人的真面目，時刻對其保持警惕，這樣才能不被其影響、利用、陷害，能夠做好事情。

喜歡說一些騙人的話，是在抬高自己的身價

生活中，我們身邊的人說出來的話有幾分真幾分假，我們也許分辨不清，但我們必須知道的是，如果此人說了假話，一定是為了吹噓自己，為了抬高自己的身價。

試想一下，誰不願意誇大自己的能力呢？好像沒有誰特意說假話騙人，是為了使自己看起來一無是處的吧。比如，某人騙別人說自己的朋友或是親戚是成功的商人或高官，旨在使自己看起來人脈十分廣；某人騙別人說自己在公司擔當十分重要的職務，旨在使自己看起來十分有能力；某人吹噓自己財路十分廣，旨在使自己看起來十分有身分；某人吹噓自己見過很多大世面，旨在使自己看起來見多識廣；某人吹噓自己家境殷實，旨在使自己看起來更加富貴……因此，當我們遇到喜歡說一些騙人的話的人，我們要對其重新進行評估，因為他往往沒有我們認為的那樣好。

郭晨家境不是很好，自己的學歷也不高，工作也普普通通，但是在外人看來，郭晨卻絕對是非富即貴之人。這到底是怎麼回事呢？

原來郭晨覺得自己十分平凡，沒有什麼值得驕傲的，又怕別人看輕自己，因此十分喜歡吹噓，總喜歡說一些騙人的話，好讓自己看起來十分有身價。

在公司，工作之餘，郭晨總是喜歡說一些騙人的話，比如自己家境殷實，父母為了不讓自己上班太辛苦，給自己買了一輛車等等。郭晨確實有一輛車，但不是父母給買的，是郭晨為了欺騙旁人，抬高自己身價而自己貸款買的。因為郭晨的薪水並不高，所以還款的壓力幾乎讓郭晨喘不過氣來。

一次，郭晨喜歡上一個女孩，在追求女孩的過程中，郭晨說了很多騙人的話，騙女孩自己在一家大企業當主管，還騙女孩說自己有兩套房。這一切都讓女孩覺得郭晨十分有身分，加之郭晨每天十分

殷勤，開車接女孩下班，女孩便同意了和郭晨交往。

但是在一起的日子久了，女孩漸漸發現郭晨並不如自己所說的那麼好，很多地方都是騙人的。一次，郭晨和女孩在一起約會的時候，碰巧在路上碰見了自己的同事。郭晨心虛的對同事視而不見，急忙要帶女孩走。但不巧的是，女孩也認識郭晨的那個同事，便上前打招呼。攀談幾句之後，女孩了解到郭晨並不是什麼大企業的主管，只是一個小公司的普通職員。面對郭晨一次次的欺騙，女孩毅然提出了分手。公司同事知道這件事情之後，便拿此事當作笑料，使郭晨顏面掃地，再也沒勇氣去公司上班了。

為了抬高自己的身價，郭晨說了很多騙人的話，也欺騙了很多人，結果不僅沒能抬高自己的身價，還成為了眾人的笑柄，最終落得愛情、事業全部棄他而去的結果。試想一下，如果郭晨從一開始就正視自己的情況，不為了抬高自己的身價而說謊話，同事就不會嘲笑他，女友也不會怨恨他，他自己本身也不用背負沉重的壓力。

生活中，如果我們有喜歡說謊話的朋友，一定不要當面揭穿他們的謊言，因為此類人十分在意自己的形象，而且十分小心眼，如果你使他們拂了他們的面子，他們很有可能會一輩子記恨你。

工作中，如果你有喜歡說謊話的同事，當他們吹噓自己企圖抬高自己的身價的時候，你沒必要較真，只需要一笑置之就好。因為你免不了要與他們一起共事，而與之交惡，對你做好事情並沒有任何幫助。

如果不巧，我們自身有時也會用謊話來抬高身價的話，那麼看完這篇文章，就改掉這個惡習吧，想要成功，就要學會正視自己，接受現實，把更多的時間和精力放在工作上，成就一番事業，而這才是抬高自己身價的正確途徑。

☆重點請畫線☆

當我們遇到喜歡說一些騙人的話的人，我們沒有必要當面拆穿他們，因為我們很有可能會用得到他們。我們只要不盲目的相信他們，自己心裡明白他故意提高了自己的身價就可以了，這樣既給他們留了面子，又能夠辦成自己的事情。

為了利益捨生忘死，貪心過重

捨生忘死，是指不把個人的生死放在心上。有的人為了民族大義而捨生忘死，有的人為了公共財產而捨生忘死，有的人為了他人的安危而捨生忘死，這種捨生忘死是一種值得尊敬的大無畏精神，我們對這種人都會充滿敬佩之情。

但我們身邊也不乏這樣的一群人，他們也有捨生忘死的精神，只不過他們把這種精神用在了獲取利益上。

徐子強是一家小加工廠的老闆，創業之初，為了能夠接到訂單，不論對方公司規模大小，也不論是要加工什麼，只要他的工廠能夠接，他就馬上接下來。

一次，徐子強接到一筆對於他而言很大的生意，對方要求他們工廠加工一大批黃桃罐頭，雖然徐子強明知道自己的加工廠規模不夠，無法勝任，卻依然在合約上簽了字。

為了能夠在規定的時間內完成，徐子強不僅讓工人加大工作量，自己也夜以繼日的忙碌，不僅要在工廠忙著加工，徐子強還要到外邊去尋找願意合作的夥伴，因為要加工的黃桃很多，即使日夜開工也是很難做完，所以只好找別的加工廠一起合作。透過幾天的努力，徐子強終於找到了合作方，一起完成了黃桃加工的工作，但是人也夠累的，險些病倒了。

如果說創業之初困難，為了多賺一些錢辛苦些在所難免，但是十幾年過去了，徐子強的公司慢慢擴大，他已經從一個加工廠的小老闆搖身一變成為一家綜合企業的董事長，按說他已經可以輕鬆一點了，可是他對利益的追求促使他依舊拚命的工作。終於有一天在開會的過程中病倒了。但是徐子強只在醫院休息了半天，聽到一家公司要和他們合作，並且有很高的利潤，他便不顧自己身體上的病痛，毅然辦了出院手續，繼續投入到工作中去。後來，因為過度勞累，年僅五十出頭的徐子強不幸去世了。

徐子強貪心不足，為了追求更多的利益夜以繼日的工作，病倒了也不願意休息，最終因為過度透支了健康而失去了寶貴的生命。

生意場上這類人不在少數，在他們眼裡，對於金錢的追求永遠不會有盡頭，他們永遠無法對物質生活感到滿足，總是一味的尋求更多的利益，甚至達到捨生忘死的地步。雖然俗話說「人為財死鳥為食亡」，但真的為了獲得利益而捨生忘死的人，到頭來一定會後悔，因為失去了健康，一切都失去了意義。

工作中，我們也會遇到類似的工作狂，他們的生活好像只有工作，他們的人生只有一個目標——追逐利益。與這類人合作，我們一定要保持頭腦的清醒，因為在他們眼中，只有永恆的利益，而沒有永恆的朋友，為了利益，他們可以不顧一切。除非你也是一個極度工作狂，否則面對這類人，還是敬而遠之為妙。

☆重點請畫線☆　遇到這種人時，我們一定要盡量的遠離，千萬不要與之產生交集。也許你會覺得跟這種人做朋友經常能夠看到獲得利益的機會，但是不要忘記，他們是能夠為了利益捨生忘死的，除非你也願意用生命的代價一搏，否則還是明哲保身吧。

永遠不記你的好，忘恩負義的「白眼狼」

生活中，我們多數都是善良的、富有同情心的人，在社會中磨練久了之後，也都懂得了做人要低調，做人要寬容的原則，當別人有求於我們的時候，我們也大多數能幫就幫。但是，也不排除你身邊有這樣的人——你對他的好都是理所當然，他不僅不會抱著感恩的心態，而且還會挑三揀四，這種永遠不記得你的好的人就是名副其實的「白眼狼」了。

面對那種永遠不記你的好的人，我們不應該總是礙於情面一忍再忍，因為你的忍耐並不會換來他的感激，只會讓你繼續吃這種小人的虧。

張先生開了一家圖書公司，因為剛剛成立，所以設備和人員都不是很齊全。正好張先生的朋友李老闆看出了他的難處，主動提出在資金上和客戶上為張先生提供幫助。鑒於李老闆在圖書公司創立之初幫了大忙，張先生就把印刷、訂紙、分色、製版、裝訂等工作都交給李先生包辦。事實上，李老闆當然也不會自己做，他把這些工作都轉手給了別的公司做，轉手之間，他賺到了很可觀的差價。

幾年過後，張先生的圖書公司已經有模有樣，和業內人士也漸漸熟識。一次偶然的機會，張先生和一個同行聊天，發現他把印刷、訂紙、分色、製版、裝訂等工作都交給了李老闆的這一決定，使得他在這幾年裡多花了很多冤枉錢。雖然已經知道了內情，但因為創業之初李老闆曾幫助過自己，張先生也就沒有計較，但是沒想到這幾天李老闆居然又跑來跟他要兩成的利潤。張先生聽了非常氣憤，把給李老闆的業務，除了印刷之外，全部收回。

誰知李老闆得知這個消息後竟然勃然大怒，指責張先生沒有「道義」，不講義氣，不懂得知恩圖報。張先生面對李老闆惡人先告狀的行為忍無可忍，便說：「當年我的出版社剛剛成立，你是幫助過我一次，但你從中沒有得到好處嗎？這幾年，你從我給的業務中賺了不少利潤，可你從來沒有提過，反而說我不懂得知恩圖報，我看你才是忘恩負義之人！」

張先生就是因為過分相信李老闆，也因為創業之初李老闆曾經給過自己幫助，所以即使知道李老闆能夠從中獲取利潤，卻一直沒有計較。但是李老闆卻視張先生的幫助是理所應當的，不僅不記張先生的好，反而指責張先生不講道義。對於這樣忘恩負義的「白眼狼」，如果一味的容忍，只會讓對方覺得你軟弱可欺，因此對付此類人，唯一的辦法就是不再對他提供幫助。

生活中類似的故事並不罕見，只是「劇情」稍有不同而已。碰到這樣的事雖然很無奈，但並非只有忍讓著一條路可以選擇。也許這個人是你的至交好友，也許是你的遠親近鄰，總之他是拿準了你不敢與他翻臉，所以才這樣肆無忌憚的扮演忘恩負義的「白眼狼」的角色。而對於這種不知感恩、永遠不記你的好的的人，唯一的解決辦法就是停止給他好處，否則你就會成為下一個東郭先生。

☆重點請畫線☆

遇到這類人，特別是看清他那忘恩負義還一副理所應當的面孔之後，當然要躲得遠遠的，否則被此人纏上，我們如何還有心情做好事情呢？當然，如果不幸被此類忘恩負義之人算計，也沒有必要為了名聲、義氣一再忍耐，只有當機立斷拒絕在對他提供幫助，才是對他最好的懲罰。

不敢正眼看你，小心會報復你

你身邊有沒有這樣的人，他們無論是說話還是做事，都不敢正眼看你，不敢正視你的眼睛？如果有的話，那你一定要小心了，因為此人很有可能會報復你。

也許你根本不記得什麼時候得罪過他，也不記得是因為什麼事情讓他心生嫉恨，但是他要報復你卻是事實。要知道，一個人的眼睛是不會騙人的，他之所以不敢正眼看你，就是因為心中有鬼，怕直視你的眼睛會暴露出心底的祕密，因此才會眼神閃躲。而往往只有那些工於心計、城府較深的小人，或是企圖在背後給你捅刀的人，才有這樣的眼神。

某機關一位姓宋的局長對此深有體會。幾年前，他們局裡分配來一個名牌大學的畢業生小許。因為自詡是高材生，所以小許眼高於頂，對誰都愛理不理。可是因為他剛從學校裡畢業，確實是能力有限，所以工作中難免會出錯。宋局長是個非常愛才的人，正所謂「愛之深責之切」，見小許如此做事便批評了小許一頓，希望他以後能夠有所改變，也好加以重用。

幾天後，宋局長找小許談話，語重心長的說出了自己那天批評他的用意。但是談話的過程中，小許一直目光游離，不敢正眼看著宋局長。宋局長以為他是羞愧難當，也就沒有在意。此後，宋局長更是一心栽培這個名牌大學畢業的「苗子」，而小許也對宋局長極盡奉承之事，找各種機會巴結和討好宋局長。時間一長，兩人幾乎成了推心置腹的朋友。宋局長對他更加另眼相看，什麼事都不瞞他，甚至連自己和副局長之間的不和也告訴了他。

後來宋局長漸漸感到，副局長與自己的矛盾日益加深，關係越來越僵，甚至時常當面出語頂撞，眼看兩人實在無法共事，上級只好把二人調開。

因為宋局長和副局長之間的矛盾是因為工作，所以當不在同一個部門工作後，矛盾就少了許多，日子一長，兩人漸漸消除舊怨，重新搭話。這時宋局長意外的發現副局長當初對他敵意陡增、態度突變，全是因為小宋在中間傳話搗的鬼。他把局長批評副局長的話全都一五一十的告訴了副局長，還附帶說了許多詆毀宋局長的話。

宋局長雖然十分氣憤，卻也很不解，自己對小許不錯啊，他為什麼要害自己呢？他帶著滿腔的疑問問小許，誰知小許卻說：「當初你當著那麼多人批評我，讓我下不來台，我只是把你對副局長的不滿告訴他而已，算是便宜你了！」

宋局長此時如夢初醒，回想起那天小許一直不敢正眼看自己，才知道那時他的報復心已起。

生活中我們一定不可以像宋局長那樣大意。如果不是因為識人不清，太過於相信小許，也不會被其利用，傻乎乎的等著人家來報復，以至於和副局長交惡。所幸，副局長和宋局長都及時看清了小許的真面目，才沒有造成更加嚴重的後果。

我們經常說明槍易躲，暗箭難防，對於正面的指責或者詆毀，最起碼我們還有個解釋、反應的機會，但對於背地裡的報復，我們卻往往不自知。其實這並不是報復的人手段有多麼高明，只是我們太過於粗心，忽略了這些細節。人心其實並不難揣摩，往往透過不經意的一個小動作，或是一個眼神就清楚的展示給了人們。只要我們細心觀察，總能看出蛛絲馬跡。

工作中，如果你遇到不敢正眼看你的人，我們就要小心提防了，因為一不留神，我們就有可能被這類人謀算，而最好的辦法就是保持君子之交，既不要讓對方感覺自己時刻在防範他，也不要讓對方覺得你們已經是無話不談的好朋友。

☆重點請畫線☆

工作或是生活中，當我們遇到不敢正眼看自己的人，一定要提高警惕，因為這意味著此人正謀算著要如何報復你。當然，即使我們看透了此人的詭計，也沒必要當面拆穿，只要行事小心謹慎，讓此人無計可施就好，否則又得罪了他一次，他會更加處心積慮的陷害你。

對你的話總是不相信，疑心太重

和熟人或是朋友在一起，我們難免會玩笑一兩句，而他們則會一笑置之，因為他們知道這只是玩笑話，只需一聽一笑而已。但是無論你說什麼，無論你多麼義正言辭，無論你多麼嚴肅正經，他對你的話總是不相信，那麼這個人的疑心就太重了。

生活中，如果你遇到這樣的人，就一定不要傻乎乎的把他當作朋友了，因為這類人戒心太強，對誰都抱著懷疑的態度，不是適合做朋友的人選。而與此類人一起共事，也不要奢求得到他的信任，因為這根本就是不切實際的妄想。

季靜是個多疑的人，無論親戚還是朋友，她都不能完全相信，而她自己對人也總是有所保留。在公司，季靜雖然為人勤懇，工作也十分努力，但是同事們都不是很喜歡她，因為她總是對別人說出的話表示懷疑，無論誰說了什麼事情，她總是會習慣性的問：「是嗎？」這讓大家心裡很不舒服，有一種被人懷疑的感覺。漸漸的同事們都不愛和季靜說話了，在工作上也不願意和她一起合作。敏感如季靜，自然看出同事們的排擠，更加疑心別人對自己不懷好意，於是向上司請辭，決定自己做。

辭職後季靜在自己家附近開了一家花店，由於客人多，分身乏術，季靜請了老家的堂妹來幫忙，薪水一月一千八百元，管她吃住。

一開始季靜還覺得堂妹看著文文靜靜，又是親戚，應該靠得住。但是沒過多久，她的疑心病又犯了。每次去花店，季靜總要數數每種花的枝數，暗暗在心裡盤算堂妹會不會趁著自己不在，賣了花出去卻說沒賣，把錢塞進自己腰包。數了幾次，季靜都沒有發現什麼不對，但她還是放心不下，對堂妹依然半信半疑。

時間久了，季靜越來越疑心，老覺得堂妹靠不住，心想：她會不會在價格上做手腳，趁自己不在時，賣高價拿差額呢。

就這樣又過了一個月，季靜每天疑心，終於想出病來了，自己也給累垮了，住進了醫院。最後堂妹也看出了季靜的懷疑，覺得自己受了委屈，乾脆回家不做了。

最後季靜的花店只得關門大吉了。

季靜因為疑心重，不相信同事們說的話，所以無法和同事們搞好關係，最後只能辭職。而開了花店之後，季靜又對來幫忙的堂妹疑神疑鬼，最終不僅自己累垮了，也得罪了堂妹，花店也只得關張了。所以說，疑心可真不是一件好事啊，不僅使自己身心俱疲，也讓旁人退避三舍。

如果我們在生活中也遇到了季靜這類的人，就要打起十二分精神了，因為即使此人沒有說什麼懷疑你的話，也沒有做任何考驗你的舉動，那也不能說明他們就是信任你。此類人對你的懷疑，絕不是三言兩語就能消除的，因為他們的疑心太重，無論你如何做，如何努力希望使他對你產生信任，都是徒勞無功的。

同樣，疑心太重的人，也是無法得到別人的信任的。因為總是持懷疑的態度看人，每天疑神疑鬼，懷疑別人到底哪句是真，哪句是假，別人也會同樣對我們抱有懷疑的態度，我們也無法得到別人的信任。

沒有誰願意每天都被人猜疑，不僅自己是這樣，每個人都是這樣。所以，雖然社會魚龍混雜，好壞難辨，但是我們也應該在保證自己不受欺騙的同時，將心比心，盡量信任別人多一點。只有抱持這樣的信念，才能真正尋找到值得信任的合作夥伴，才能一起合作做好事情呢。

☆重點請畫線☆

我們常說：「害人之心不可有，防人之心不可無」，這裡的「防」是適度的保護自己不受到外界或者是他人的傷害，但是也不要過度極端的防備他人，不信任他人，這樣只會封閉你自己，讓你自己失去很多成功的機會。

常在別人背後說三道四，典型的告密者

俗話說：「來說是非者，必是是非人！」生活中有一些人喜歡在人背後說三道四，今天說張三性格火爆，不好相處，明天說李四表裡不一，品行不良，後天又說王麻子仗勢欺人，欺壓良民⋯心理學家經調查研究發現，這些人是典型的告密者，他們沒有什麼進取心，嫉賢妒能，專門挑別人的不足說、專門找別人的短處說，有的還會添油加醋、無中生有甚至惡意中傷、造謠誹謗，把本來好好的一個人說的一文不值。

岑冰和芮影是同事，在一個辦公室工作。有一次，在午休的時候，芮影對岑冰和其他幾個同事說：「你們知道嗎？小李被辭退了」，「是嗎？哪個小李？」一個同事問，「就是財務部的小李呀」芮影說，「她為什麼被辭退了？是不是在帳務上出什麼問題了？」岑冰不解的問。

芮影神祕兮兮的說：「原來你們還不知道呀，她哪裡會什麼帳目，我聽說她根本不是會計專業畢業的，她能進來還不是靠著自己有幾分姿色」，「那為什麼現在又被辭退了呢？」另一個同事問，「你去看看新來的財務部員工就明白了，她不僅有後門而且長的更漂亮啊」說到這裡芮影詭祕地一笑。

幾天後，公司要進行一次員工大調查，調查的內容就是「誰遲到早退的現象最嚴重」，調查後岑冰被點名批評了，原因是有人很明確的寫出了某年某月某日岑冰遲到、某年某月某日岑冰早退。岑冰被批評後很傷心，趴在桌上不停的哭，同事都過來安慰她，岑冰抽噎著說：「是誰在背後告密，至於嘛，我工作這麼久就遲到早退兩次，大家都可以作證！」周圍的同事都點頭，而想到誰可能是那個告密者的時候，大家的眼光不約而同的看向了芮影，後來再也沒有人跟她打交道了⋯

因為芮影經常在人背後說三道四，所以岑冰事件發生後，所有人都認為芮影是那個告密的人。其實大家有這樣的印象也很正常，畢竟芮影確實是有這樣的習慣的。而最後芮影被所有人鄙視、拋棄的結果也可以說是他咎由自取。

所以，不要經常在別人背後說三道四，更不要把它當成拉近自己和其他同事以及主管之間距離的方式。一方面，「聽眾」時間長了會想，他現在能講別人的壞話，以後就有可能講我的壞話，漸漸的，所有人都會遠離他。另一方面，這種背後說三道四的做法也許能在短時間內讓你擁有一些人際關係，但是俗話說「世界上沒有不透風的牆」，今天在這裡說長短，明天在那裡話好醜，對方遲早會知道，這樣不僅人際關係網會瓦解，而且還會在無形中多了一個敵人。

同時，習慣說三道四的人一旦和他人產生矛盾或者說三道四的人周圍有祕密被洩漏，大家都會不約而同的把懷疑的目光放到最有可能的「告密者」身上——經常在背後說三道四的人，因為在他們眼裡，告密是這類人的習慣性動作，久而久之，雙方的矛盾就會進一步僵化。

從交際學的角度看，常常在別人背後說三道四是對人際關係危害最嚴重的一種行為，而人際關係的好壞直接影響我們做事情的過程和結果。如果確實對某人心存不滿，實在是不吐不快的時候，建議不妨約個時間，或者找個適當的機會當面告訴他，指出你對他的不滿。這樣坦誠的相告，對方不會生氣，還會認為你是一個光明磊落的人，人際關機會融洽許多。當別人在自己面前說三道四的時候，我們要努力置身事外，巧妙的轉移話題，或者乾脆找機會離開，因為時間會證明，不在背後說三道四的人是最受歡迎的人。而如果很不幸我們本身就是被「說三道四」的人，那麼建議調整心態，走自己的路，讓別人說去吧！這種睿智大度的處事風度不僅會讓流言自己消失，還會讓造謠告密者自動閉嘴，是對這些人最好的回擊。

☆重點請畫線☆

對於那些喜歡在背後說三道四的人來說，一定要記住「言多必失，禍從口出」的古訓」，當你在肆無忌憚傷害別人的同時，也會為自己招惹禍端，所以請把「閒談莫論他人是非」當成座右銘吧，這才是能夠真正說明你做好事情的方式。

眼神閃爍，計從心來

我們的身邊經常有這樣一些人，他們喜歡四處張望，目光就像流水一樣游移不定。而這種眼神的背後，一般都是在算計，是小算盤在心中打響，而往往只有那些工於心計、城府較深的人，才有這樣的眼神。

游移的眼神向我們傳達的資訊科可能有兩種：一種是耍小聰明，而另一種是的心中有深謀、又怕別人窺探。前一種眼神多是品德欠高尚、行為欠端正的表現，後一種眼神多是奸心內萌、深藏不露的表現。

在說話的時候，眼神如果總是閃爍不定的人，一般表示他的精神比較不穩定。根據一些法律資料顯示，犯罪的人在坦承自己所犯罪行之前一般都會有這樣的狀態。他們的眼神不停的游移，目光閃爍，總是迴避詢問者的視線，這可能是因心他們心中藏有祕密所導致。

當我們在跟某個人說話時，看到他眼神游移，就需提防一下了，很可能他心裡隱瞞了什麼事，也可能他正打什麼壞主意。跟這樣的人打交道，我們應格外細心，以免上當。

李明曾經是一家大公司的高級職員，他平時在公司的時候，表面看起來工作積極，待人也還可以，挺熱情和大方的，但是吧，他總是給人一種不太舒服的感覺，因為他一與同事交流的時候眼神就開始游離，不停的閃爍，讓同事不知道他的心裡到底再想什麼，最後，也正是因為他的一個個小小的動作讓他的形象在同事眼中徹底改變了。

事情是這樣的，有一天，很多人都在會議室等著開會，其中一位叫王剛的同事發現地板有些髒，便主動拖起地來。而李明這個時候可能自己的身體有些不舒服，於是他一直站在窗台邊往樓下看。突然，他走過去到和正在說話的王剛說起話來，這個時候李明的眼神總是閃爍不定，最後他讓剛來沒多久的王剛去幫自己到辦公室拿一份資料，而自己則拿起王剛手中的拖把開始拖地了，其實王剛已經把地都快拖完了，不再需要他的幫忙，而李明之所以這麼做是因為他在窗戶往樓下看到時候，發現董事長的車來了，於是他的眼神一閃，計上心頭。

沒過幾分鐘，董事長就推門而入，而李明正拿著拖把勤勤懇懇、一絲不苟的拖著地，這一切都被董事長看在眼裡，把李明當眾表揚了一番。但是從此以後，李明以前在同事心目中的良好形象就被他這一個小小的動作，和耍的這個小心眼給一掃而光，大家再看李明時，總覺得他很虛偽，而且心中的小計謀太多，最後，李明在這個公司待不下去了，只好選擇了辭職。

這一切都是由於李明的小聰明造成的，他以為別人不知道他的那些小詭計，甚至他以為能夠透過這些小詭計得到主管的認可，自己從而一步青雲，然而結果卻是賠了夫人又折兵，自己不僅失去了主管和同事的信任，自己這麼好的一份工作也做不下去了。

其實在工作中，有許多人不知道他們內心的想法是多麼的容易被人們所窺探，因為他們的想法往往透過他們不經意的一個小動作，一個眼神就清楚的展示給了人們，所以我們不要以為別人不知道我們的小祕密，有的時候人家只是礙於面子不便挑明罷了。

☆重點請畫線☆

當我們在生活中遇到這種人的時候，特別是當我們透過他那閃爍不定的眼神看出他內心有一些小詭計的時候，其實沒有必要遠離他，因為我們可能會有求與他，這個時候只要我們自己在心裡時時提防和小心就可以好了，這樣做即給他留下了面子，又辦成了自己的事情。

喜歡擠眉弄眼，還不知耍什麼心機

俗話說：「觀其人先觀其眸」，眼睛是我們判斷一個人的重要依據，也是「知人」的方法之一。眼睛睜得大大的，說明此人對談話內容非常感興趣或者有想要解釋和爭辯的意圖；一直眯著眼睛，說明此人心中正在謀劃些什麼事情；眼睛較長時間沒有轉動或者眨眼的動作，說明此人正在專心思索某事或者情緒低落，有些黯然；總是擠眉弄眼，說明此人正在計畫些什麼事情，還不知道耍什麼心機！

問：你願意誠實的回答任何問題嗎？答：是的；

問：你的名字是叫李廣福嗎？答：是的；

問：你結婚了嗎？答：是的；

問：你的弟媳是叫趙春華嗎？答：是的；

問：是你殺了趙春華嗎？答：不是；

以上這段對話是刑偵組人員和犯罪嫌疑人李廣福之間的問答。被害人趙春華是李廣福的弟媳，去年過年的時候，李家老老少少六口人在一起團聚，本來是闔家團圓的日子，但第二天，李大爺在自家豬圈裡發現了兒媳趙春華的屍體，驚慌失措的李大爺馬上報了警。

從現場勘查來看趙春華是被勒斃而亡。透過對李家幾口人的詢問排除了趙大爺和趙大媽的作案嫌疑，趙春華的嫂子因為沒有作案時間所以也被排除在外。現在嫌疑最大的就是趙春華的丈夫李廣茂和她的大伯子李廣福。李廣茂因為刺激過度住進醫院暫時不能詢問，員警就開始詢問李廣福，詢問的過程中，員警發現李廣福對問題總是閃爍其詞，而且還不停的擠眉弄眼，一番盤問下來，警方沒有得到什麼有用的資訊，只好開始詢問周圍的村民。

據周圍村民反應，李廣福平時作風就不太正派，跟人說話辦事時總喜歡擠眉弄眼的，搞不清他想幹什麼，大家都不願跟他多接觸。村民還反應最近李廣福跟弟媳趙春華的關係有些怪異，以往李廣福，李廣茂兩家經常會在一起做農務，但最近兩家分開了。

現在李廣福的嫌疑最大，但是因為一時之間找不到確切的證據，所以警方也有些束手無策，正在這時，醫院傳來消息，弟弟李廣茂醒了，警方第一時間趕了過去。李廣茂說最近趙春華跟李廣福的關係確實不好，趙春華總跟他說李廣福對她毛手毛腳的，但大大咧咧的李廣茂並沒有把妻子的抱怨放在心上，總覺得是她想太多。

得到了這個重要的資訊，警方再一次審訊李廣福，並且動用了測謊儀，於是就出現了文章一開頭的對話，經過了幾輪緊張的問答攻防之後，儘管李廣福竭力保持鎮定，絞盡腦汁自圓其說，但依然被測謊儀當場拆穿，心理防線被攻破後，只能低頭認罪。

整件事情發生在年夜飯之後，當時李廣福的父母都已經睡下，弟弟李廣茂也喝醉了，李廣福的妻子抱著孩子去了裡屋，沒有睡意的李廣福看見弟媳趙春華在院子裡倒洗腳水，就走過去跟她搭訕，趙春華因為實在忍受不了李廣福的糾纏就威脅他，要把這件事情告訴李廣福的父母，李廣福一氣之下順手拿起旁邊的繩子將趙春華勒死。雖然李廣福聲稱他當時只是想給趙春華一個教訓，他以為趙春華是昏倒在豬圈，自己會醒過來，但畢竟人命關天，李廣福最終還是受到了法律的處罰。

李廣福因為草菅人命而付出了應有的代價，被害人以及家屬如果能早一點從李廣福擠眉弄眼的動作中發現一些異樣，悲劇也不會發生。當然，我們不要認為擠眉弄眼的背後隱藏的一定是骯髒齷齪的陰謀，但是不得不承認的是擠眉弄眼這個動作確實代表此人內心正在醞釀一些不能為外人道的事情，要注意提高警惕。

一個人擠眉弄眼說明此人正在耍心思，那麼幾個人相互之間擠眉弄眼又代表什麼呢？小時候和小夥伴一起玩的時候，經常會有這種情況，幾個人在一起想捉弄另外一個人，當另外一個人到現場的時候，這幾個人之間會互相擠眉弄眼，不把祕密說出來，然後捉弄這個不知情的人，這種擠眉弄眼表示的就是幾個人之間一種不必說破的祕密。長大後，這種擠眉弄眼表示的依舊是不能公開講的祕密，只不過這個祕密不再是小時候那種單純的開玩笑或者是捉弄人，它能夠代表的涵義有很多，可能是同事之間的某種約定，可能上下級之間的某種默契，也可能是朋友之間的某種心有靈犀，甚至還有可能是栽贓嫁禍、落井下石之前的暗號。

不管是一個人擠眉弄眼還是幾個人之間擠眉弄眼，這都是一個不好的習慣，特別是在公開場合，這種動作會讓他人產生被排擠、被疏遠的感覺，所以不管是偷偷的還是公開的，這種行為都是不可取的、失態的。

☆重點請畫線☆

生活中，當你遇到和你擠眉弄眼的人的時候，就說明他在跟你傳達某種資訊，也許是讓你不要說話、也許是要你不要動，甚至可能是在跟你調情。如果此人跟你比較熟悉，你們有共同的默契那還好，但如果是個陌生人的話還是敬而遠之為妙，畢竟誰也不知道他擠眉弄眼的背後隱藏的是什麼意思。

似睡非睡，老謀深算的「老狐狸」

有些人不管什麼時候都眯著眼睛，看上去好像快睡著了一樣。實際上，常常似睡非睡、似醒非醒的人，大多都是老謀深算的人，他們表面上會給人笨拙、呆滯的感覺，但實際上他們的腦子轉的比誰都快，只是他們不願意讓外人知道而已。

董曦是一家家裝設計公司的負責人，有一天，他聽下屬姚康不停的抱怨，說另一家家裝設計公司沒有職業道德，明明是他約好的客戶，都已經開始設計了他們還進來攪和。董曦見狀就把姚康叫了過來，問到底是怎麼回事。

姚康氣憤的說：「我前幾天接了一個大單子，是一個二層的餐廳要裝修，讓我去給設計一下，餐廳的主人對我的設計草圖挺滿意的，只是在屋頂吊燈的選擇上有點不同意見，按說這已經不屬於我的工作了，她喜歡什麼樣的吊燈就去買嘛，可是她又非得問我，我說完她又不滿意，就給她朋友打電話諮詢，她朋友就順便介紹了另外一家家裝設計公司給她。當時在電話裡那家家裝公司就知道已經有其他公司在做這個工作了，可是還是馬不停蹄的趕來，給出了關於吊燈的意見，這很明顯是想搶工作嘛！」。

姚康一口氣劈裡啪啦說了一大堆，抬頭一看董曦坐在那裡眯著眼睛好像快要睡著了，姚康哭笑不得的問：「頭，你有沒有聽我說話啊」，董曦說：「有啊，你建議她用什麼吊燈？對方建議她用什麼吊燈？」，姚康說：「我建議她們用尖扁罩花燈，對方建議她們用玉蘭罩花燈」，董曦說：「明天我會約那家公司和我們一起去客戶家裡，讓客戶決定聘用誰。」 姚康雖然不明白董曦的用意，但還是點點頭下班了。

第二天，董曦、姚康、對方派出的員工以及餐廳主人都到了，董曦還是一副似睡非睡的樣子，他對餐廳主人說：「既然您已經找了兩家設計公司，那麼公平起見，我們不妨再找幾個路人，聽聽大家的意見，然後擇優錄取。」說完，董曦就隨意挑選了幾個路人。

走到櫃檯的時候，董曦問這幾個路人：「你們覺得收銀櫃檯在左邊比較好還是右邊比較好？」路人紛紛表示在左邊比較好，董曦又問餐廳主人：「您覺得呢？」餐廳主人說：「我也覺得左邊比較好」，走進大堂的時候，董曦又問路人：「你們喜歡中式的用餐環境還是歐式的用餐環境？」路人說喜歡中式的，餐廳主人也表示同意，最後董曦拿出兩張圖片，問到你們是喜歡第一張尖扁罩花燈還是第二張玉蘭罩花燈？路人無一例外都指向第一張，餐廳主人看到大家都喜歡第一張不禁開始懷疑自己的眼光，後來董曦問她意見的時候，她服從了大多數人的意見，說喜歡第一張尖扁罩花燈，就這樣董曦所在的公司順利接到了這個訂單。

其實這些所謂的路人都是董曦事先安排好的，他抓住了餐廳主人要顧及大多數顧客口味的心態，製造了尖扁罩花燈受歡迎的假象，讓餐廳主人懷疑自己的眼光，屈從大多數人的意見，進而打敗對手拿到訂單。

像董曦這種似睡非睡、似醒非醒的人大多都是圓滑世故的「老狐狸」，他們平時給人的感覺大多比較低調，總是好像身在紅塵外一樣與世無爭，對待旁人也很親切，給人感覺是非常好接觸和相處的人。但是一旦遇到他們關心的事情或者和他們的利益切身相關的事情，這種人馬上就會顯露出老謀深算的一面。他們會不動聲色的把事情朝有利於他們的方向引導，在這個過程中，他們還會顯示出他們所做的一切都是為他人著想，都是犧牲自己顧全別人的。但仔細觀察不難發現，他們說的每一句話甚至是每一個動作、每一個表情都是都目的性的，他們的邏輯思維非常緊密、他們的每一句話每個想法都是下一句話下一個想法的鋪墊，在一次次的鋪墊中，對方就掉進了陷阱。

和這種人相處的時候，一定不要被他們「忠厚」的外表，「誠懇」的話語和「無私」的奉獻精神蒙蔽，以免落得《賣拐》裡范偉那樣的下場，被騙了還道謝呢。就算是事後發現被騙了，建議也不要去理論，因為對於這種老謀深算的人來說，他們做事時是不會留下把柄的，你前去理論不僅不能討回公道還很可能被倒打一耙。所以如果不幸成為了被騙的人，不妨就當作「交學費」了吧，吃一塹，長一智，以後不要重蹈覆轍才是最重要的。

☆重點請畫線☆

工作中遇到這種人的時候，不要因為害怕上當而退避三舍，他們身上有很多值得學習的優點，比如心思細膩，比如頭腦靈活、比如辦事周全等，如果我們能把這些特質放到自己身上，那麼成功就指日可待了。

第七章 身處職場，巧識同事心

一個人提高說話的音調，即表示他想壓倒對方

《禮記．樂記》云：「凡音之起，由人心生也。人心之動，物使之然也。感於物而動，故形於聲。聲相應，故生變。」也就是說，一個人音調的變化是由內心變化決定的。

比如，一個人內心平靜時，音調也是低緩平和的；一個人內心有了波動時，音調也會隨之忽高忽低；內心誠實的人，說話聲音清脆而節奏分明；內心寬宏的人，音調也溫和如水，舒緩有致；而當一個人提高音調的時候，就說明他是想要壓倒對方了。

黃冉在一家公司的市場部工作，主要負責公司新產品的推廣。黃冉平時表面看起來很謙和，為人也比較熱情，但是同事們大多不怎麼喜歡和她親近，因為有時大家一起討論一些問題或是觀點時，她會突然提高說話的音調，給人一種壓迫感，讓人覺得十分不舒服。

比如，同事們一起閒談樓下哪家的工作餐比較好吃時，黃冉就會調高音調。按說十個人有十種不同的偏好，對於工作餐的想法不同也是正常，但黃冉就受不了，她聽到不同意見的時候會馬上提高音調，反覆強調自己推薦的那家餐廳最好，反駁別人的觀點。

一次，公司召開會議，會議的內容主要是針對新產品的推廣方案。作為市場部的職員，黃冉首先說出了自己的想法「我認為新產品主要是針對年輕的人群，應該在比較繁華的商圈做推廣和宣傳。因為那裡是年輕人的聚集地，在那裡做宣傳的話，能夠引起更為廣泛的影響。」

另外一個同事說道：「我們的新產品主推典雅韻味，我認為如果在街頭宣傳的話，可能會給人一種誤解。而如果打出一系列的廣告，則能夠產生更多的影響力。」

聽到了與自己不同的意見，黃冉立刻調高音調反駁：「做廣告要增加很多成本不說，再說現在的年輕人大部分時間都在上班，即使回到家，也不一定會看電視，如此一來，廣告基本沒有人會看到，怎麼能夠產生影響力呢？」

如此一來二去，眾人爭執不下，討論了近二個小時也沒有討論出一個結果。

工作中我們也會遇到這樣的人，他們以自我為中心，聽不得不同的意見，一旦有人表示出不同的看法，他們便會立刻提高說話的音調，試圖以強大的氣場壓倒對方。

事例中的黃冉正是這樣，她面對同事提出的不同意見，不僅不願意接受，反而提高說話的音調，想要藉此來壓倒對方。但結果往往是適得其反的，不僅不能得到同事的認同，反而會引起別人的反感。

工作中，如果我們遇到喜歡提高音調說話的人，一定要避免與其做口頭之爭，這樣不僅討論不出結果，反而會耽誤你做事情的效率。如果涉及原則問題，無法做出退讓的時候，也不必因為此人突然提高說話的音調而改變自己的想法，做出妥協甚至是退讓，因為此類人往往只是「紙老虎」，並沒有多少實力，否則也不會依靠提高音調的辦法來壓倒別人了。正所謂「有理不在大聲」，必要的時候，我們應該以事實和實力證明，做好事情比提高音調更能贏得別人的贊同。

☆重點請畫線☆

蕭邦曾在一家雜誌專欄中敘述道：「當一個人想反駁對方意見時，最簡單的方法就是拉高嗓門——提高音調。」而心理專家表示，拉高嗓門提高音調，是幼兒時期才會有的表現，是任性的表現方式之一。正常來講，當人的精神結構的逐漸成熟後，他就應該具備了降低音調，克制「任性」的能力，但是有些成年人仍然會時不時做出這種「任性」的舉動，此時不必跟他們太多較真、動怒，也不要指望他們成熟理智的接受你的意見，因為此時他們的心理狀態已經倒回幼兒期階段了。

使用「我」的人，獨立心和自主性強

「我」多用於第一人稱表述，在日常生活中，有些人總是「我」不離嘴，開口閉口都是「我認為」、「我覺得」、「在我看來」，心理專家研究發現，經常使用「我」的人，有很強的表現欲望，獨立心和自主性都很強。

吳志凱和石小璿是某科技公司的兩名新進員工，週末和其他新同事一起參加了野外拓展訓練。青春年少的吳志凱對於皮膚白皙身材嬌小的石小璿很有好感，下定決心要在拓展訓練中好好表現一下，跟她搞好關係。

第一項是跨越「空中斷橋」，看到高高的架子上那麼零星的幾塊踏板，很多女同事都嚇的花容失色，吳志凱跑到石小璿身邊問到：「怕不怕？」石小璿回答說：「沒關係，我不怕」，輪到石小璿的時候，只見她很從容的做好保護措施，然後就開始過斷橋，剛開始開挺順利，後來一陣大風把身材較小的石小璿吹的左搖右晃，虧得保護措施做的好她才沒有掉下來。緊張的吳志凱在下面急的不行，其他女同事甚至還驚叫出聲。只見石小璿很鎮定的趴在木板上，慢慢的站了起來，對下面的人揮揮手，大聲的說：「我沒事，別擔心」，最終她順利的闖過了斷橋。

第二項是「兩人三腳比賽」，在吳志凱強烈的要求下，他和石小璿被分到了一組，身材高大的吳志凱邁一步等於嬌小的石小璿邁兩步，開始比賽之前，吳志凱對石小璿說：「我們慢慢來，我按照你的步伐走」，石小璿搖了搖頭說：「我可以的，只要扶著你的腰借借力就行。」比賽開始後，石小璿藉著吳志凱的力量大步的往前輕躍，果然跟上了吳志凱的步伐，最終二人獲得了比賽的勝利。

石小璿獨立自主的性格不僅從她的言談之間表現了出來，而且還在實際行動中表現了出來。相關心理研究表明，成人之所以養成使用「我」的習慣，其原因可以追溯到嬰兒時期。剛剛出生的嬰兒需要依靠媽媽的乳汁生活，在嬰兒心中，自己和母親是一體的，沒有母親自己很難存活下去。而到了斷奶期，嬰兒感覺自己和媽媽的距離被拉大了，安全感驟減，為了增加安全感，嬰兒學會了使用「我」這個字。等嬰兒慢慢長大，從小家進入社會這個大家之後，他們還是會習慣性的使用「我」這個字。但與小時候用「我」來尋找安全感不同的是，長大後的使用「我」代表的是一種態度，是表示自己已經能夠獨立面對生活的態度，而石小璿表現出來的恰恰就是這個態度。

和這種人共事的時候，要注意不要企圖同化他們或者把自己的想法強加於他們。如果你是上司擁有這樣的下屬，不妨給他們一點空間讓他們自由發揮，會收到意想不到的效果；如果你們是同事，最好在合作之前達成一致意見，以免二人最後分道揚鑣，因為使用「我」的人是不會輕易改變自己的想法的；如果你遇到了這樣的上司，不妨一言不發的跟在後面執行命令，如果確實有不同的觀點不吐不快，那麼在提出自己的想法和意見之前最好三思，以免被「打槍」。

☆重點請畫線☆　雖然現在是一個講究個性的年代，但同時也是強調團體觀念的年代，「我」這個字還是適當使用的好，過多使用會讓周圍人覺得你自我觀念過重，不好相處，不願意跟你合作，共事，妨礙你實現自我價值。

女同事在辦公室化妝，不太會尊重人

很多女人為了時刻保持最好的狀態，為了能夠更多的顯示自己的魅力，不論什麼時候都要畫上精緻的妝容，彷彿只有為自己帶上這樣一層美麗的面具才夠自信。但是隨著社會競爭越來越大，生活壓力不斷增加，我們休息的時間越來越少，如果還要早起一個小時甚至更多的時間用來化妝，會使我們覺得苦不堪言。

早起化妝感覺辛苦，不化妝又覺得自己不夠完美，於是很多女人開始在公共場所化妝，比如公車上或是地鐵裡，更有甚者還會在辦公室裡化妝，全然不顧周圍其他同事的感受，這樣的女大都比較自我，做事不會顧及他人的感受，通常也不太會尊重別人。

崔姍姍長得十分漂亮，通常來說，越漂亮的女人，越在意自己的容貌，她們總是力求讓自己更加完美，而化妝無疑是最好的方法。

崔姍姍有個不好的習慣，就是喜歡賴床，九點上班，她常常要賴到八點才起。從家到公司的路上要耗費半個小時的時間，如果再加上化妝所花去的時間，通常就會遲到。不願意早起化妝，怎麼辦呢？崔姍姍便決定每天帶著化妝包，等到了辦公室再化妝。

崔姍姍只是一個小職員，並沒有獨立的辦公室，和其他員工一樣縮在格子間裡。而在格子間裡，無論做什麼事情，只要動作稍大一點，都會影響到其他同事。如果是休息時間，同事們也就不計較了，但是崔姍姍到辦公室的時候，通常已經快上班了，所以化妝的時候大家多半都已經開始工作了。不少同事對她在辦公室化妝的做法都有意見，但因為是同事，所以也不好多說什麼，只能睜一隻眼閉一隻眼。

雖然同事們都比較包容，但是崔姍姍不顧及他人感受，不尊重他人做法的事情還不止這一件。就拿簡單的喝水來說好了，公司休息室裡只有一台飲水機，有的同事要泡咖啡，必須要等一下才能有開水，大家都很自覺的把杯子放在邊上排隊，可是崔姍姍卻不顧先來後到，一看到水開了，不管前面有沒有別人的杯子，她都搶著接開水；她說話也總是不分場合，有時候當著很多人的面說另外一個同事的糗事，完全不管別人是否難堪……如此的事情發生得多了，大家都十分不喜歡和崔姍姍打交道了。

崔姍姍之所以人緣不好，就是因為她不懂得尊重人。辦公室是公共場所，是大家的共用空間，她在上班時間化妝，打擾了別人的正常工作；在喝水的時候加塞，擾亂了大家排隊的積極性，這樣的人自然得不到大家的尊重和喜歡。

雖然此類人可能心腸不壞，也並不是誠心不尊重別人，只是他們不知道什麼時間、什麼場合，做什麼樣的事情才合乎禮儀、才是尊重別人，但是即使他們並沒有壞心，作為此類人的同事，我們還是要謹慎與之交往，因為這類人大都以自我為中心，很可能在不恰當的場合讓你尷尬、無法自處。

☆重點請畫線☆

我們做成一件事情，除了需要自身有一定的能力之外，還需要人脈的支援，但是不懂尊重人的人，往往人脈匱乏，這對於想要做好事情來說是十分不利的。

喜歡撥自己頭髮的同事，比較有個性

工作中，也許你會遇到這樣的同事——三不五時的撥自己的頭髮。也許你會認為這是他在企圖引起你或者他人的注意力，但其實不然，這種人在任何場合，哪怕是自己在家看電視的時候都會做這個動作，喜歡做撥自己頭髮這個動作的人，大多性格鮮明、個性突出、愛恨分明。

李絹和崔怡不僅在同一家公司工作，而且二人還是很好的朋友，工作之餘經常會一起相約逛街。這天，二人又相約來到動物園，一路上李絹不停的打趣崔怡，「好啦，好啦，知道怡姐你長髮飄逸，風情萬種，拜託不要再拉扯頭髮了，當心你把自己弄成禿頂嫁不出去」，崔怡說：「烏鴉嘴，我的秀髮老堅強了，拉扯這麼多年，它們早習慣了。」

二人談笑間來到了一個專門賣襪子的店面前面，裡面有彩色絲襪、加厚筒襪、多分打底襪以及時尚襪套，深得年輕人的歡迎，很多 MM 都興致勃勃的在挑選。李絹和崔怡也一頭栽了進去，正在崔怡挑的熱火朝天的時候，李絹扔掉的手裡的襪子，緊張兮兮的把崔怡拉了出來。丈二和尚摸不著頭腦的崔怡不接的問：「挑的好好的把我拉出來幹嘛？」李絹說：「我剛才不小心看到一個小偷正在偷你旁邊那個女生的錢包，我怕咱倆也成為目標，就趕緊把你拉出來了，快走吧，到別的地方去逛」，崔怡一聽就蹦起來了「那還了得？你怎麼不喊抓小偷呢」，李絹委屈的說：「那個男的看起來就很凶，我不敢出聲音啊」，崔怡轉身跑了進去，不一會李絹就聽到崔怡在裡面大喊：「抓小偷！他是小偷！」，李絹趕緊也跟了進去，這時那個小偷已經被店家和另外兩個男客人制服了。

崔怡愛恨分明，看到有不軌行為就一定上前制止，如果社會上都是崔怡這樣的人的話，那一定沒人再敢犯罪了。

喜歡撥自己頭髮的人不僅愛恨分明而且邏輯思維能力很強，善於思考，做事細緻，但因為比較有個性所以有時候做出來的事情會有些讓人無法理解。對於這種人來說，最大的喜悅不是成功的那個結果，而是追求成功的過程。他們通常都不願意做一個平庸的人，不願意淪為芸芸眾生的一員，總是希望自己的生活能有一些不同，希望自己的世界能有一些火花。

和這種人在一起共事的時候，要先做好心理準備，因為他們不按照常理出牌的行為模式很可能會讓你措手不及。但也不要排斥和他們共事，因為他們經常會有絕妙的點子來讓你眼前一亮。總之，與這種人一起共事的時候，不妨先接觸一段時間，當彼此之間有一定默契產生的時候，他們會是你工作中不可多得的好夥伴。

除了拉扯頭髮之外，還有人喜歡撥弄瀏海，有人喜歡整理頭髮等等，這些都是我們應該關注的細節，因為從這些細節都能反應出這個人的性格特點。一般來說，喜歡撥瀏海的人，表現欲強，注重外表，希望能夠得到更多人的關注；喜歡用手指捲曲頭髮的人想像力豐富，很容易沉浸在自己的世界裡；喜歡整理頭髮的人自信心不足，比較在意他人的看法，經常會藉由這個動作來增強自己的自信；

☆重點請畫線☆

個性不等於怪癖，個性能讓我們在工作中脫穎而出，但怪癖會讓我們被同事討厭，被主管排斥，所以做事情的時候在保持自己個性的同時還要掌握好分寸，千萬不要讓吸引人的個性變成討人厭的怪癖。

辦公桌整齊乾淨，辦事有效率，生活有規律

一年三百六十五天，我們在公司待的時間比在家待的時間長，在辦公桌前的時間比陪家人的時間長，可以說辦公桌已經成為了我們生命中不可缺少的一部分。每個人辦公桌的布置都有自己的特色，有的人會放上自己的照片，有的人會放一小盆綠色植物，有的人會放些自己喜歡的小擺件等等。雖然辦公桌的布置方式各種各樣，但辦公桌的風格往往只有兩種——雜亂無章，或是整齊乾淨。

辦公桌上雜亂無章，所有東西堆在一起，擺放得亂七八糟的，通常能夠說明辦公桌的主人做事比較沒有規律，他們往往不夠認真，沒有良好的習慣，紀律鬆散，而且較為懶惰；相反，辦公桌整齊乾淨，所以物品都按照一定的規則放好，物品布置讓人看起來相當舒服，則說明這張辦公桌的主人是一個踏實認真、責任心強的人，他們往往性格外向，自信，很有朝氣，做事有條理，並且工作效率高，這類人通常做一行愛一行，踏實認真，對工作一絲不苟。相較之下，當然是後者更能夠做好事情。

黎丹是個很清爽的女生，雖然平時不施脂粉，卻也總是把自己打扮得乾乾淨淨，讓人看起來就很舒服。她的辦公桌也是一樣，雖然沒有過多的裝飾，卻整理得整齊乾淨，所有的物品都擺放整齊，隨取隨用，十分方便。

同事們都很喜歡和黎丹相處，因為她做事踏實認真，嚴於律己，並且工作效率很高，和她一起做事，總會被她所感染，做事也變得很有條理。

每到年終，公司都會做一次大範圍的盤點，每個員工都要對自己這一年內的工作做一個總結，這個規定讓很多人都十分發愁。一年三百六十五天，工作的時間少說也有二百多天，誰能記得都做過些

什麼呢？同事們都開始急著找這一年的工作記錄。但是因為平時工作繁忙，很多同事的檔案、工作筆記總是隨處亂放，想找的時候卻怎麼也找不到，又或是平時偷懶根本不做工作記錄，想要用的時候才開始撓頭。總之，大家對於寫工作總結的事情都很發愁，而黎丹卻很快就完成了。

這是為什麼呢？

原來黎丹每天工作之餘會寫工作記錄，她習慣將一天的工作和對明天的工作安排記錄在一個固定的本子上，本子用完就會放回固定的位置，找起來十分方便，因此工作總結對黎丹而言，實在是一件輕鬆的事情。

其實，黎丹的工作量也很別的同事一樣多，她之所以有時間寫工作記錄，就是因為她特別珍惜時間，辦事和工作都有條不紊，而且她從不亂放檔案，這樣用的時候找起來也比別的同事節省時間，因此她的工作效率非常高，別人半天才能夠完成的工作，她往往只用一半時間就足夠了。

黎丹之所以能夠很快完成工作總結，還要得益於她日常工作認真、習慣書寫工作記錄等良好的習慣。試想一下，如果黎丹也把辦公桌弄得亂糟糟的，用完什麼檔案就隨手一放，或是擺放得毫無章法，那麼再想要用那些檔案的時候，就要浪費很多時間了，而把時間都耽誤在找東西上，工作效率自然是高不了的。

黎丹這類人有很強的企劃能力，會安排好每個時間相應的工作。他們通常有著崇高的目標，並且會為了達成目標而堅持不懈的奮鬥，成功也總是更青睞這類人。如果我們也想要獲得成功，就要學會像他們一樣提高工作效率，當然這不是簡單將辦公桌整理乾淨就能達到的，想要提高工作效率首先要學會給工作分類。

一般來說，我們接觸到的工作無非就兩類——動手類和動腦類，動手類的工作不需要你浪費時間和精力思考和規畫，可以按照一般的流程進行下去，並且不必擔心被打擾或者被中斷；動腦類的工作則必須要集中精力，一氣呵成，最忌諱被打擾或者被中斷。對於動手類的工作，你可以安排在任何時間，而對於動腦類的工作，你則必須謹慎的安排時間，在確保不會被打擾的情況下完成。對於動腦類的工作，最好的辦法不是馬上匆忙的做，而是要在日常生活中就不斷的思考，當思考得比較成熟了之後，再集中安排時間完成，這時你會發現工作效率大大提高。

其次要每天定時完成當日工作。每天都要做一些常規工作，和同事保持必要的接觸和溝通，還要保持一個良好的工作環境。這些常規工作包括查看電子郵箱，瀏覽你需要隨時得知的資訊，甚至是打掃衛生，這些看上去很瑣碎不值得一提的常規工作隨時都有可能跳出來打擾你，讓你無法專心致志完成手頭上的工作。處理這些常規工作最好的辦法是定時完成：在每天固定的時間固定的處理這些事情，其他時間就不要再去管這些事，比如，每天固定上午十點，下午三點看電子郵箱，其他時間不要查看郵箱，這樣處理事情的效率才會提高。

第三，列出工作計畫。這是最直觀的提示自己工作進度的方式，要注意的是，這個工作計畫既不是要在主管面前表現自己的勤勞能幹，也不是擬出來給自己徒增壓力，而是讓自己記住有哪些事情是必須要去做的，以此篩除一些不必要的動作。比如，當你看到工作計畫上有要核算帳目的工作時，就不會手癢癢的瀏覽娛樂網頁；當你看到還有客戶沒有聯絡的時候，就不會跑去咖啡間跟同事閒聊。而且工作計畫還會給你帶來成就感，當你看到本來排的滿滿的工作一個一個被劃下去的時候，是何等的暢快淋漓！

☆重點請畫線☆

工作中，仔細觀察一下周圍同事的辦公桌，我們就可以輕易的看透他們的性格。如果我們身邊有習慣把辦公桌擺放得整齊乾淨的同事，除了要知道他們辦事有效率、生活有規律之外，還要看清他們其實應變能力和適應能力比較差，因為他們通常習慣按照計畫做事，因此面對突如其來的變故，通常會手忙腳亂，所以當面臨突發狀況的時候，還是由我們自己掌握主動吧，否則就很難成功了。

抽屜裡放一些紀念意義的物品，多比較內向

紀念品顧名思義就是可以承載紀念意義的物品，它是以實物形式存在的。紀念品可以是任何能長時間保存的東西，它的用途比較廣泛，比如：紀念某一個人、紀念某一件事或者紀念某一段感情等等，而喜歡在抽屜裡放紀念品的人，大多是比較內向的人，他們往往多愁善感，憂鬱孤獨，有懷舊情愫。

楊菲是個性格內向的女孩，上學的時候就不善言談，所以朋友也不多。畢業之後，依然還保持聯繫的同學更是寥寥無幾。

參加工作後，楊菲依然不改內向的本質，同事們雖然一開始對楊菲十分熱情，奈何她對每個人都表現得不冷不熱，別的同事說話，她也並不喜歡搭腔，久而久之，談得來的同事也沒有幾個。

工作之餘，楊菲既沒有要好的同事一起聊天，也沒有閨密可以煲電話粥打發時間，她總是默默的打開辦公桌的抽屜，裡面有兒時的玩具、舊情人的相片、老掉牙的首飾，甚至還有畢業照片等等。依靠這些紀念品，楊菲度過了許多孤獨寂寞的時光。

工作的時候，楊菲也比較沉默，喜歡獨來獨往，即使遇到不懂的問題，她往往也羞於向別人請教，不知是因為性格內向問不出口，還是心理脆弱害怕別人拒絕。總之她寧可埋頭苦想，也不願意開口問別人。

一次，公司和一個大客戶達成交易，經理讓楊菲準備要簽訂的合約。但是合約中有一個細節楊菲不太清楚，雖然同事中有幾個人曾經都擬過這樣的合約，但她實在不知道要問誰，又應該如何開口，索性按照自己的理解擬定了，結果合約出現了問題，被經理狠狠批評了一頓。楊菲覺得十分傷心，又十分難堪，於是提交了辭職報告。

在我們看來，楊菲辭職幾乎是一件必然的事情。工作中難免會有自己不懂的問題，如果都想楊菲那樣羞於開口，怎麼做得好事情呢？再者說，社會是一個群體，我們身處其中，難免要與人交往，與人合作，而不能適應社會的結果，必然是被社會淘汰。

在抽屜裡放紀念品的人，通常不喜歡外面的世界，他們靠著美好的回憶調劑生活和排遣孤獨，常在夜深人靜的時候獨享愉悅。這類人大都情感豐富，內心脆弱，比較容易受到傷害。工作中他們做事也缺乏足夠的恆心和毅力，常常會在挫折面前不戰而退。如果與此類人一起共事，洞悉他們的內心十分重要，因為他們很難主動做些什麼。但是一旦有人讀懂他們的脆弱，並且與之交心的時候，你們之間的默契，會遠遠超出其他普通朋友之間的默契。

內向的性格也許對於生活影響不大，因為關心自己的家人和朋友是會給予包容和理解的，但是，對於工作來說，內向絕對不是一個有利因素，應該有所改變：

首先，正確的評價自己。心理學家研究表明，內向並是單單是自卑，認為所有人都瞧不起自己，不敢主動接近人群一種，還有可能是自視過高，孤芳自賞，不屑於與「平庸之人」交談。對於自卑而導致內向的人來說，首先要做的就是找回自信，正視自己的優點和缺點，也正視他人的長處和短處；

對於自詡清高而導致內向的人來說，學會尊重別人是最重要的。

其次，要學會跟他人傾訴。內向的人經常會把委屈、不滿、怨恨、憤怒、煩惱、焦慮等不良情緒壓在心底，當這些不良情緒長期得不到釋放和解決的時候，身心健康就會收到損害，而且內向的程度還會進一步加深。所以說，我們之所以經常要講不要內向，要學會外向，不是因為對性格的歧視，而是性格會影響身體健康，到各大醫院走一走，看一看就能發現，性格內向的病人占有很大比例，而身體是革命的本錢，沒有了好的身體，一切都是枉然。所以，遇到煩心事的時候要學會向自己的親人和朋友傾訴，千萬不要自我封閉，更不要走到死胡同了也不回頭。

最後，培養廣泛的興趣愛好，積極參加社會活動。廣泛的興趣愛好能轉移人的注意力，把人的心理活動轉移到興趣愛好上，能減輕對自我的過度關注，還能很好的釋放和宣洩內心的不良情緒。積極參加社會活動能讓人的性格受到環境的影響而改變，當人際交往的融洽程度得到提高時，周圍人就會覺得你容易接近，會願意跟你成為朋友。

☆重點請畫線☆

應該說，內向和外向只是性格的兩個不同方面，本身沒有優劣好壞之分。在現實生活中，這兩個性格的不同方面我們都會用到。沒有人能夠一直開朗外向，也沒有人會一直內向沉默，所謂的外向和內向只不過是大多數時間和場合內的表現罷了，所以沒有必要非給自己扣上內向的帽子，更沒有必要因此而覺得自己的性格有缺失。

抽屜和桌面全都是亂七八糟的人，容易衝動

辦公室裡，你是不是常常能夠看到別人凌亂不堪的辦公桌，抑或是常常聽到別的同事大呼：「我的東西哪裡去了？」確實，就如同有的人習慣把辦公桌收拾得整齊乾淨一樣，有些人也習慣把辦公桌弄的亂七八糟，抽屜也總是塞得滿滿的。他們往往根本分不出哪些檔案是作廢的，哪些是有用的，要找一樣東西的時候，總是得把所有東西全都翻個遍，最後可能還是找不到需要用的那一件。

一般來說，辦公桌凌亂不堪的人，往往性格直率，積極樂觀，但是做事總是三分鐘熱度，容易被衝動的情緒所左右。

一進辦公室，就能夠看到梁晨的辦公桌，不是因為他辦公桌的位置比較顯眼，而是因為他辦公桌上亂七八糟，抽屜也因為塞得太滿而半開著，因此十分顯眼。

梁晨本人性格十分直爽，沒有城府，並且心地善良，他做事乾淨俐落，不喜歡拖泥帶水。他這樣的性格很容易交到朋友，並且能夠贏得同事們的喜歡，但是這種人往往比較衝動，所以梁晨經常下了決定之後又後悔萬分。

一次，梁晨在雜誌上看到了一輛新車，價格雖然只有十幾萬，但是對於月光族的他而言，無疑是一種奢侈品了，根本不適合現在購買，但是梁晨又犯了衝動的毛病，他去「四s」店試駕之後，就貸款買了那輛車。因為買車的頭期款是跟父母借的，所以月供自然不好再和家裡張口。可是沒車的時候，梁晨的薪水都不夠花，現在有了車，加油、保養等一系列開銷讓梁晨叫苦不堪，暗自後悔自己一時衝動買下了這輛車。

如果說生活中的偶爾衝動，還能夠盡力彌補，但是工作中的衝動，就會造成無法彌補的後果了。

這天又到了還分期的時候，梁晨因為口袋裡空空所以心情不是很好，正巧上司讓他核對檔案，這是一件非常需要耐心的工作，梁晨因為心裡煩躁而屢屢出錯，上司看不過去，當著所有同事的面教訓了他。梁晨本來性格就十分衝動，一怒之下和上司吵了起來，結果當然是不樂觀的，梁晨被辭退了。

梁晨其實性格並不壞，只是做事太容易衝動——喜歡上什麼就盲目的買什麼，完全不顧自己的經濟現狀；被上司批評後，也衝動的與之爭吵，全然不顧可能失業的後果，這些都是容易衝動的表現。如果不是這樣衝動，梁晨不會因為買車而讓自己生活拮据，也不會因為逞一時的口舌之快，而使自己陷入如此境地。

當然，容易衝動的人也並不是一無是處的，他們單純善良，性格直爽，說話痛快，辦事乾淨俐落，與此類人一起共事，我們往往會被他們的樂觀情緒所感染，也十分容易和我們打成一片。但是他們有時候就像心智不成熟的孩子，往往容易被衝動所左右，這時候他們就會表現得十分不理智，衝動的做一些決定，或是衝動的做一些事情。俗話說「心急吃不了熱豆腐」，這種缺乏周詳的計畫，急於求成的做法很難做好事情。所以說，鑒於他們這種不成熟的表現和做事風格，一起共事的時候，我們最好不要過於相信他們，或是過於依賴他們，否則恐怕很難做出優異的成績。

☆重點請畫線☆

雖然對於「衝動」這個概念，醫學界還沒有一個統一的解釋，但是「衝動是行為系統不理智的各種表現」這一說法卻是被普遍認同的，也就是說衝動是人的情感特別強烈、基本不受理性控制的一種心理現象，有這種心理現象的人，成功的機率是非常之低的。

檔案按一定的次序放好，組織能力強

我們身邊，有一種同事總是大大咧咧，無論檔案是否重要，都隨手一放，從來沒有將文件整理分類的概念，等到要用的時候就找不到了；而另一種人，他們往往會很認真的整理文件，不論文件是否重要，他們都無會根據一定次序將檔案放好，看起來好像是多此一舉，但等到要用哪個檔案的時候，他們卻能夠馬上找到。

前一種人，性格往往比較鬆散、隨便，做事情也是得過且過，不會太較真，這類人閒散慣了，往往不喜歡受束縛；而後一種人，性格開朗大方，他們精力充沛，對任何事情都充滿熱情，此類人原則性很強，做事認真負責，有較強的組織能力。相較之下，哪種人更容易做好事情，自然是不言而喻了。

吳曉彤畢業以後，到一家大企業任職祕書工作。因為祕書每天要接觸很多檔案，並且在老闆需要的時候，要能夠隨時找到所需的檔案，所以吳曉彤每天都會把手裡的檔案材料收拾得整整齊齊，並且分門別類，按照一定的次序放好，以方便隨時取用。

一天，老闆從吳曉彤的辦公桌前經過，看她的辦公桌上十分乾淨，十分好奇，便問：「你每天不是要整理很多檔案資料嗎，怎麼桌子上卻沒有什麼檔案呢？」

「是這樣的。」吳曉彤不緊不慢地說：「雖然檔案很多，但是短時間需要用的檔案往往只有一兩個，不需要用的檔案，我一般是不放在辦公桌上的。」

老闆點了點頭，繼續問道：「以前我看別的祕書桌子上總是雜亂的放著一堆檔案，你不把檔案放在辦公桌上，又放在那裡呢？」

「其實每個祕書都有一個專門放資料的櫃子，一共分為三層，我按照文件的重要與否將所有文件分成三類，比較重要的放在最下面，用的時候就比較方面拿到了。等用完再放回原位，這樣就不會亂了。」

聽完吳曉彤的解釋，老闆讚賞的點了點頭，決定升吳曉彤為業務部主管。因為他認為吳曉彤責任心強，對事情認真負責，並且有很強的組織能力，十分適合管理業務部。而吳曉彤也並沒有讓老闆失望，她到業務部任職之後，對此部門進行了大刀闊斧的改革，對人員的崗位也進行了調整，使每個人才能都能夠充分的發揮出來。在吳曉彤的帶領下，業務部給公司創造了很大的利潤。

吳曉彤之所以被升職，就是因為老闆認為她責任心強，對事情認真負責，並且有很強的組織能力。而這些老闆是怎麼看出來的呢？就是因為吳曉彤能夠將檔案分門別類收拾的整整齊齊。

整理文件看起來很簡單，但它卻反應了一個人的做事風格和能力。他首先要有責任心，做事認真負責，絕不得過且過。其次需要有很強的組織能力和操作能力，不然是無法將那麼多又繁瑣又複雜的檔案分門別類擺放好的。而在工作中，兼具責任心和組織能力，無論做什麼事情，都能夠很好的完成。當然此類人也有缺點，那就是不善於和人合作，過於武斷，聽不得半點不同的意見。因此，如果此類人是你的上司，有不同意見的時候，一定不要莽撞的反駁，否則不僅做不好事情，可能飯碗也保不住了。

☆重點請畫線☆

工作中，當我們遇到習慣把檔案按一定次序放好的人，即使他現在的職位並不高，也一定不要小覷他們。要知道此類人的組織能力極強，是不會甘心永遠做一個小職員的，因此在他成為你的上司之前，先與他搞好關係吧。如果我們自己也想增強組織能力，就從整理檔案之類的瑣事開始吧，這些瑣事不僅能夠鍛鍊我們的耐心，也會提高我們的工作能力，這對於我們今後做好工作是有百利而無一害的。

桌子乾淨、抽屜亂，有智慧、但做事不踏實

當辦公桌識人法不再成為祕密的時候，很多聰明的人會用逆向思維，他們會把辦公桌收拾得十分乾淨，希望以此給別人一種好的印象。但是假象終究是假象，只要你再仔細觀察一下他們的抽屜就會發現乾淨的只是桌子，而抽屜依然雜亂，這說明什麼？說明他們使用了障眼法，這類人往往有智慧，但做事卻不夠踏實。

丁力是學會計專業的，畢業以後，他在一家會計事務所任職。初來乍到的丁力每天都把自己的辦公桌收拾的乾乾淨淨的，意圖給同事留下踏實、謹慎的好印象。

但和桌面形成鮮明對比的是丁力的抽屜——桌子乾乾淨淨，抽屜裡卻十分髒亂，辦公用具、私人物品和一些零食毫無章法地堆在一起。這個行為習慣反映出了丁力性格上的一些特點——工作中，丁力雖然學東西比較快，但是為人卻十分浮躁，做事很不踏實。一般會計做完帳目，為了保證準確，總是要重新檢查一遍，而丁力為了使自己做事情看起來更有效率，不僅在做帳目的過程中盲目追求速度，做完之後也從不檢查。他總認為自己頭腦聰明，根本不會出錯，檢查對他而言無疑就是浪

費時間。

然而事實證明，丁力的做法是極其錯誤的，由他經手的帳目一而再再而三的出錯。每次經理找他談話，他都表示下次一定認真。可是江山易改本性難移，丁力的性格就是這樣的，他認為自己的聰明才智足以勝任這份工作，因此將經理的話當成耳邊風。結果他又出了差錯，經理沒有選擇再次原諒，直接把他開除了。

丁力將桌面上收拾得乾淨整潔，但抽屜裡卻亂七八糟，這就說明他是一個喜好做表面功夫的人，表面上讓人覺得他十分謹慎踏實，但其實內心依然比較衝動，急於求成。也正是這樣的性格，使他失去了第一份工作。

丁力這類人有足夠的智慧，但缺乏腳踏實地的精神，他們通常比較散漫、懶惰，愛耍小聰明，總做一些華而不實的事情。他們總以為自己的小算盤沒有人知道，可實際上別人對於他們的那些算計一清二楚，之所以沒有拆穿，只是因為他們的所作所為並沒有侵害到自己的利益，所以礙於面子不說罷了。所以雖然在表面上看來，他們有比較不錯的人際關係，但實際上沒有幾個真正交心的朋友。因為他們浮躁的性格導致朋友無法完全相信他，即使與之交往，也只是君子之交，不太可能真心以待。

丁力這類人顯然是不夠成熟的，也沒有辦法成大事。如果想要具備做好事情，成大事的能力，究竟應該如何克服缺乏腳踏實地的精神呢？

一，中國有句老話「吾日三省吾身」，三省也許會過於頻繁，但是每天做一次總結，修正自己的錯誤倒是十分必要的。這個總結可以是零的突破——重新塑造自己的性格，也可以是在原來性格的基礎上，一點一點的修正，正所謂冰凍三尺非一日之寒，性格的改變也不是一朝一夕能夠完成的。

二，學會謙虛。井底之蛙之所以狂傲，是因為它從未見過大千世界，聖人之所以謙卑，是因為他縱覽人生百態，只有學會謙虛，才能穩下心神，不浮不燥，腳踏實地一步一個腳印。

三，人的一生就是學習的一生，學習到的知識越多，越會覺得自己所知的太少太侷限，這時想要浮躁，想要不腳踏實地都不容易，但要注意，學習的訣竅就是不要貪多，比如讀書，不要一次讀好幾本，要仔細研讀一本，讀懂精髓。

四，具備堅強的意志力和壯士斷腕的決心。馬雲說，永遠不要跟別人比幸運，從沒想過我比別人幸運，我也許比他們更有毅力，在最困難的時候，他們熬不住了，我可以多熬一秒鐘、兩秒鐘。

腳踏實地是一種綜合行動的表現，是個人能力的表現，也是做好事情的必備條件。

☆重點請畫線☆

職場中，如果我們遇到這樣做事情不踏實的人，不必刻意遠離，因為他們的智慧可以成為我們工作上的助力，但是也要注意不要被他們不踏實的做事風格影響，因為成功不僅需要智慧，更需要踏實肯幹的精神，只愛耍小聰明的人，是不可能做好事情的。

領帶結又小又緊的人，喜歡孤軍奮戰

在西服成為男性職業裝的同時，領帶也成為上班族必不可少的裝備。不論是因為喜好打領帶，還是由於職業的特點限制必須要打領帶，幾乎每個男性在職場都會打一條領帶。那麼，從領帶裡，我們又能看出什麼呢？

身材矮小且體形瘦弱的男人喜歡把領帶結打得又小又緊，他們是希望藉由小而緊的領帶結讓自己的形象看上去高大一些。如果身高、體態都比較正常的男人喜歡把領帶結打得又小又緊就說明他們是在給周圍人傳遞一種訊息：別惹我，我不是好惹的！他們非常在意周圍人的眼光，容不得半點輕蔑、怠慢或者侮辱的情況出現。

這種人心胸都不是很寬廣，由於他們在日常生活和工作中小心翼翼慣了，所以猜疑心會很重，漸漸的他們就會形成孤僻的性格。他們遇到事情的時候，第一個想到的就是自己，屬於比較自私自利的人，缺乏團隊合作精神，並且喜歡做主管領導別人。就算旁人會因為他們的孤僻遠離他們，這些人也不會改變，因為他們十分享受自己獨守陣地，孤軍奮戰的感覺。

盧軍身材高大，卻總喜歡把領帶結打得又小又緊，雖然不止一個同事曾好心的提醒過他這樣把領帶結打得又小又緊和他本身的形象很不相配，但他依然一意孤行，聽不進去別人的一點意見。

盧軍是一個報社的記者，在工作中，他是典型的喜好孤軍奮戰的人，他不喜歡與別人合作，甚至說他不知道如何與別人合作。

一天，盧軍和同事小高一起去採訪外拍。因為並不是什麼重要的人物，所以這次的採訪任務只安排了他們兩個人，設備帶的也並不多，只有攝影機、三角架、備用電池和麥克風。因為盧軍是記者，而小高是攝影，所以盧軍只拿著麥克風，把剩下的東西都留給小高拿。對於盧軍自私的舉動，小高十分生氣，只不過礙於情面不願意與盧軍理論罷了。

到了拍攝地點，小高架起攝影機，正準備開拍的時候，盧軍卻挑起了毛病，一下說攝影機的擺位不好，一下又說鏡頭太高了，儼然一副主管的態勢。小高本想甩手不幹了，可是一想到旁邊還有採訪者，覺得記者和攝影師鬧翻了十分影響報社的形象，只好先做完這次採訪再說。

回到報社，小高向上級反映此事，說明不願意和盧軍合作了。主管沒辦法，只得安排別人和盧軍一組出去採訪。但是聽說了小高的事情，沒有人願意和盧軍一起外拍，主管正在發愁，盧軍卻表示自己願意單獨採訪，考慮到目前的情況，主管也同意了。但是因為盧軍是孤軍奮戰，所以一些大型的採訪他都沒有機會參加，沒有出彩的新聞，盧軍工作三年依然沒有得到提升的機會。

之所以沒有人願意和盧軍搭檔，就是因為他太自私、太孤僻，不懂得如何與別人合作，而孤軍奮戰的後果是工作三年卻沒有能夠得到升遷的機會。

盧軍這類喜歡把領帶結打得又小又緊的人大多精力旺盛，活力十足。工作中，他們會像拚命三郎一樣不停的往前衝，不喜歡被主管，不喜歡看別人臉色，他們大多都是中產階級，有一定的能力到社會中去做生意或自由闖蕩。但因為這類人疑心很重，並且孤僻自私，所以除非他們有過人的才華和驚人的天分，否則是很難取得成功的。

另外，這類人比較熱衷於物質享受，對金錢也很吝嗇，幾乎一毛不拔，再加上他們本身就性格多疑孤僻，結果幾乎沒有什麼人願意和他們交朋友，即使他們身邊真的有什麼人，也多半是因為利益關係走到一起。

☆重點請畫線☆

如果遇到喜歡把領帶結打得又小又緊的人，還是退避三舍吧。因為這類人往往眼高於頂，喜歡誇大自己的才能，不僅輕視別人，還總企圖領導別人。與其說他們喜歡孤軍奮戰，不如說在他們眼中幾乎所有人都不夠資格與他們合作。與這類人一起共事，往往會身心俱疲，因為不僅他們自私，孤僻，沒有合作精神，還時常會猜忌身邊的人。

不會打領帶的人，性格隨和、善良

有一種男人，雖然每天都打著領帶，但他們本身並不會打領帶，或者為了方便，他們乾脆不打領帶。看到這裡，你一定不要笑，男人不會打領帶並不是什麼奇怪的事情，也不要片面地覺得不會打領帶的男人十分懶惰，或是不太聰明，因為事實證明，不會打領帶的人，很可能在其他方面優於常人，可以彌補不會打領帶的缺失；或是有其他更值得、更需要他關注的事情，讓他們不願意把精力消耗在繫領帶這樣的小問題上。不會打領帶的人大多性情溫和、善良，富有同情心，跟家人、朋友、同事的關係都很好。

林傑是一家雜誌社新來的攝影師，由於他曾在美國待過一段時間，行事有些洋派，所以在作風保守的雜誌社裡顯得有些格格不入。雜誌社要求員工穿正裝上班，但是林傑卻連領帶都不會打，於是乾脆就不戴領帶了。因此，主編早就看他不順眼，只因他是老闆朋友的兒子，所以只好對他睜一隻眼，閉一隻眼，但是心裡的不滿卻越積越多。

終於，有一天，為了一些照片，主編藉機找林傑的麻煩，想藉著照片的事情趕走林傑，至少也要給他一個下馬威。眾人見戰火即將引燃，紛紛過去圍觀。林傑只是低著頭不肯爭辯。眼看主編越說越過火，本來還你一言我一語的征討林傑的同事，也覺得主編太過分了。可是主編卻絲毫不覺，依然不斷的挑他照片的毛病，還批評他偶爾的遲到早退，後來甚至還嘲笑他連領帶都不會打。林傑雖然委屈，但是也只是耐心的聽著，從不爭辯。

同事們都知道林傑是老闆朋友的兒子，受了這麼大的委屈，怎麼可能不去告狀呢？所以事情過去之後，大家依然等著看熱鬧。可是幾天過去了，林傑卻好像什麼事情都沒發生一樣，依然努力工作，努力拍出更好的照片。

同事們都很詫異，開始一起嘀咕。同事小張說：「怎麼都沒有動靜呢？難道林傑沒和老闆告狀？」

「也有可能，我看林傑為人其實不錯。」同事小李說：「林傑雖然有一些小毛病，但是他拍出來的照片確實很不錯啊。」

「是啊！他雖然作風有些洋派，但他心胸開闊，性格也很隨和，我們沉悶的雜誌社，就應該融入這種新鮮血液，只有主編這種心胸狹窄的人才會覺得他格格不入。」

大家你一言我一語的討論了很久，最後大家都覺得林傑其實性格不錯，又隨和又善良，因此更願意和他親近了。而主編事後也覺得自己做的過分了一些，對於林傑沒有向老闆告狀的做法，他更是十分感謝，以後對林傑不僅沒有了敵意，反而十分看重他。

林傑性格隨和是顯而易見的，當主編藉機找他麻煩的時候，明知道主編有些藉題發揮，他依然不肯為自己爭辯，最後就連同事都聽不過去了。林傑的善良更是有目共睹，試想一下，如果林傑向自己父親告狀的話，父親肯定會跟他的老闆反應，這樣主編肯定會被老闆責罰甚至開除。最終，林傑的隨和、善良贏得了大家的理解，也使大家更願意與他親近了。

可見，林傑還是十分聰明、睿智的。因為林傑是一個新員工，要想工作做的好，要想做好事情，就必須要盡快融入到雜誌社這個群體中來。如果林傑選擇告狀，那麼大家只會覺得林傑是個小肚雞腸、睚眥必報的人，這樣即使知道他受了委屈，卻也會為主編打抱不平。而林傑選擇沉默，卻是一舉兩得的好辦法，既獲得了同事們的好感，又讓主編覺得不好意思，這樣在以後的工作人自然不會有人再為難他了。可見，隨和、善良、謙遜的特質，是做好事情的有利因素。

☆重點請畫線☆

隨和、善良是良好的做人、做事的特質，但是注意不要沒有原則的隨和，沒有底線的善良，否則會有很多不懷好意的人或者事情找上你，讓你叫苦不迭。

領帶結即大又鬆的人，自制力比較差

領帶結打得又小又緊的人，往往自私而孤僻，喜歡領導別人，樂於孤軍奮戰；領帶結打得不大不小的人，通常彬彬有禮，安分守己，勤奮上進，並且願意把大部分的精力放到工作當中；不會打領帶的人，往往性格隨和、善良，心胸豁達，做事不拘小節；領帶結打得即大又鬆的人，通常不喜歡拘束，喜歡享受，自制能力比較差。由此可見，一個人的行事原則與人品秉性能夠完完全全的表現在領帶的選擇和打法上！

陳慶家庭環境很優越，從小就衣食無憂的生活讓他的身材像吹氣球一樣不斷增長，終於——他的體重超標了。

因為有些肥胖，陳慶打領帶時，總是喜歡把領帶結打得即鬆又大，好讓自己顯得不那麼突出。肥胖不僅影響了陳慶的形象，還危害到了他的身體健康，他不僅血脂高，血壓也偏高。為了能夠擺脫不健康狀態，也為了能夠使自己的身材看起來不那麼肥胖，陳慶決定減肥。但是減肥說來容易做來難，陳慶雖然一次又一次的制定減肥計畫，卻總是以失敗告終，因為一看見美食，他就失去了自制能力，總想大快朵頤。因此體重不但沒減，反而有上升的趨勢。

工作中，陳慶的自制能力也比較差。陳慶是做電話銷售工作的，公司規定每個人一天要打夠三個小時的電話，對於一般人而言，一天八個小時的上班時間內基本都能夠完成任務。但是陳慶享受慣了，即使是打電話這樣簡單的工作他也懶得去做，總想著一天八個小時呢，過一下再開始工作吧，就這樣一個小時推到下一個小時，往往一天過去了，陳慶只打了幾個電話。

到了月底，公司業務結算，所有同事都完成了任務，只有陳慶一個人沒有完成。陳慶覺得十分不好意思，發誓下個月要努力工作，但是到了下個月，他依然明日復明日的懶惰下去，最後當然是被公司辭退了。

陳慶減肥屢屢失敗，還遭受了失業的打擊，雖然遭遇比較淒慘，但他自己要負很大責任。減肥失敗，是因為經受不住美食的誘惑；失去工作，是無法完成工作任務，總之一句話，都是自制能力差惹的禍，沒有自制能力的人，是做不好任何事情的。

工作中，我們也會遇到這樣的人，他們大多性格開朗，有年輕的活力和朝氣，想到哪裡就做到哪裡，不喜歡拖延、不喜歡拖泥帶水，這種不太成熟的性格導致他們做事情的時候往往考慮的都不夠全面，會給自己擬定一些根本無法完成的不切實際的目標。此外，這類人不喜歡被拘束，總是想要積極拓展自己的生活空間，但因為追逐的目光過多，而自制能力又差，很容易被其他事物影響半途而廢，所以成功總是顯得有些遙遠。

我們與此類人一起共事的時候，最好不要奢望他們能夠給予我們多少幫助，因為他們是典型的「無志者」，雖然他們常立志，但是沒有長遠的志向，即使有長遠的志向，以他們那樣差的自制力，多半也無法實現。但雖然他們沒有恆心，自制能力差，但也並不是一無是處之人，至少這類人心胸寬廣，不屑於做小人之事，作為朋友還是值得相交的。這裡值得提醒的是，如果你是女性，恰巧又有一個喜歡把領帶結打得即大又鬆的男性追求你，那麼你一定要想仔細了。因為缺乏自制能力，他們很容易被其他女性吸引，對愛情往往不能從一而終，追逐的目標總是換了一個又一個，因此與這樣的人交往，一定要警醒一些。

☆重點請畫線☆

與這種人共事的時候，千萬不要輕信他們的豪言壯語，因為他們的壯志往往堅持不了多久就會「流產」。與其將做好事情的希望寄託在他們身上，還不如實際一點，靠自己吧。

第八章 平步青雲，破解主管內心

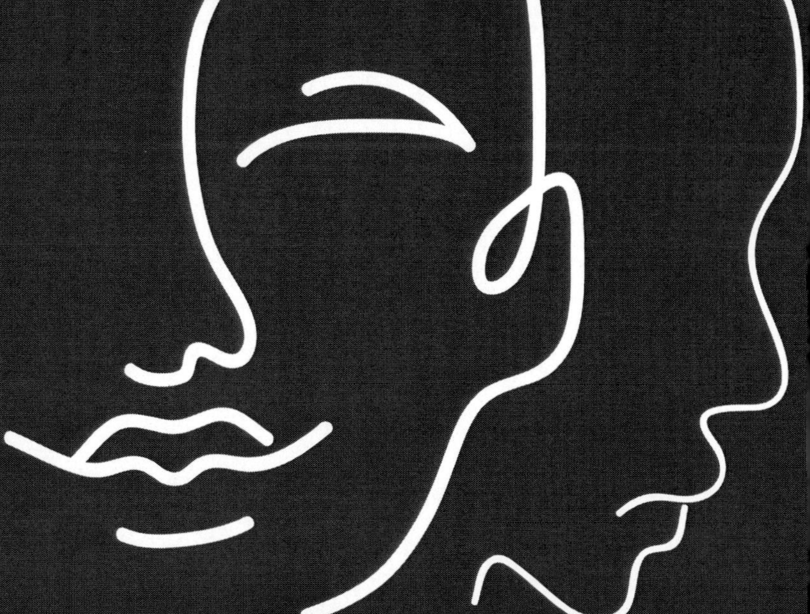

上司說話時不看著你，這個跡象可不好

上司找我們談話的時候，我們往往會有一點緊張，為了掩飾自己的緊張和無措，常常會打起十二分精神來應付上司，試圖讓自己的表情、語氣正常一些。但是，通常一場談話下來，我們根本沒有留意到上司說話時的神情，甚至無法回想起來和上司談話的內容。如果總是以這樣的狀態應付上司，很有可能哪一天被降職或是開除了，卻不知道自己哪裡出了差錯。

所以，會做事的人，在和上司交談的時候，除了會注意自己的言談舉止之外，會更加在意上司的行為。因為透過上司與你交談時所表現出的行為，能夠看出上司對你的態度，如果上司說話的時候根本連看都不看你，那可絕對不是個好兆頭。

岳強是一家公司的部門經理，他工作能力很強，按說在公司裡本來應該有很好的發展。但是因為他本身不太會察言觀色，不能很好的揣摩到別人的意思，所以無意之中得罪了很多人。

一次，岳強和上司一起去一個大客戶的公司談生意。到了對方的公司門口，岳強搶先下了車，他的上司本以為岳強是要給自己開車門，所以看見岳強下車，而自己故意放慢動作等了一下，但是岳強根本沒有來給上司開車門，而是自己走在前面進入了對方的公司。上司有些不高興，但因為是在客戶的公司門口，也不好發作，便跟在岳強的後面進了公司。

雙方洽談合作的時候，岳強本身是作為上司的陪襯，要突出上司的能力，但他卻處處顯示自己，搶著與對方談合作。這次，真的惹怒上司了。因此，雖然與對方的談成了合作意向，回公司的路上，上司卻十分不高興。

到了公司，上司把岳強叫到辦公室裡，卻根本不看他，而是一邊忙著手裡的工作，一邊說：「今天你表現得真是不錯，合作能夠談成，有你很大的功勞啊！」

岳強根本沒有看出上司生氣了，也沒有聽出上司的弦外之音，只以為上司是誇自己，便居功說：「哪裡，我只是小小的發揮了一下，其實今天您不去，我也能談成的，以後這種事情，您放心交給我就行。」

上司聽了更加生氣，於是頭也沒抬就讓岳強出去了。第二天，岳強就接到了辭退通知單，但他卻根本不知道自己哪裡惹到上司了。

岳強就是太不會察言觀色、太不會做事了，才會得罪了上司而不自知。沒有一個上司願意自己的下屬看起來比自己更加有能力，更加不願意給下屬當陪襯，而岳強就犯了大忌。他與上司一起去談業務的時候，不僅沒有襯托出上司的身分和能力，反而處處顯示自己，當然會惹怒上司，但是他卻渾然不覺，依然居功自傲。其實，當上司把岳強叫到辦公室談話時就已經顯示出了自己的怒氣。無奈岳強不能理解上司的意思，反而以為上司是誇獎自己，這樣誤解上司的意思，當然會被辭退了。試想一下，如果岳強及時發現上司和自己說話時不看自己的這一小動作，並且能夠明白這個動作的隱含意思，便會引起注意，不會大意地一再得罪上司，也許事情還有挽回的餘地。

工作中，當我們面對主管的時候，一定要學會注意這些小細節，如果發現上司說話時不看自己就要注意了，這個動作隱含了兩個意思，不是他心裡打著算盤想要利用你，就是說明心裡十分輕視你。而不管是哪一種情況，對於我們都是十分不利的。這時要想盡一切辦法挽回局面，千萬不要再懵懂不知下去，這樣只會給上司留下更加不好的印象，嚴重影響我們事業的發展。

☆重點請畫線☆

在與主管交談的過程中，適當觀察主管的表情是對的，但是也不要一直盯著不放，這種眼神在主管看來是一種挑釁的行為，所以一定要掌握好合適的時間，觀察主管的時候，要把目光放在主管臉上的三角區，用餘光觀察主管的眼神。

主管從上到下打量你，表明他占據優勢地位

作為下屬，和主管在一起時，我們往往會覺得有壓力，特別是當主管從上到下打量我們時，我們的氣勢會瞬間減弱。

在工作中，如果有主管從上到下打量你，這就表明他認為自己占據優勢地位，並希望在你們的關係中成為主導者。這時我們就要小心了，因為這個舉動說明此人有很強的支配欲望，喜歡站在高處掌控一切，如果你不在他的掌控之中，很有可能成為他的眼中釘。

張揚大學畢業之後，到一家大公司應聘。面試的時候，那家公司的人事部經理看完他的簡歷之後，並不著急提問，而是將他上下打量了一番。人事部經理打量張揚的時候，張揚便覺得有一種無形的壓力，十分緊張，很怕自己穿著不合體，或是什麼地方有差錯，於是心裡惴惴不安。

將張揚打量一番之後，人事部經理並沒有什麼特別的表示，然後便開始提問。但經過剛才的打量，張揚總覺得那個經理很強勢，從而變得十分小心謹慎，絲毫不敢放鬆。順利的是，張揚通過了面試，進入了那家公司，成為一名策畫部的員工。

第一天去部門經理的辦公室報到時，經理也並不急著說話，而是又將他上下打量了一番。張揚十分納悶「怎麼每個人都喜歡上下打量我呢？難道是我有什麼特別的地方？」面對部門經理好像要看到他心裡去一般的目光，張揚更加覺得坐立不安，而談話就在這種緊張的氣氛中結束了。

轉眼兩年過去了，張揚在這兩年時間裡工作成績十分優越，原來經理升職之後，他被提升為策畫部經理，當了經理之後，張揚看人的目光開始有了變化。以前他和同事們一起共事的時候關係都很好，彼此之間相處融洽，那時與同事交談，他總是平視別人，而很少上下打量別人。但現在，張揚卻總是習慣性的上下打量對方，習慣以一種主管的身分與昔日的同事相處。直到這時，張揚第一次去部門經理的辦公室報到時的疑惑才解開，原來主管從上到下打量你，並不是因為這個人有什麼特別，而只是作為主管的一種習慣而已。

其實，很多人都有和張揚一樣的面試經歷和入職經歷：我們去面試的時候，招聘者往往會先從上到下的將我們打量一番，再開始提問，這是因為招聘者往往占據著優勢、主導的地位，希望透過觀察應聘者的外貌，而對其做出評價。我們入職的時候，第一天向新主管報到，通常也會被其打量一番，彷彿只有這樣才能確立自己的主管地位一般，而上下打量的效果，就如同給新員工一個下馬威，能夠快速的樹立起威信。

喜歡從上到下打量別人的主管，可以分為兩種：一類主管覺得自己十分優秀，對自己的能力充滿自信，他們十分明白自己在工作中占據著優勢地位，所以自然流露出一種居高臨下，不怒而威的氣勢；另一種則是下意識的打量別人，這類主管通常比較不自信，害怕自己不能處於主導地位，而急於希望透過自己上下打量別人的行為，樹立自己的主管威信。

工作中，如果我們遇到第一種主管，那麼我們十分有幸，因為這類主管往往有能力帶領我們做好事情；而如果遇到第二種主管，就要有做下屬的積極性，時刻將主導地位雙手奉上，因為此類主管不僅支配欲望強烈，還喜歡向別人顯示自己的能力，如果在你們的關係之中，你處於優勢地位，就會使他們感到威脅，這樣你在公司的日子就不好過了。

☆重點請畫線☆　生活中，我們應該時刻注意自己的言行，看看自己是否會不自覺的從上到下打量別人，如果答案肯定，而你並沒有主導別人的能力，還是應該低調一點，收回打量別人的目光，將心思多用在工作中，才能做好事情。

主管友好地、坦率地看著你，他想鼓勵你

眼睛是心靈的窗戶，它能夠洩露出一個人心底的真實想法，比如一個人專心致志的看著你，則說明他很重視你；一個人斜眼看你，則說明他輕視你；一個人仰視你，則說明他很崇拜你；而一個人如果友好的、坦率的看著你，則說明他很欣賞你，想要鼓勵你。因此，在工作中，我們無需讓主管說出對你的看法，只要看他的眼神，我們就能明白他的意思。

方丹丹是一個新記者，剛剛上班沒多久，報社主任就把他分到娛樂版，跑劇院和影視娛樂圈，這可是個外快不少的美差，其他記者甚是羨慕，可第一天採訪方丹丹就遇見怪事。

開完記者會，某個導演突然偷偷塞了一包東西在方丹丹的口袋，方丹丹一看是錢，趕緊擋了回去。沒想到上車後，這個導演把錢扔進了車窗，而司機居然不聽方丹丹的喊聲，急忙開上馬路。

「拉拉扯扯不好看！」司機這樣解釋道，攝影記者也跟著點頭。

其實他們會有這種態度是因為這種事情經常發生，大家都是司空見慣、祕而不宣的，因此即使記者得了好處，也沒人會宣揚，更沒有人會向報社主任報告。

但是方丹丹為人十分正直，她覺得這是收受賄賂的行為，於是一進報社就向主任報告，並把錢呈了上去。主任友好而坦率的看著方丹丹說明事情的經過，之後就讓方丹丹出去了。

攝影記者因為害怕主任責罰，便問方丹丹：「主任說什麼了嗎？」

「沒有，主任只是讓我把錢放下，就讓我出來了，什麼也沒有說。」

攝影記者聽後鬆了一口氣，以為主任毫不在意此事。但是方丹丹心裡明白，主任雖然沒有表態，卻十分鼓勵自己這種行為。

工作還要繼續，方丹丹每天依然四處採訪，但是這種行賄事件總是接二連三的發生。有一次到外地採訪，某歌星的媽媽，居然半夜敲方丹丹的門，把錢從門縫塞進來，又像賊似的飛奔而去。

每次有人賄賂方丹丹，她都會分毫不差的上交給主任。而主任依舊友好而坦率的看著方丹丹。沒過多久，方丹丹被主任提升為採訪組的組長。

其實，並不是報社主任對此事沒有看法，他也並非毫無表態，只是不善於揣摩主管意思的員工，無法看出主管的態度。而方丹丹就十分懂得理解主管的意思，當他看到主任友好而坦率的看著他時，他就知道主任是想鼓勵他。了解了主任對此事的態度，並且受到鼓勵，方丹丹更加堅定自己的做法。而事實也證明，方丹丹的做法是對的。

工作中，如果你的主管用友好的、坦率的眼神看你，首先說明他對你很有好感，並且十分器重你，他相信你的能力，希望幫助你成就一番事業。而這類主管就好比我們的貴人，能夠幫助我們做好事情。但是，如果我們不能理會主管的意思，不能從他那種友好而坦率的眼神中看出他對我們的鼓勵，我們很有可能會誤解他們，以為他們根本沒有對自己的做法表示肯定，從而覺得沮喪。這樣一來，我們往往就會與成功背道而馳了。

☆重點請畫線☆ 如果我們本身就是主管，請多給予下屬一些友好而坦率的眼神吧，這種眼神能夠說明遇到瓶頸或者是心灰意冷的員工迅速的振作起來，提高工作效率。

主管邊說話，邊瞥他的鐘或錶，想結束談話

與別人談話時，目不轉睛的看著別人的人，往往說明對談話內容比較感興趣，希望談話能夠繼續下去。相反，與別人談話時，總是心不在焉，尤其是總看時間的人，就說明他急切的想結束談話了。當我們與主管交談或是彙報工作的時候，就要有這樣一點積極性，如果看到主管邊說話，邊瞥他的鐘或錶，就應該立即結束談話，即使真的有緊急的工作需要彙報，也要盡量縮短談話的時間。

李默在一家大公司上班，任職總經理助理。作為助理，李默每天幫總經理安排大大小小的事宜，因為李默工作認真，為人謹慎，從沒出過什麼錯處，並且事無鉅細都向總經理彙報，因此深得總經理的信任。

為了讓總經理更加清楚下一個星期的工作安排，李默每週五下班之前，都會向總經理彙報一下。往常，總經理總是十分耐心的聽李默彙報，有的事情記不清楚，還會主動向李默詢問。

主管邊說話，邊瞥他的鐘或錶，想結束談話

又到了一個週五，因為這週事情很多，李默一直忙到四點多才結束了手頭上的工作。離下班還有半個小時的時候，李默準備去總經理辦公室向總經理彙報下一星期的工作安排。但是這一次，李默剛和總經理彙報了一小部分工作安排，就看見總經理一邊聽自己說話一邊看手錶。李默雖然覺得很奇怪，但是也明白總經理這樣的舉動是希望盡快結束談話，因此便問總經理說：「您是不是有什麼事情啊？」

總經理說：「今天我妻子有事情，要我去接女兒放學，眼看著她就快下課了，我就有點著急。」

「哦，那您先去接孩子吧，下週也沒什麼特別重要的事情，等下週一我再給您彙報也行。」李默趕緊說。為了不耽誤總經理的時間，李默還主動幫總經理整理東西，好讓總經理能夠早點趕到學校。等總經理趕到女兒的學校時，女兒正好放學了。

經此一事，總經理更加覺得李默這個助理十分貼心，不僅工作能力強，能夠很好的安排日程，還懂得察言觀色，於是總經理給李默漲了薪水。

李默的幸運不僅在於她有一個好上司，能夠給她施展的空間，更在於李默懂得察言觀色，因此才能夠得到上司的器重。試想一下，如果李默無視經理頻繁看錶的舉動，而一味喋喋不休的向總經理彙報工作，總經理雖然可能會耐著性子聽完，但心裡一定是又著急又生氣的。如果因此沒有接到女兒，或是遲到了被女兒埋怨，一定會怪罪李默。但是聰明的李默沒有這樣做，她不僅看懂了總經理的意思，而且還主動幫助他整理物品。這些體貼的舉動，自然能夠得到總經理的認可。

工作中，如果能夠摸清上司的脾氣性格，就可以選對做事情的時機，這樣對於我們而言十分有幫助的。比如，我們想要請年假，如果此時上司顯得十分匆忙，不停的看他的鐘或錶，我們就應該換一個時機再說，否則很容易被上司拒絕，即使上司勉強同意，也會對你產生不好的印象；比如，我們要求上司給我們加薪，也必須選擇合適的時機，如果明明看出上司不想繼續這個話題，或是想要盡快結

束談話，我們還毫無知覺的提出加薪的請求，多半會被拒絕；再比如，我們想要提一些建議，也需要找對時機，如果上司頻頻看錶，那麼說明他一定有急事或是心裡有事。此時，即使上司表面上正在聽你說話，其實心裡卻在想著別的事情，這時即使提出再好的建議，上司也聽不進去，自然也就不會表示贊同了。可見，能夠理解上司的心意，找準時機，對於我們做好事情是十分重要的。

☆重點請畫線☆

無論是工作還是生活中，與他人談事情的時候，我們一定要盡量避免一邊與對方談話，一邊頻繁地看自己的鐘或錶，這樣會讓對方覺得你缺乏誠意，或是根本不願意與之交談。如果給對方留下了這樣的印象，以後有求於他的時候，多半也會遭到拒絕。

和你談話深坐椅內，喜歡聽你的奉承

在與別人對話時，有的人習慣身體向前傾，這類人往往懂得尊重他人，願意聽別人的中肯之言；有的人則喜歡身體後傾，這樣的人一般都是自高自大的，並且十分喜歡聽別人的奉承。喜歡身體向後傾的人也有很多種，其中喜歡深坐椅內談話的人總是企圖把自己身上的優越性加倍誇張的向別人炫耀，是虛榮心和自我表現欲很強的人。如果此人恰巧是一個主管，則非常喜歡聽下屬的奉承。

趙龍在北京工作，是一個研究所的高級工程師，他的妻子也在這個研究所任職，只是不在北京的總部，而是在杭州分所。趙龍夫妻兩個兩地分居十多年了，為了將妻子調回總部來，趙龍錢花了很多，禮也送了不少，可就是沒有辦成事情，妻子也總是調不過來。

這事把趙龍搞得筋疲力盡，但又無可奈何。此時，在他妻子調動過程中起關鍵作用的某局又換局長了，新上任的局長是從外地來的劉局長。為了能將妻子調回身邊，趙龍又登門拜訪這位劉局長，希望能夠得到他的幫助。

趙龍見到劉局長，便拿出了禮物，並說明了來意，但是這位劉局長始終深坐在椅子內，對趙龍的態度不冷不熱。沒過多一會，劉局長便以還有事情下了逐客令。

趙龍心裡十分著急，雖然明知道劉局長對自己並不熱情，但是為了辦成事情，只好硬著頭皮再次拜訪。但是這一次，趙龍一開始沒談自己此行的目的，而是先捧劉局長，說他做的比較突出的政績，是真正為人民做實事的公僕。劉局長聽著很受用的樣子，嘴裡卻客氣的說：「哪裡，哪裡，有的人的確有困難，有的已經分居好幾年了，就是調不到一起，我只做了我應該做的事。」

到了這個關口，趙龍就提出了自己的問題：「劉局長，我也有點小事，需要麻煩您，我和妻子已經兩地分居十多年了，一直沒有解決，本來不打算找了，聽大家都在說您的政績，心中仰慕，來請您幫幫忙。」接著趙龍又介紹了一下自己的情況，提出讓劉局長幫忙。

因為之前趙龍奉承劉局長的話，讓劉局長對趙龍產生好感，覺得他是一個很不錯的人。而且趙龍這樣誇讚自己，如果不幫他辦成事情，劉局長覺得十分有損自己的尊嚴和形象，於是決心幫趙龍把妻子調回來。

劉局長讓趙龍回去靜候佳音。果然，沒過多久，一紙調令到手，趙龍全家團聚。

趙龍之所以能夠得償所願，就是因為他摸清了劉局長的脾氣，知道他是一個喜好聽人奉承的人。於是在第一次請求未果的情況下，又第二次上門拜訪了。與第一次不同的是，這次趙龍投其所好，先奉承劉局長一番，讓劉局長開心，今天心甘情願的幫趙龍辦了事情。

社會上，喜好聽別人奉承的人多如過江之鯽。如果你的上司恰巧也是這樣的人，那麼你就應該懂一些奉承的技巧，這樣才能博得上司的好感，讓上司為你辦事。

其實，工作中，很多下屬都知道奉承上司是很有好處的，但是為什麼很多人不那麼做呢？一部分人是因為不屑於奉承別人，而更多的一部分人，是因為根本不懂得如何讚美、奉承別人。

奉承上司，不僅要奉承得符合時宜，更加要掌握一些奉承的技巧。比如，即使是奉承上司，也要表現得坦誠得體，盡量使上司感到你的奉承是發自內心，誠心實意的。而如果奉承時用輕率的說話態度，則會讓上司產生不快的感覺；另外，奉承不能太離譜，這樣上司會覺得你太虛偽，懷疑你說的話，這樣不僅不能辦好事情，還會使上司對你產生厭煩的感覺；而且，奉承不一定非得當著本人的面，因為有的上司很可能不吃這一套，最好的方式是在背後奉承他，這樣一傳十，十傳百，總有一天會傳到他耳朵裡，這時再求他辦事，自然容易許多。

☆重點請畫線☆

工作中，對於喜歡聽你奉承的上司，如果奉承的方法運用得當，不但能為自己帶來不少方便，還能用「甜」嘴討得上司的喜歡，自然不怕做不好事情。

找停車位時願意耐心等候，不喜歡太鬧的環境

隨著社會的發展，我們生活水準的提高，擁有一輛屬於自己的私家車已經不再是夢想。但隨著私家車越來越多，車位也越來越供不應求。我們去吃飯或是購物時，想要停車往往需要費半天力氣。當然，這裡我們並不是要說找停車位的困難，而是要透過找停車位的方式，看透一個人的性格。

找停車位時比較著急的人，通常是個急脾氣，此類人做什麼事情都是風風火火，不喜歡等待和拖延；找停車位時願意開著車四處尋找的人，通常樂於接受挑戰，喜歡四處奔波，不願意浪費時間；找停車位時願意耐心等候的人，為人處世十分淡泊，不喜歡太鬧的環境，亦不喜歡願意湊熱鬧的人。

狄志傑是某公司的廣告創意人員，一個週末，他帶著自己的妻子和女兒去遊樂園玩。到了遊樂園停車場才發現，停車位老早就被停滿了，而且還有好些車等在那裡排位置。

狄志傑的妻子等了一下就不耐煩了，她一邊哄女兒一邊催促狄志傑開車再繞一圈找位置，狄志傑安慰妻子：「前面有很多車在排隊，我們繞來繞去很不方便，排在這裡吧，會有車位空出來的。」就這樣又等了快半個小時，還是沒有排到車位，這時狄志傑的女兒小童從後排座位站起來，小手指向遊樂園的雲霄飛車方向，跟狄志傑說：「爸爸，我要去遊樂園，我要去坐那個火車」，狄志傑見狀，就讓妻子帶著孩子先去遊樂園玩了，自己則靜靜的在車裡等車位，一個小時之後終於找到了位置，他停好車後就放心的去找妻子和女兒了。

週一上班後，公司要求創意小組出一個遊樂園的宣傳圖片，一聽到是遊樂園的項目，同事們都興致勃勃的討論了起來，有的說可以特寫孩子左手拿著糖果，右手拉著家長的快樂表情，後面用旋轉木

馬做背景；有的說可以特寫一家三口，媽媽抱著孩子，爸爸舉著三張票向媽媽走來，背景是海盜船：大家你一言我一語的討論了好久，都認為自己的想法比較好，一時間無法得出結論。狄志傑在旁邊聽了一會，就默默的走到公司頂樓，眺望藍天白雲想創意，突然間，他腦袋中顯現了昨天自己女兒舉著小手指向遊樂園的畫面，這個畫面不僅能夠涵蓋遊樂園的整體，而且還能特寫孩子開心、期盼的表情，非常合適拿來做遊樂園的宣傳圖片。果然，狄志傑一跟同事描述之後，大家也都覺得這個創意很好，全票通過。

狄志傑的耐心讓他順利找到了停車位，喜靜的性格讓他捕捉到了靈感。如果我們跟這種性格的人在一起共事，要給予他們一定的空間，因為他們天生骨子裡就有淡泊的成分在，只有在沒有壓力，沒有喧鬧的「真空」環境下才能發揮出最好的狀態。

應該說，故事中的主人公狄志傑很好的驗證了佛蘭克林的名言：「有耐心的人無往而不利。」那麼我們應該如何培養耐心呢？

建議一，榜樣的力量大無窮。想要培養自己的耐心，不妨先在身邊找一個極具耐心的人，跟他做朋友，平時待人處事的時候，看看他是怎樣做的，或者當自己快要控制不住脾氣要發火的時候，聽聽他的意見，這樣就能夠在潛移默化之間培養耐心的好習慣。

建議二，正確認識耐心的重要性。著名生物學家童第周的父親為了讓童第周從小就明白耐心的重要性，特意給他題了「滴水穿石」的條幅，告誡童第周世界上沒有穿不透的頑石，只有沒有耐心的人，讓他夠執著的學習和做事，雖然我們不再是孩子，但是培養耐心，學會執著的學習和做事還是相當重要的。

建議三，學會等待，一般來說，沒有耐心的人大都犯一個毛病——只要想到一件事情，他們總是希望立刻去做，否則便會渾身不舒服。如果實在無法透過單純的思維控制來培養自己的耐心，也可以透過「石頭療法」來試一試：隨身帶著一塊小石頭，當我們覺得自己要失去耐心，就要發脾氣的時候，就把小石頭從一個兜放到另一個兜裡，反覆十次。

在心理學上，耐心屬於意志特質的一個方面，它與意志特質的其他方面，如主動性、自制力、心理承受力等有一定的關係，是成功的關鍵因素之一。需要注意的是，雖然有耐心是一件好事，能夠幫助我們更細緻的完成工作，但是也要注意工作效率，畢竟現代社會時間就是金錢。

☆重點請畫線☆ 等待不僅是一種美德，而且還是一種能力，一種控制自己的能力。要知道，唾手可得的東西往往不是最好的，甚至可能是不好的。而經過時間的考驗，經過等待得到的東西不僅更加值得珍惜而且往往更有意義。

主管開會手上愛玩東西，內心多焦慮需要適當發洩

想要工作做的好，事情做的順利，適當的了解自己的主管是不能不做的功課。但是，除非是主管導特別器重的員工，否則想近距離和主管接觸、聊天還是有一定難度的。有的主管為了保持神祕感和威懾力，跟員工的話通常不會太多，有的主管雖然有心跟員工多聊幾句，但是時間又不允許。那麼，除了語言上的溝通，還有什麼能了解自己的主管呢？答案就是手部肢體動作。

心理學家研究表明，從手部的肢體動作，可以看出這個人的性格祕密。一個偶爾出現的動作，只

代表當時當下的心情，但一個經常出現的動作，則代表這個人的性格有這種特質。如果主管經常有擦手的動作出現，就說明他是一個非常熱情的人，喜歡在工作尋找樂趣，但是抗壓能力較差，遇到問題時容易心浮氣躁；如果主管在談話的時候喜歡把兩隻手交叉在一起，說明他非常有自信，但同時也有些自負，不會輕易相信別人的話；如果主管把兩隻手的手指相互交叉，就說明此時他需要一些建議或者是說明；如果主管在開會的時候手上喜歡玩小東西，就說明他的內心比較焦慮，需要尋找一個發洩的途徑。

張偉忠是一個心理專家，他和徐曉珂是從小玩到大的夥伴，可以說是青梅竹馬。一天，徐曉珂又約張偉忠去逛街，與以往徐曉珂強行「逼迫」張偉忠陪她買衣服不同的是，這次徐曉珂專門往小飾品店裡面鑽。張偉忠打趣的說：「呦，什麼時候品味變了？喜歡這些小東西了？」

徐曉珂回頭瞪了他一眼說：「哼，你不懂的，我在找我的幸運物。」張偉忠說：「你什麼時候都有幸運物了？我怎麼不曉得？是什麼呀？」徐曉珂說：「一隻黑色的鋼筆也行，一個硬塑的筆記本也行，或者是金色的領帶夾。」張偉忠說：「為什麼呢？紅色鋼筆怎麼了？小型記事簿不好嗎？領帶夾也不一定都是金色的呀？」

徐曉珂叉腰說：「那怎麼行，跟我們主管用的不一樣啦」，看著張偉忠茫然的表情，徐曉珂說，「我最近注意到我們主管每次開會的時候手裡都會把玩一些小玩意，我猜啊，那肯定是他的幸運物。經過我多次觀察，黑色鋼筆、硬塑筆記以及金色領帶夾出現的頻率比較高，所以我決定也買一個來玩，沒準能沾沾主管的好運氣呢！」張偉忠聽完哭笑不得的說：「傻丫頭，那哪裡是什麼幸運物，開會時手裡總把玩東西說明你們主管很焦慮，我看你明哲保身離遠一點才是真的。」

如果不是張偉忠的提醒，恐怕徐曉珂還會一直誤解下去。當我們觀察到主管有這樣的動作時，首先我們要識趣的遠離「危險地帶」，不參與任何可能激發或者加重主管焦慮的事情，以免成為無辜的

「炮灰」；其次，可以在工作中留心觀察一下主管，或者跟和主管關係比較密切的同事聊聊天，看看是否能夠找到一些關於讓主管焦慮的蛛絲馬跡，找到線索之後，再巧妙的設計一些能夠讓主管發洩的途徑，讓主管舒心了之後，我們的事業自然也就會順風順水了。

☆重點請畫線☆

需要注意的是，就算我們解決了讓主管焦慮的問題，或者幫助主管找到了發洩的途徑，也不要跟其他同事提起或者炫耀，更不要在公司表現出自己跟主管的關係不一般了，這樣的動作只會引起主管的反感，找個藉口疏遠你，甚至是開除你。

簽名向上的主管，喜歡胸懷大志的下屬

在中國，筆跡又被稱為字相學，唐代文豪韓愈就曾說：喜怒窘窮、憂愁、愉逸怨恨、思慕、酣醉、無聊、不平、有動於心，必於書書焉發之。現代心理專家也認為，筆跡是人類大腦的寫作，透過筆跡可以看出此人的性格、智力水準和邏輯思維能力。懂得這個道理之後，我們就可以根據主管簽名時的筆跡特點來深入了解他。

一般來說，喜歡簽名向下的主管，大多喜歡居於人上，但是因為有些墨守陳規，所以多數比較適合守業，不太適合創業，他們比較喜歡遵循禮儀或秩序的員工；喜歡簽名向上的主管，都有很強的野

心，都很熱衷於追逐成功的這個過程，他們的簽名沒有拖拉或者消失的感覺，會一直繼續往前走，往上走，代表是一種積極、正面的自我形象，而這種性格的主管都習慣胸懷大志的下屬，因為只有這樣的下屬才能夠成為他開創事業的好幫手。

陶金英就職於一家中國一流的知名獵頭公司，她每天工作的任務就是為委託的公司尋找合適的人才。剛進入這個行業的陶金英沒有什麼經驗，只能用勤奮來彌補，她每天來的比別的同事早，走的比別的同事晚，有時週末也會來加班，但就是這樣努力的工作，一個月下來陶金英的業績還是少的可憐。

主管發現這樣的情況之後，就讓老員工張姐教一教她，張姐親切的把陶金英叫到身邊對她說：「工作不是光努力就可以的，還要講究方式方法。你有沒有看到我這裡的簡歷都是一堆一堆分類放好的？」陶金英點了點頭，張姐接著說：「老闆和員工之間不是說怎麼搭配都可以的，每個老闆都有自己獨特的個性和做事的方式，所以推薦給他們的員工也要符合他們的要求。」陶金英驚訝的說：「是說我要先去拜訪每個公司的老闆了解他們嗎？那樣時間來得及嗎？」張姐搖了搖頭：「那樣做效率就太低了，而且不是每個公司的老闆都會願意見你，跟你聊的，而且短時間的交談你很難看出他的性格。」

陶金英問：「那怎麼辦呢？張姐有什麼好方法？」張姐說：「可以看簽名的，委託我們的公司最後都會附上主管的簽名。簽名向上的主管喜歡有大志向的員工、簽名向下的主管喜歡循規蹈矩的員工。了解了主管的需求之後，你再去看人才的簡歷，透過他們的自我介紹了解他們，然後再對號入座，這樣成功率就會高很多。」聽了張姐的意見之後，陶金英的業績果然有了非常明顯的增長。

透過簽名可以了解自己主管的個性，當我們跟簽名向上的主管在一起做事情的時候，一定不要表現出偷懶、不上進、得過且過的態度，要對本職工作抱有很大的熱情，並且有不斷進取的野心。也許剛開始會覺得在這樣性格的主管手下做事很辛苦，因為他們會要求整個公司都高速運轉起來，但時間長了就會發現，這樣的工作環境不僅非常鍛鍊人，能讓員工在短時間內成熟起來，而且還能給予員工很大的發展空間，這樣的主管不會給員工太多的框架，只要你有能力，就會有施展的舞台。

☆重點請畫線☆

和這種主管相處的時候，要注意把握「胸懷大志」的程度，既不要給主管留下好高騖遠、脫離現實、不夠腳踏實地的感覺；也不要留下「天橋的把式，光說不練」，靠的全是嘴皮子上功夫的印象；

簽名很大的主管，最喜歡做表面文章

美國心理學家愛維認為：手寫實際是大腦在寫，從筆尖流出的實際是人的潛意識。中國古代也有「字如其人、識人不如相字」的說法，我們看一個人的性格，也可以看此人的簽名。而想要看清自己主管的性格，看簽名也是最快最有效的方式。

如果你的主管簽名時，名字寫的很小，說明他內心深處是自卑的，會因為害怕不能服眾而刻意做出一些比較偏激的事情；如果你的主管簽名時，喜歡把名字簽得很大，那他有自我膨脹的傾向，這類人十分注重表面，希望別人只記得他的外表，做事也最喜歡做表面文章，而不注重實質。

董雪畢業後初入社會，在某合資公司外貿部就職，不幸碰上一個喜歡做表面文章的主管。此人每次簽署檔案或是簽署合約的時候，總是喜好把名字簽得很大，而且這位主管好像也只喜歡會做表面文章的下屬，像董雪這樣靠實力說話的員工，根本不能得到他的青睞。

和董雪一起進入公司的還有薛東，他最擅長在主管面前表現，每天下班後，他總是會像模像樣的跟著大家加班。因為都是剛進公司，所以他和董雪暫時只能負責一些整理資料的工作，主管沒下班之前，薛東會把要整理的資料堆的滿滿一桌，然後埋頭敲鍵盤，主管下班之後，他馬上把資料收起來，玩一會網路遊戲確定老闆不會回來他就下班了。

一次，公司的資料整理出了一些問題，主管把董雪和薛東叫到辦公室，讓他們以後注意一些，薛東聽完馬上跳出來說：「主管，真的很抱歉，可能是我太貪心了，總想多整理一些，再多整理一些，可能最後精力有些跟不上了。」主管聽完讚許的點點頭，對董雪說：「你平時也要多分擔一些工作，不要把壓力都推給別人。」董雪很委屈的說：「我也很認真、努力的在整理。」主管說，「我每天看薛東桌上都是滿滿的資料，你的卻不是，這就說明你的工作態度有問題。」

董雪從辦公室出來後，越想越委屈，就跑到休息室去擦眼淚，正好被進來倒咖啡李姐看見，李姐是公司裡頗有威望的老員工，對於這個腳踏實地的女孩子很有好感，她問董雪：「怎麼了？主管說你什麼了嗎？為什麼哭了？」董雪把剛剛發生的事情從頭到尾敘述了一遍，李姐聽了很是生氣，本來她對新來的薛東印象就不好，每次看到主管前腳走他就後腳下班的情形就氣不打一處來，這次更是生氣，於是她給董雪想出了一個辦法⋯

董雪找到主管，主動表示自己不願意扯薛東的後腿降低工作效率，希望能從最基層做起，列印些檔案，聯絡一下客戶什麼的，主管想想也同意了。半個月後，應該是上交資料的時候了，主管找到薛東要資料，薛東一臉訝異的看向隔壁的董雪，他知道董雪每天都會加班工作到很晚，難道她還沒把資料整理出來嗎？董雪對此視而不見，面對主管的逼問，薛東吱吱唔唔不知道該怎麼辦，主管質問到：

「你不是每天都加班嗎？怎麼會整理不完呢？」見再也敷衍不過去的薛東只好實話實說，最後被氣憤的主管炒了魷魚。而董雪雖然出了口氣，但是也不願意在這種主管手下工作，沒多久就辭職了。

應該說，董雪最後的做法並不明智，雖然主管喜歡做表面文章，但也不是是非不分，否則他也不會氣憤的開除薛東，只要董雪堅持做下去，用工作成績說話，相信她會得到主管的賞識的。

當我們遇到簽名很大的主管時，要尤其注意做事情的方式方法，抓住他喜歡做表面文章的特點，把可以露臉、獲得掌聲和榮譽的機會都讓給主管，並且事後不要表現的十分明顯，也不要認為主管會因為你某幾次的「小恩小惠」就對你另眼相待。滿足主管的虛榮心只是為你前進的道路增加了些許有利因素，但是想要成功，想要做好事情，還是要靠自己腳踏實地的努力。

☆重點請畫線☆ 主管可以喜歡做表面文章，但是我們不可以，做事情還是要講究實際效果、實際效率以及實際速度、實際品質和實際成本，這樣才能又快又好的做好事情。

主管邊說話邊大口抽菸，可能遇到了難題

察言觀色是做好事情的條件之一，當主管一邊說話一邊抽菸的時候，我們就要明白，也許他遇到什麼難題了。

王一璐是一個部門經理的助理祕書，有一天，部門經理把她叫進了辦公室，剛一進屋，王一璐就

看到了滿屋繚繞的煙氣，部門經理坐在椅子上，大口的抽菸，他對王一璐說：「告訴所有部門員工，今年的獎金取消了。」「啊？為什麼？」王一璐驚訝的問到，「你就這樣說就可以了」部門經理皺緊眉頭又抽了一口。王一璐說：「如果我知道原因的話，也好想辦法跟員工解釋一下呀，畢竟下一屆的經理選舉就要開始了，您不能在這個時候失去民心啊。」部門經理想了想說，「是我有一件事情做的不好，總經理要扣發所有人的獎金以示懲處。」王一璐聽完就出去了。

她沒有馬上告訴其他人這個消息，而是走到一邊自己想了一下，才說：「今年大家的獎金都被取消了。」大家一聽這個消息頓時譁然了，馬上有員工跳出來說「為什麼？我們辛辛苦苦工作一年，也沒有做錯什麼事情，為什麼沒有獎金？」此言一出，立刻有人附和「對呀，對呀，憑什麼？」，這時有個腦筋轉的快的員工說：「不會是經理做錯什麼事，我們被連帶處罰了吧？」

王一璐說：「確實是經理不慎出了些差錯，但他被批評的時候極力為大家據理力爭，要求總經理只處分他自己而不要扣大家的獎金。」聽到這裡，情緒有些激動的員工冷靜了下來，王一璐接著說：「經理從總經理那裡回來很難過，表示一定想辦法把大家的損失透過別的方法補回來」，聽到這些，員工對經理的怨恨消了一半，王一璐又說：「我們是一個團隊，一個團體，平時我們犯錯誤的時候經理都會站出來和我們一起承擔，這次也請大家體諒經理的處境，齊心協力，把公司業務搞好。」

按說王一璐並沒有義務去調節這件事情，但她的做法確實讓經理脫離了困境，不僅獲得的員工的諒解，還避免了可能會失去民心的問題。王一璐能夠在經理遇到難題的時候挺身而出，經理自然對王一璐另眼看待，不久她就加薪了。

工作中，我們不要把主管看做高高在上的「神」，我們要明白，主管也是普通人，也會有遇到難題束手無策或者進退兩難的時候，這時我們千萬不要站在主管的對立面，在那裡嘀嘀咕咕甚至做些落井下石的行為，這樣做會給你未來的事業發展埋下很大的隱患。

明智的做法是，當主管遇到問題的時候，要勇於站出來替主管分擔。主管看到在自己困難的時候你站到了他這一邊，會對你產生好感，甚至會把你視為知己。也許你會覺得，他是主管，我是員工，我們之間怎麼可能有私人情感上的交集。其實不然，主管和員工之間的關係是非常微妙的，可以是普通的上下級關係，也可以是朋友甚至是知心好友的關係。雖然主管和員工因為身分不同所以想要在私人情感上有交集比較困難，但只要我們在正確的時間做出正確的選擇——比如在主管遇到困難時站在他一邊幫助他，你們之間心理上的隔閡就會消失，而當你一旦和主管的關係發展到朋友甚至是知心朋友的層次，你離晉升之日已經為期不遠了。

如果你認為自己沒有那麼大的能力幫助主管解決問題，那麼最起碼要藉機多觀察一下主管抽菸時的動作，多了解他的性格，為將來做事情爭取主動權做準備：一般來說，把煙夾在食指和中指後端的主管大多比較理性，做事的原則是安全第一，不會用公司的前途去冒險，每次做決定之前都會再三斟酌；把煙夾在食指和中指前段的主管是天生的外交家，他們思維敏捷、口才頗佳、容易相處，但是性格比較急躁，容易受到外界環境的影響；蹺起大拇指抵住下巴食指與中指夾住煙的主管是典型的實踐家，他們意志力堅強，能夠承受較大的壓力，但是不善於表達，想和這種類型的主管相處，需要花費一些時間。

☆重點請畫線☆ 雖然主管的個性都大不相同，但是有一點都是相同的，他們都喜歡腳踏實地的員工，喜歡能夠跟自己共進退的員工。

站起來和你交談，說明你表現不錯

通常，上級和我們交談的時候，都是坐在椅子上的，而作為下屬，我們常常只能站著和上級交談；遇到比較友好的上級，他們與下屬交談的時候，也只是讓下屬坐在自己的對面。如果有一天，你發現你的上級突然站起來和你交談，這就說明你最近的表現不錯，或是你做了什麼事情十分讓他滿意。

麗娟是一家大公司的文祕。一次，經理打電話叫麗娟去辦公室。麗娟敲門進去之後，經理坐在椅子上交待給了她一項任務——讓她根據自己的筆記，準備好下一階段的業務進展曲線圖表。因為下週董事長會來視察工作，而這份曲線圖表正是要交給董事長審閱的，所以經理十分在意這份圖表。本來經理是想自己做這份圖表的，但無奈工作太忙碌，下午馬上要到外地出差，等回來再做圖表，時間就已經來不及了，於是再三叮囑麗娟要按照自己的筆記去做。

但是，麗娟起草圖表時，卻發現了問題，由於經理的疏忽，那份工作筆記中有一個明顯的漏洞，如果聽從經理的囑咐，按照筆記繪製圖表，那麼圖表肯定是錯誤的。但是不按照經理的筆記繪圖，又違背了經理的意思。麗娟十分為難，本想向經理說明這一情況，但是此時經理已經到外地出差去了，於是只好自己拿主意。

經過一番思想鬥爭，麗娟決定不按經理的吩咐完全按照筆記去繪製曲線圖表，而是查閱了大量的資料，改正了這一錯誤，並繪製出正確的曲線圖。等經理從外地出差回來的時候，麗娟向經理說明了這一情況。正巧董事長此時正在辦公室等著經理，於是經理並沒有說什麼，而是急匆匆的去董事長辦公室了。

麗娟以為此事就這樣結束了。沒想到第二天，經理竟然親自把麗娟叫到辦公室裡，並且站起來和麗娟聊了很久。後來，因為經理十分感謝麗娟及時發覺了他的疏忽，覺得她這次表現得非常不錯，而且麗娟平時工作中又十分認真、努力，便讓她擔任了自己的助理。

透過經理和麗娟交談的方式，我們可以看出經理對麗娟態度的轉變。一開始，經理交代麗娟工作的時候，只是打電話把麗娟叫到辦公室，並且坐在椅子上和麗娟交談，上司和下屬的區別，一眼就可以看出來。而麗娟說明經理修改了筆記中的錯誤之後，經理卻親自把麗娟叫到辦公室裡，並且站起來和麗娟交談了很久。從這一變化中，我們可以看出，經理一開始只把麗娟看成是一個普通的員工，並沒有特別器重她。後來麗娟及時發覺了經理的疏忽，並幫其改正之後，經理認為麗娟表現得非常不錯，開始器重她、提拔她當自己的助理。可見，上司對自己的態度，我們完全可以從他與我們交談的方式中看出。

生活中，願意站起來和你交談的人，可以分為兩種：第一種是處在和你平等的位置上的人，因為社會地位相同或是不相上下，所以與你交談的時候也站在平等的位置上；第二種人的社會地位高於你，或是職位在你之上，如果此類人願意站起來和你交談，和你處在平等的位置上，就說明你表現得不錯，而他十分欣賞你。

工作中，如果你有一個從不會誇獎你的主管，也沒有必要覺得沮喪，因為他不誇獎你並不是因為你沒有值得誇獎的地方，而是因為這位主管本身個性決定就是這樣，這時，我們便需要表現得聰明一些，多多留心主管與我們談話的方式，如果他總是站起來和我們交談，這其實也是一種誇獎，一種肯定。

☆重點請畫線☆

除了站起來交談表示一種誇獎之外，倚著牆或靠著東西與你說話的人，可能是不太欣賞你；一邊和你交談一邊忙別的事情的人，大多並不重視你，這時我們就要根據當下的具體情況來做出相應的反應，不要視若無睹一意孤行。

第九章　三餐飲食，吃出人情味

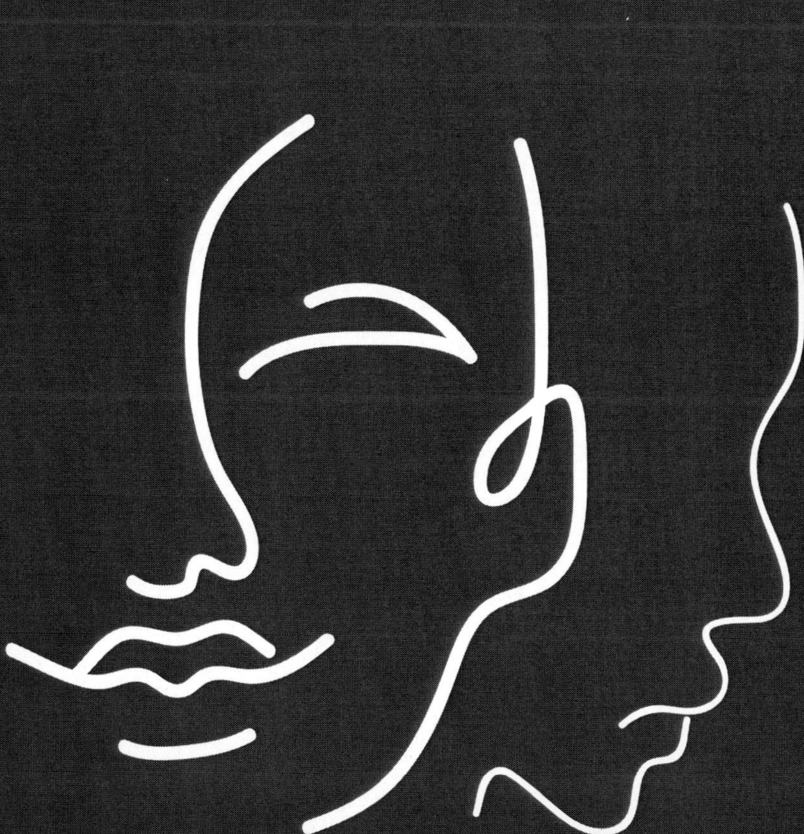

不喝酒的男人，比較理性

如果以酒識男人的話，那麼男人大抵可以分為四種：第一種男人酒量很大、千杯不醉，這類人通常很善於交際，能夠很輕易的結交到朋友；第二種男人酒量不大，通常一喝酒就會醉，但偏偏還迷戀杯中物，這類人比較感性，做事十分衝動，不計後果；第三種男人不輕易喝酒，除非是因為工作上的應酬，或是朋友相聚不得不喝，這類人做事比較有原則，但也能兼顧每個人的感受；第四種男人不喝酒，並非因為不會喝酒，而是不喜歡喝酒，這類人通常比較理性，遇事不慌不忙，能夠很快冷靜下來，並且時刻充滿解決事情的自信和勇氣。相較之下，第四種男人更加具備做好事情的能力，而成功也更多青睞此類男人。

郭世偉和李國慶是好友兼同事，兩人雖然交情很深，但是李國慶從來沒有見過郭世偉喝酒，即使是多年不見的老友聚會，或是工作中必要的應酬，郭世偉都是滴酒不沾。每次遇到朋友或是客戶極力勸說，郭世偉都能四兩撥千斤的推脫開，從沒為了誰破例喝過酒。

工作中，因為郭世偉不喝酒，所以陪酒的工作基本都落在了李國慶的身上。李國慶喝酒很有一套，雖然到最後自己常常喝得不醒人事，卻讓客戶覺得十分盡興，然後再由郭世偉出馬，清醒而理性的和對方談合作，不僅在酒桌上就能把合約簽了，還總是能夠為公司爭取到盡可能多的利益。為此，同事們都說他們是最佳搭檔。但是也有同事為李國慶叫屈，說之所以能夠談成合作，都是因為李國慶陪客戶喝酒的功勞，酒喝好了，自然合約就簽了，而郭世偉只是配角，起不到什麼作用。

一次，上司把一個姓張的大客戶交給郭世偉和李國慶招待。本來約好了晚上請客戶吃飯，但是李國慶臨時有事去不了了，郭世偉只好獨自赴宴。吃飯的過程中，郭世偉雖然沒有喝酒，卻也順利的拿到了一筆大訂單。

事情是這樣的，張先生本來也是極力要勸說郭世偉喝酒，但是郭世偉婉拒道：「張先生，喝酒並不是我的強項，如果我喝多了，很有可能耽誤您的時間。不喝酒，我們才能理性地談合作意向，才能使雙方獲得更多的利益。」張先生聽後頓時覺得郭世偉十分真誠，便心生好感。在之後的交談中，郭世偉表現得十分理性而自信，把合作對於雙方的好處條理清晰的一一例舉出來，使張先生認為這是一次雙贏的合作，而為了共同的利益，張先生爽快的簽了合約。

回到公司以後，同事們都對郭世偉能夠滴酒不沾就簽下合約的行為佩服不已，就連以前認為郭世偉只是配角的人，也對他刮目相看。

郭世偉是一個滴酒不沾且十分理性的人，這一點從他婉拒他人勸酒，以及他獨自赴宴時的那種從容中都能夠看得出來。之前，有同事說郭世偉只是個配角，談成合約完全是依靠李國慶陪客戶喝酒的原因，但是細想之下，這種說法是十分沒有依據的。試想一下，如果是李國慶獨自陪客戶應酬，大家興起之下推杯換盞，很有可能在進入正題之前就已經喝多了，這樣自然沒有辦法簽成合約；而郭世偉單獨赴宴，卻可以滴酒不沾，憑藉理性的分析說服對方簽下合約。相比之下，當然是郭世偉做事的辦法技高一籌。

在一般人的印象裡，能喝酒的男人，通常比較豪爽，也覺得只有這樣的男人才算得上是真正的男子漢。但在現實生活中，喝酒誤事的例子卻屢見不鮮，酒後駕車也給了我們很多血的教訓，如此看來，喝酒未必是一件好事，更加不是男子漢的標誌。這就好比騎白馬的不一定是王子，也有可能是唐僧一樣，迷戀杯中物的不一定是真男人，很有可能是酒鬼。相比之下，不喝酒的男人，通常比較理性，溫和而含蓄，自信且勇敢。他們善於分析事情的利弊，能夠以最快的方式應對突如其來的變化，並且能夠理性的達成目的。所以，做事情並不一定要喝酒，只要能與其達成共識，自然就能水到渠成了。

☆重點請畫線☆

很多人對感性人的印象是不理智，很容易感情用事甚至是無理取鬧，而理性的人則又理智又有智慧，所以大多數人都願意接受理性的人。但這些人卻忽略了，太理性的人做任何事情都是一板一眼的，不容許自己和他人犯錯誤，所以跟他相處或者共事壓力會很大。而感性的人雖然有時會有些「過度熱情」，但是他會考慮身邊人的感受，能同情、諒解、包容別人。

所以，不要極端的認為感性的就一定不好，理性的就一定好；或者理性的一定不好，感性的一定好。任何事物都是有兩面性的，性格也一樣，關鍵就在於你做事情的時候能不能挑選對自己有利的方面，僅此而已。

吃自助餐，拿很多卻吃不了人比較貪婪

為了能夠享受一頓饕餮盛宴，為了充分滿足味蕾的需求，為了吃到更多種類的美食，為了免去點餐的麻煩，我們往往會選擇去吃自助餐。和親人或是朋友一起去吃自助餐，絕對是一種享受，但你知道嗎，從吃自助餐的一些習慣中，也能看出一個人的性格。

比如，每次取用很少的人，往往比較容易滿足，他們大多比較細心，對任何事情都會計算一番；而拿很多卻吃不了的人，往往比較貪婪，工作中，他們也是喜歡多占便宜，屬於處處為自己爭取利益的那種類型。

周若珀在一家銷售公司做業務代表，因為工作量較大，所以公司給每個業務代表只安排一個地區的業務，然後按照銷售量提成。

周若珀剛到公司任職的時候，就要求經理把區域最大的一個地區業務交給她負責。經理覺得這個新來的職員主動要求負責大的區域，一定是個十分有上進心的人，所以高興的答應了她的要求。但是，因為周若珀剛剛接觸這個行業，不僅沒有經驗，也沒有什麼人脈關係可以利用，所以業績一直不是很高。經理也看出周若珀的力不從心，想要幫她調換一個小一點的區域，雖然賺得會少一點，但是工作量也少很多，相對輕鬆一點，但是她卻十分不願意，婉言回絕了經理的好意。

就這樣，到了年底，公司組織聚餐。因為公司員工很多，聚餐的地點就定在了一家自助餐廳。很多同事都怕吃不了那麼多，所以一次只拿很少的一點食物，吃完了就再去取餐。但是周若珀不同，她一次性拿了很多食物，但是因為食物太多，沒有及時吃的那些都慢慢變涼了，到最後周若珀根本吃不下去，只好剩在那裡了。

公司聚餐，當然不僅僅是為了吃飯。聚餐的過程中，老闆給每個員工按照業績發了年底的分紅，看到別人的紅包比自己的厚上許多，周若珀十分眼紅。等到上班之後，周若珀找到經理，說：「經理，請您讓我再多負責一個區域吧。」

經理很驚訝的說：「可是你現在負責的區域工作量已經很大了，你幾乎都忙不過來，而且業績並不是很好，如果再讓你多負責一個區域的銷售，你肯定吃不消的。」

「沒關係的，我就是覺得業績不好，才希望更加努力工作……」最終，經理經不住周若珀的軟磨硬泡，又把另一個區域的銷售工作交給她負責，但是周若珀的能力實在是有限，以前的一大片區域已經使她不堪重負，又加了新的工作，結果可想而知。周若珀不僅業績沒有提高，反而因為急於求成而把兩個區域的業務都耽誤了。

周若珀無疑是貪婪的，不僅在吃自助餐時喜歡多吃多占，一次性拿很多食物，在工作中她也是一樣的貪婪，這種貪婪不是體現在工作能力上，而是體現在金錢上，當看到別的同事比她拿的錢多時，她不顧自己能力的極限，盲目要求多負責一些區域的銷售，希望能夠增加業績，結果適得其反，不僅本來負責的那個區域沒能做好，新接手的區域的銷售量也被耽誤了。

生活中，當我們與同事或是朋友一起享受自助餐的同時，也應該留心觀察一下他們吃自助餐的習慣，如果對方也是那種拿很多卻吃不了的人，我們一定要有所警惕和預防，以免成為他們貪婪之心下的犧牲品。

在工作中，貪婪有時也並不是一件壞事，因為貪婪可以激勵我們努力做事，成為我們做好事情的動力。但是，如果一個人貪婪無度，最終只會被物質欲迷住雙眼，再也逃脫不掉金錢的誘惑。而充滿物質欲望的人，會失去謹慎、細心、無私等很多優秀的特質，這對做好事情是十分不利的。

☆重點請畫線☆

當我們遇到此類人時，即使與他們還沒有利益上衝突，也一定要遠離、迴避，因為總有一天，屬於你的利益會變成此類人眼中美味的「蛋糕」。而如果與這樣的人一起共事的話，我們就一定更要多加小心了，因為貪婪的人為了獲得利益，往往是不擇手段的。

先細細咬、慢慢嚼，這樣的人小心謹慎、處事鎮定

老一輩人常說吃飯要細嚼慢嚥，這是因為他們怕晚輩吃飯時囫圇吞棗消化不好，通常晚輩對這種話都是左耳進右耳出，但是也有人天生就喜歡細嚼慢嚥，他們吃飯時會先細細咬、慢慢嚼，不緊不慢，不慌不忙，這類人大多性格內向，有一定的文化修養，為人小心謹慎，處事鎮定，不論什麼時候都不慌不忙，顯得沉穩成熟，老練持重。

張慧恩是個慢性子，做什麼事情都比較慢。比如家人吃飯半個小時就能吃完，但是她往往要花費一個多小時才能吃完。在公司吃工作餐的時候也是這樣，午休有兩個小時，別的同事吃完飯還可以一起聊天，或是休息一下，而張慧恩的午休時間基本都用來吃飯了。

張慧恩不僅吃飯慢，工作的時候也比別人慢，但這樣的性格，卻十分適合她所任職的會計工作。公司每個季度都會做一次帳目盤點，盤點工作主要由張慧恩和另一個會計小劉負責。但是兩人合作了幾次之後，小劉覺得張慧恩做事慢吞吞的，便不願意和她一起盤點，於是提出把盤點工作分成兩個部分，一人負責一半。

從此，帳目盤點的時候，兩個人各司其職，互不干涉。轉眼又到了季度盤點的時候，小劉很快就能結束自己手中的盤點工作，並提前交到了經理手中，經理自然要誇小劉辦事有效率，小劉為此沾沾自喜了很久。而張慧恩看到小劉完成工作了，並得到了經理的誇獎，依然我行我素，不緊不慢的仔細對帳，沒有一絲一毫緊張的表現，每筆帳務核對的都十分小心謹慎。等到完成手裡的工作時，已經是三天以後了。

帳目盤點結束以後，還要由經理負責再對一次帳，這次小劉不僅沒有得到誇獎，反而被批評了一頓。原來，小劉雖然很快就完成了工作，但是錯誤一大堆，而張慧恩雖然慢一些，卻絲毫沒有差錯。而作為一個會計，效率固然重要，但最需要的是小心謹慎、鎮定穩重的性格。經理認為張慧恩比小劉更加適合會計工作，便決定以後由張慧恩全權負責公司的帳目，而讓小劉給張慧恩當副手。

工作中，如果你是個急性子，看到別人做事慢吞吞的，心裡一定覺得十分著急，想要催促此人快點做好事情。但要知道，急於求成的結果，往往是做白功，不僅不能做好事情，反而耽誤了時間。

事例中，張慧恩和小劉就是一對鮮明的對比，小劉是個急性子，看不慣張慧恩做事慢吞吞的樣子，於是提出兩人各司其職，各負責一半工作。雖然小劉比張慧恩完成的時間早，但是卻有很多錯誤，讓經理十分生氣，而張慧恩做事比較謹慎，雖然小劉提前完成了任務，她卻能穩下心來仔細對帳，沒有絲毫差錯，這樣的結果當然更能得到經理的青睞。所以，當我們做事情的時候，沒有必要一味的追求速度，更要顧及是否能夠做好，因為即使完成的再快，沒有做到位，也是白費功夫了。

當然，想要做好事情，除了小心謹慎，還需要處事鎮定。因為工作中隨時會有突發情況出現，如果一遇到事情就先慌了手腳，自然沒有辦法完成後面的工作。而張慧恩就表現得很好，她在看到小劉提前完成了工作，並得到經理的誇獎之後，依然能夠鎮定自若的工作，就足以說明她是一個有應變能力並且十分沉穩、鎮定的人。

與此類人一起共事，我們大可以對其工作能力放心，因為即使他們做事慢了一些，卻能夠小心謹慎的將每件事情做好，不會毛躁馬虎的做錯事情。如果我們有這樣的下屬，也可以放心的放權於他，因為此類人不僅小心謹慎，成熟沉穩，處事鎮定，凡事都能做到有條不紊，小心謹慎，還具備臨危不亂的鎮定特質，是值得信賴的下屬。

☆重點請畫線☆

如果我們總是改不了毛躁的性格，或者總是因為大意而做錯事情，那麼不妨嘗試一下放慢吃飯的節奏，因為小細節也能潛移默化的改變我們的性格。而與此類人一起共事的時候，我們應該多聽從他們的意見，這樣做事才能更有效率。

咬一大口，這樣的人不拘小節、性格豪爽

與吃飯喜歡細嚼慢嚥的人相反，吃飯喜歡咬一大口，並且吃飯速度很快的人，往往是個急性子。看他們大口大口的吃飯，感覺好像很餓，其實他們吃飯的目的通常只是為了填飽肚子，不注重享受飯菜的美味，所以希望趕緊吃完做其他事情。

這種人大多性格急躁，不拘小節，性格豪爽，辦事風風火火，有很強的時間觀念，喜歡追求目標，不在意過程，往往能夠很快的達到目的。

王玉冰是個急脾氣，做什麼事情都追求速度，因為她自身性格不喜歡受到拘束，所以並沒有選擇在公司任職，而是自己開了一家特色商店，專賣情侶禮品。

一次，一個二十歲左右的男孩來到店裡，先是左顧右盼一番，好像在找什麼東西，環顧一圈之後，目光直直定在一處，看得出來十分中意，但是看了標價之後，男孩便有有些黯然。就這樣躊躇了一陣子，男孩轉身準備離開。

這個男孩的異常引起了正在大口吃飯的王玉冰的好奇心，於是在男孩快要離開商店的時候，王玉

冰停下筷子開口叫住了他：「你是不是喜歡那個情侶戒指啊？」王玉冰指著男孩剛剛看過的精緻盒子問道，裡面赫然擺著一對造型新穎的戒指。

男孩支支吾吾的說：「是喜歡那個。可是……可是……」

王玉冰的急脾氣又上來了，他就看不得別人說話吞吞吐吐：「可是什麼，你一個男子漢，說話幹嘛吞吞吐吐的。」

「我在大學裡交了一個女朋友，可是我們馬上要畢業了。畢業之前，我想送她一個有紀念意義的禮物，讓她能夠等我事業稍有成就的時候……」男孩邊說著臉又紅了起來。

「哦，原來是想送個定情信物。」王玉冰了然：「是不是價格貴了，其實我也不賺錢，這個情侶戒指賣的就是一個創意，自然比較貴。你要是真喜歡，就先拿走，畢業賺了錢，再還給我。」王玉冰爽快的說。

男孩被王玉冰的豪爽所感染，約定先拿走戒指，以後一定加倍奉還。王玉冰無所謂的擺擺手，沒過幾天就把這個事情忘了。

後來，王玉冰店裡的顧客突然多了起來，王玉冰十分納悶，幾經打聽之後才知道，那個男孩把這件事情發到自己的微薄上，很多他的朋友和同學看到後都來這家店裡光顧，有的人是想來看看豪爽的老闆，有的則是想買有特色的禮品。反正自此以後，王玉冰的店知名度越來越高，生意也越來越興隆，而那個男孩也在一段時間後如約付了戒指的錢。

生活中，有的人覺得豪爽而不拘小節的人很傻，因為這類人往往會輕信別人，很容易上當受騙。比如王玉冰，他根本不認識那個男孩子，如果那個男孩拿了戒指卻再無音訊，王玉冰不是白白損失了嗎？但是反過來想，如果我們把王玉冰的豪爽當作是一種投資，那麼只要有一個人被他的豪爽所打動，她就會獲得一次成功的機會。事例中，正是王玉冰豪爽的性格為她招來了貴人——那個靦腆的男孩，他幫助王玉冰的店做了宣傳，使得王玉冰的商店客流如雲，生意興隆。

民間有句俗語，「朋友多了路好走」。無論是生活中還是工作中，多一個朋友，往往就多一次機會，多一條通向成功的道路。不拘小節而性格豪爽的人，最容易結交到朋友，而且他們並不是表面上看起來那般只會愚鈍的吃虧，其實是大智若愚的表現，他們能夠利用自己性格豪爽的「資源」，開發更多的貴人，為自己的成功鋪路。

☆重點請畫線☆

這類不拘小節而性格豪爽的人，往往比較慷慨和大度。如果我們身邊有這類人，無論他是我們的朋友或是同事，我們都不要因為其慷慨的個性，就屢次想要從這類人那裡得到好處，因為朋友是要互相幫助、互利互惠才能持久的。面對總想得到而不想付出的人，再豪爽的性格，也會有忍受不了發怒的一天。與其等到那時候撕破臉，不如一開始就相互給予幫助，這樣才能合作雙贏，才能做好事情。

喜歡吃大米的人，經常自我陶醉，孤芳自賞

我們常說南方人喜歡吃大米，而北方人喜歡吃麵食，那是因為南方適合種水稻，而北方適合種小麥，加之以前交通不便利，無法互通有無，所以南方人多吃大米，而北方人多吃麵食。

但是在交通發達的今天，喜歡吃大米還是喜歡吃麵食，已經不再受到所處的地理環境的影響。如果在大米和麵粉同樣充足的條件下，更加喜歡吃大米的人，則表明他比較高傲，經常自我陶醉，孤芳自賞。

莫曉茂初到一家大公司上班，因為她本身長得漂亮，為人熱情，加之學歷也高，所以很快就和同事們熟絡起來。但是日子久了，同事們就有些不喜歡莫曉茂了，大家都覺得她雖然對人對事處理得都比較得體，也比較會通融，但是太過自戀，總是自我陶醉，孤芳自賞。

轉眼間，莫曉茂在公司任職一年多了，因為業績不錯，形象也好，所以被提升為前台主管。升職的那天，莫曉茂請同事們吃飯。飯桌上，大家點菜之餘，還點了一些精緻的麵食，但是莫曉茂卻對麵食沒有興趣，而是要了一碗米飯。

吃飯的過程中，莫曉茂因為升職了，大家難免恭維一番，但莫曉茂絲毫不謙虛的態度，使得大家心裡有些反感，但是礙於面子，誰也沒有打斷她的自我陶醉，只是在心裡多了一分不耐。

升職以後，莫曉茂更加自以為了不起，覺得自己是高高在上的，而其他人都應該成為自己的陪襯。

不久，公司來了一個新員工丁若水，經理讓丁若水做莫曉茂的副手，並讓莫曉茂負責安排她的工作。莫曉茂雖然表面高興的答應了，但是心裡卻十分不喜歡丁若水，她覺得自己工作能力這麼強，根本不需要一個副手。同時她對丁若水也十分不在意，覺得自己這樣優秀，而丁若水哪一方面都不如自己，怎麼會被這樣一個新來的員工比下去呢！

有一天，一個大客戶要來公司參觀，布置和接待的任務自然落在了莫曉茂的身上。但是莫曉茂一向眼高於頂，自以為了不起，所以根本沒有為接待做過多的準備，對客戶也不了解。等到客戶來公司的時候，莫曉茂甚至連對方的姓名都不知道，顯得十分狼狽。這時丁若水卻主動而親熱的招待對方，給對方留下了很好的印象。

經理知道這個事情之後，認為莫曉茂十分孤傲，不適合做這份工作，便讓丁若水接替了前台主管的位置。

莫曉茂的缺點就是太喜歡自我陶醉，經常盲目的孤芳自賞，忽略了天外有天、人外有人，而正是這樣的態度讓丁若水有了表現的機會，最終接替了她的位置。試想一下，如果莫曉茂不是那麼的盲目自信，自我陶醉，也不至於在接待大客戶的時候連對方的姓名都不知道。再如果，莫曉茂不是這樣盲目的自我欣賞，過高的評價自己，也不會這樣大意的看輕丁若水，從而讓丁若水有了表現的機會，最終頂替了自己的工作。

經常自我陶醉而孤芳自賞的人，往往自負而高傲，這類人在工作中通常表現得眼高於頂、不可一世，認為別人都沒有自己有能力，自己是最優秀的。而事實往往不那麼樂觀，現實是，社會上有能力的人多如過江之鯽，盲目自滿而不思進取的人，最後只能被社會淘汰。因此，工作中，我們要時常保持警醒，不要盲目的自我陶醉，自以為是，這樣不僅不能做好事情，還會因為大意輕敵而讓對手有機可乘。

在人際關係方面，此類人雖然處事比較得體，接人待物都能夠表現得恰到好處，但是由於過於自負，因此喜歡獨立做事，互助精神比較差。如果與此類人一起共事，你就不必指望他會與你真誠合作了，因為他們往往會認為別的人能力有限，而不屑於與人一起做事。

☆重點請畫線☆

工作中，如果遇到這類經常自我陶醉、孤芳自賞的人，特別是當他們表現得十分自負，自以為了不起的時候，即使我們十分看不慣此人的作為，也沒有必要直言戳穿他的「美夢」，因為這類人往往十分驕傲，如果你表現出輕視的樣子，可能會讓他們從心裡嫉恨於你，這對於你做好事情是十分不利的。

喜歡吃辣的人，吃軟不吃硬

酸、甜、苦、辣、鹹，食品中的各種滋味都要靠我們去細細品味。沒有了五味，再好的食材做出的菜肴也是千篇一律的味道，只能讓人覺得味同嚼蠟。

不同的人，對五味的喜好也是各不相同的。比如有的人喜歡吃酸味，此類人通常比較孤僻，不善於交際，有很強的事業心，但因為遇事喜歡鑽牛角尖，很少有知心朋友；有的人喜歡吃甜味，此類人性格外向，熱情開朗，很善於交際，顯得平易近人，但往往比較任性，喜歡感情用事；有的人喜歡吃苦味，此類人極端自信，但又有些自私自利，言辭犀利，因此不被人所喜，也很難與人交好；有的人喜歡吃鹹味，此類人性格果斷、單純，愛恨分明，敢想敢為，並且做事認真努力，十分值得別人信任；而喜歡吃辣味的人，往往性格鮮明，吃軟不吃硬，遇事善於思考，比較有主見，但有時愛挑剔別人的小毛病。

烏查查喜歡吃辣，是典型的無辣不歡的人，和朋友一起去吃飯，也是喜歡去吃川菜，他就喜歡那種刺激的感覺，總覺得越辣的菜，才越有味道。如同他喜歡激烈的味道一樣，他自己本身也是一個性格激烈的男人。他個性剛毅，做事很有主見，即使在工作中，也很少能夠看到他在強勢面前服軟。

烏查查是一家公司的高級主管，在下屬眼中，烏查查儼然是一個讓他們又敬又怕的上司。下屬敬他是因為烏查查工作能力很強，在公司裡，烏查查的業績一直都很好，時刻扮演著中流砥柱的角色。下屬怕他，是因為大家都知道他是一位脾氣火爆的上司，不敢輕易得罪，即使有時候有什麼意見，也不敢向烏查查提議。

但是下屬小王卻例外，她只敬重烏查查，卻絲毫不怕他。這一點從每次例會上只有小王一個人敢對烏查查的決策提出反對意見就可以看出來。

烏查查主張每週一下午開一次例會，這樣是為了方便布置這一個星期的任務，並對上一個星期的工作做一次總結。例會上，雖然烏查查總要求大家說說自己的看法，以及工作中對他本人的看法，但是因為曾經有人出言不遜頂撞烏查查，而被烏查查開除了，所以大家都不願意多說話，只有小王敢於提出自己的意見。奇怪的是，烏查查一點不以為忤，反而常常採納她的意見，漸漸的，小王成為了烏查查的左右手。

原來，當烏查查先說出自己的看法的時候，小王無論是否認同，都會先表現出贊同烏查查想法的樣子，然後再委婉的提出修改意見或是好的建議，這樣柔和的態度，讓烏查查覺得很好接受，而且小王提出的意見往往比較中肯，所以通常都會得到他的認同。

工作中，我們有的時候比上司想得更加周到，有的時候辦事的方法更勝上司一籌，但是往往這些意見不會被上司所認同，就是因為我們提出意見的時候態度比較強硬，使上司心生不滿，為了維護自己的面子，或是為了顯示自己的能力在下屬之上，上司會故意不採納我們的意見。

事例中的小王就比較聰明，她知道自己的上司是一個吃軟不吃硬的人，如果自己態度強硬的提出意見，當著眾多下屬，烏查查這個做上司的一定不會採納自己的意見，還很有可能會疾聲厲色的批評自己。相反，如果能夠好言相勸，在認同烏查查的同時，委婉的說出自己的看法，提出一些好的意見，就比較容易被烏查查採納和認同。看清烏查查的這一特點後，小王自然能夠得到烏查查的另眼相看，成為他的得力助手。

工作中，無論是上司還是同事，與其共事的時候，都要先了解他的個性，讀懂此人的內心，這有這樣，在我們有不同意見的時候，才能用比較適合的方式提出來，從而容易讓對方接受，而不會產生不愉快。

☆重點請畫線☆

當我們遇到吃軟不吃硬的人時，一定不要妄想用強勢壓倒他們，因為他們絕對是「硬漢」，個性頑強，絕不會屈從於態度強硬者。而硬碰硬的結果，往往是兩敗俱傷。如果我們恰巧是這種人，在堅持原則的同時，也要適當的聽聽別人的意見，因為忠言大多是逆耳的，而直言相勸且不怕得罪你的人，往往是真正對你有所幫助的人。

愛吃麵食，能說會道、誇誇其談

很多人喜歡吃麵食，因為麵食鬆軟，並且可以有很多變化，能夠做出不同的吃食。比如有的人喜歡吃麵條，有的人喜歡吃餃子，有的人喜歡吃餡餅，有的人喜歡吃麵包，等等，但歸根結底，這些都可以算作是麵食。

生活中，喜歡吃麵食的人，也具備麵團的特性——可塑性強，能根據需要改變。此類人往往性格外向、開朗，能說會道，與人交往之時，喜歡誇誇其談，自我膨脹。

季雲鵬在一家公司做電腦技術員，因為公司有微波爐，所以同事們中午都省去了訂餐的麻煩，而喜歡帶飯。打開季雲鵬的飯盒，他每天不是吃餃子，就是吃烙餅，總之離不開麵食，久而久之，同事們都知道他鍾情於麵食。

在公司，季雲鵬的人緣不是很好，儘管他性格外向，平時對同事也十分熱情，但同事都不太喜歡和他交往，更不願意和他一起聊天。因為技術員是靠知識和實力證明自己的，但是季雲鵬的實力卻是靠「說」的，是一個十足的「狗掀門簾」。他動輒就誇誇其談，喜歡向別人炫耀自己的能力，但等到工作的時候，卻沒有那麼威風八面了。

季雲鵬還有一點讓大家十分不喜歡，那就是他依仗自己能說會道，總喜歡拍經理的馬屁，雖然沒什麼真本事，卻能得到經理的青眼，這讓同事們心裡十分不平衡，所以更加不願意理季雲鵬了。

一次，一個客戶將一台無法開機的電腦送到公司來修，檢測人員檢查了半天，也沒有看出是哪裡出現了問題，於是大家都聚在一起討論。季雲鵬平時最是能說會道，便也加入了討論的隊伍中，一下子說：「我覺得肯定是主機有問題」，一下子又說：「一定是硬碟壞了，才不能開機」。

大家討論了很久都沒有結果，看著眾人愁眉不展的樣子，季雲鵬便誇誇其談起來，說：「以前我遇到過比這嚴重得多的情況，什麼硬體問題讓系統無法啟動啦，什麼電源故障啦，這種小問題根本不在話下。」大家一看季雲鵬信心滿滿的樣子，便把電腦拿給他修。豈料季雲鵬只是想過過嘴癮，心裡根本沒有底，不知道這台電腦到底是哪裡出來問題。結果把電腦拆來拆去，修了一下午，也沒修好。

工作中，像季雲鵬這樣的人有很多，他們往往能說會道，喜歡誇大自己的能力，即使根本不會做的事情，或是從沒有遇到過的情況，也假裝鎮定的說自己曾經經歷過，並且能夠很好的解決。但這類人只是嘴上功夫厲害，真做起事情來，就沒有說話時那種氣勢了。

故事中的季雲鵬之所以不被同事們所喜歡，就是因為他喜歡誇誇其談，總是向別人炫耀自己，而本身又不具備自己所說的那種能力，這就會給別人一種浮誇的印象，讓大家覺得此人不夠踏實，自然不放心把事情交給他做。而同事們之所以讓季雲鵬修那台電腦，也有兩個原因：其一是大家真的不知道電腦出了什麼問題，找不到癥結，自然修不好，而季雲鵬主動說自己能夠修好，當然把這個「燙手的山芋」扔給季雲鵬了；其二，是因為大家看不慣季雲鵬總是誇誇其談的樣子，在季雲鵬說能夠修好這台電腦的時候，可能有的同事已經知道他是在炫耀了，而讓季雲鵬去修，無非是想看他的笑話。與同事之間相處成這樣，也算是季雲鵬的失敗了吧。因為同事本來是和你一同共事，一同解決問題、完成任務的人，而別人都不願和你合作，甚至想看你出醜，自然是因為此人不會做人、不會做事的緣故。

工作中，我們一定要吸取季雲鵬的教訓，不要對著同事或是上司誇誇其談，不懂裝懂。因為誇大自己的能力之後，雖然暫時會得到上司的器重，會令同事羨慕你的才能，但名不副實的誇大自己的能力，往往會產生嚴重的後果：比如會讓同事嫉妒，在有困難的時候沒有人願意伸出援手；比如讓上司認為你很有能力，交給你任務之後，你卻不能完成，他會把你的行為當作是一種欺騙，從而對你產生厭煩心理。如此看來，與其誇大自己的能力，不如踏踏實實更能做好事情。

☆重點請畫線☆

當我們遇到那種像麵團一樣，隨時準備自我膨脹起來的人，只要看清他喜歡誇其談、誇大自己能力的實質就好，而沒有必要遠離他們，甚至與之交惡，更不必戳穿他們的誇大其辭，這樣即給他們留了面子，又能避免一起共事時產生尷尬。

站著吃，溫柔、體貼，甚至慷慨的人

《孟子．告子上》中有這樣一句話：「食色，性也。」也就是說，吃飯和追求美好的事物，都是人的本性。可見，吃飯在我們的生活中占據著很重要的地位。

每個人都要吃飯，但是吃飯的方式卻各不相同。有的人喜歡一邊看電視一邊吃飯，這類人通常比較害怕孤獨，因此不喜歡一個人吃飯，即使只有自己一個人用餐，也需要開著電視來減少自己的孤獨感；有的人喜歡一邊與人交談一邊吃飯，這類人通常比較外向，而且善於與人交往，他們為人比較親切、和藹，並深諳人情世故，比較圓滑和老練；還有的人喜歡站著吃飯，這類人通常性情溫和，善於為他人著想，懂得體貼別人，而且對朋友十分有耐心，為人也很慷慨大方。

每年春節，龐春燕都會陪爸爸媽媽到姥姥家過年，到時候大舅和小姨都會來，一大家子人聚在一起特別熱鬧。但是人多也有一點麻煩，就是姥姥家沒有那麼多的椅子，當人多的時候，椅子往往不夠坐。龐春燕是個細緻而溫柔的女生，每次遇到這種情況，總是站著吃飯，把椅子留給別人坐。因為這件事，家裡人都誇龐春燕懂事，知道體貼人。就這樣，龐春燕覺得站著吃飯也挺好的，因此養成了站著吃的習慣，即使椅子夠坐的情況下，也時常站著吃飯。

隨著這種習慣的養成，龐春燕不僅對家裡人溫柔體貼，對同事和朋友也十分體貼。工作中，她總是能夠替別人著想，常常無償的幫助別人，也會慷慨的請同事吃飯，因此很多同事都十分喜歡她，樂於和她做朋友。

一個週五的下午，因為快要下班了，所以大家都顯得有些心浮氣躁，互相討論著週末的安排，絲毫不掩飾對週末的期待。龐春燕本來也和大家一起談笑，但是一轉頭，便看見同事王倩趴在旁邊的桌子上，臉色十分蒼白。龐春燕見她這樣，於是溫柔的問她：「倩倩，你是不是不舒服啊？」

「嗯。」王倩虛弱的回答：「我胃好難受。」

「要不我送你去醫院吧？」龐春燕體貼的說道。

「不用了，就快下班了。你先走吧，不用管我了。」王倩有氣無力的說道。

「那怎麼行！你這麼難受，我怎麼能先走呢？」於是龐春燕幫王倩請了病假，並陪她一同去醫院。到了醫院，因為王倩沒有帶足夠的錢，龐春燕又毫不猶豫的墊付了醫藥費，這使得王倩十分感動。

病好了以後，王倩想要還錢給龐春燕，但因為平時沒有積蓄，發薪水的時候又還沒到，所以猶豫著不知如何向龐春燕開口。龐春燕察覺到王倩的窘境後，體貼的說：「倩倩，我這個月沒有什麼花費，錢你不用著急還我哦。」

此時王倩更加感動於龐春燕的體貼和慷慨，從此把龐春燕看作是最好的朋友。

透過上述事例，我們可以發現，站著吃飯的人，不僅溫柔、體貼、隨和、慷慨，而且十分聰明。當然不是算計別人時耍得那種小手段，也不是希望自己的慷慨得到回報的那種小聰明，而是有一種無欲無求的大智慧。龐春燕就有這樣的智慧，所以她能夠獲得同事的好感和喜歡。

當然，如果為了獲得回報，而假意體貼別人，給予別人幫助，雖然也是幫助別人的表現，但因為缺少了一些真心，所以無法讓別人從心裡感覺溫暖。因此，即便別人想要報答你曾經的慷慨，也多多少少會有一些不甘願的情愫在裡面。而真心體貼別人的人則完全不同，我們能夠時刻感受到他的那種熱情和好意，即使此人幫助我們不圖回報，我們也會心甘情願的盡自己所能的在他們需要的時候說明他們。兩者相較，自然後者更勝一籌。

遇到此類人的時候，我們應該對其心存敬佩，因為他們體貼、無私、慷慨大方的性格，在當今社會中，無疑是一種難能可貴而稀有的特質了。而我們自己也應該向龐春燕學習，即使要因為體貼別人而暫時委屈一下自己，也不要覺得不甘願，因為這樣能夠為你換取真正的友情，而在工作中，友情往往能夠發揮巨大的作用，成為我們做好事情的強大助力。

☆重點請畫線☆

溫柔、體貼、慷慨雖然是我們做事情的有利因素，但也不要因此就強迫自己站著吃飯，因為這二者之間不是因果關係，只是內在性格在外在動作上的一種投射、一種反應，所以即使你強迫自己站著吃飯也無法因此就養成溫柔、體貼、慷慨的個性，想要擁有良好的個性，要從改變自己內心開始。

邊吃邊看書，心中充滿夢想

生活中，雖然每個人每天都要吃飯，但是不同性格的人，吃飯的目的是不同的。有的人吃飯，只為了能夠享受美食；有的人吃飯，是想利用吃飯的時間使身心得到放鬆；有的人吃飯，則只是單純的為了維持身體的需要。

而習慣邊吃邊看書的人，就是第三種人。此類人並不把吃飯看作是一種享受，只是很單純的為了身體的需要，為了滿足生理需求才吃飯。相信如果不吃飯依然有精力去做事情，他們一定會放棄吃飯這件在他們看來即耽誤時間又浪費精力的事情。邊吃飯邊看書的人大多有很強的時間觀念，不喜歡浪費時間，恨不得一秒鐘要分成兩秒鐘來利用，他們通常懷揣很多夢想，為了能夠盡可能多的實現自己的夢想，他們往往會同時做兩件甚至是三件事情。

大學畢業之前，藍福龍的心中充滿夢想，比如想要在事業上有所成就，想要擁有自己的房子、想要擁有自己的車子等等。但是他參加工作之後，殘酷的現實瞬間讓他清醒了，因為藍福龍的學歷不算太高，所以很多好的機會都與他擦肩而過了。為了彌補自己在學歷上的缺失，藍福龍腳踏實地找了一個自己能勝任的工作，然後決定在工作之餘為自己充電，考在職研究生。

藍福龍是個行動派，什麼事情都是說做就做，決定考在職研究生之後，他便利用工作之餘的所有時間為考研做準備。要準備的第一件事，當然是多看書，多熟悉考研的資料。因為在職聯考十月份就開始了，而眼看著四月份已過，只剩下不到六個月，所以準備時間已經非常緊迫了。

對於藍福龍來說，困難還不止這一個，他是一個上班族，在緊張備考之餘，還要做好自己的本職工作。因為藍福龍一直非常希望得到更好的工作機會，所以工作一直十分努力，以前大部分時間都用於工作，現在又增添了緊張的備考，所以他經常會覺得時間不夠用。為了兼顧工作和考研，他總是邊吃飯邊看書，利用一切可以利用的時間。

有的同事看到中午吃飯的時候，藍福龍依然捧著一本書邊吃邊看，便調侃他說：「藍福龍，看什麼書這麼入迷啊？書中是有林妹妹嗎？」

藍福龍對同事的調侃不以為意，隨口說道：「時間就是海綿，不擠怎麼行呢！人生應該充滿夢想，而實現夢想是需要時間的。」

這個同事對藍福龍的說辭十分不屑，他認為即使再努力，也沒有必要利用吃飯的時間，因為吃一頓飯的時間非常有限，根本不能對成功起到任何作用。但令他驚訝的是，一年之後，藍福龍竟然升職了。

原來，藍福龍刻苦的努力收到的回報，他順利考上了在職研究生。之後，他便向老闆提出升職請求。老闆本來十分就覺得藍福龍十分上進，只是因為學歷不是很理想，而沒有給他升職的機會。此次看到藍福龍考上了在職研究生，便破例提拔了他。

藍福龍透過自己的努力，終於實現了自己要在事業上有所成就的夢想。

我們身邊從來不缺少喜歡看書的人，有的人喜歡看書，是因為想要增加學識；有的人喜歡看書，是為了顯示自己博學。無論什麼樣的原因，喜歡看書都稱得上是一種好的習慣、好的特質，喜歡看書的人通常有很高的追求，他們大多思維敏捷，不安於現狀，喜歡追求更好的生活。而吃飯時也在看書的人，他們心中通常充滿夢想，為了有更多的時間去實現自己的夢想，他們不得不把時間安排的滿滿的，因而連吃飯的時間也要充分利用起來。

正如藍福龍所說，「人生應該充滿夢想，而實現夢想是需要時間的」。所以，我們不要在貪圖享受，肆意浪費時間啦，這樣我們會被別人落的遠遠的，不僅成功與我們無緣，所有的夢想也都會跟我們說拜拜，所以珍惜時間，認真生活，努力工作吧，這樣的人生才是成功的。

☆重點請畫線☆

遇到邊吃邊看書的人，我們不要把他們的努力看成一種做作的表現，或是覺得利用吃飯這一點時間根本起不到什麼作用。因為成功需要累積，即使是再短的時間，只要我們能夠抓住，並且時刻保持努力的狀態，都會對做好事情有所裨益。

當然，這裡並不是鼓勵一定要在吃飯的時間看書，這裡提出的只是一個概念：時間是海綿裡的水，只要你擠，肯定會有。所以只要你想成功，一定能夠找到努力的時間和機會。

邊走邊吃，不懂得分配時間

忙碌的清晨，我們常常能夠看到這樣的景象：一些上班族拿著早點，疾步奔走在去公司的路上。他們這種人大多是沒有什麼時間觀念的，不懂得怎樣分配時間，每天早上總是快要遲到了才起床，當然沒有多餘的時間用來吃早點，因此只好在趕去公司的路上邊走邊吃。

這種邊走邊吃的人，往往性格外向，興趣廣泛，卻缺乏時間觀念，不懂得分配時間，而且還總是喜歡感情用事，做事情都是憑藉自己的一腔熱血，到頭來往往什麼事情也做不好。

尹嘉嘉是一個喜歡賴床的女生，總是要想方設法在床上待到最後一秒。上班之後，因為工作的地方離自己住得地方很近，所以尹嘉嘉更加不願意早起，總是卡著時間到公司，因此根本沒有時間吃早餐。剛開始的幾天，尹嘉嘉因為早上都不吃早餐，所以還不到中午胃就餓得很難受，根本沒有辦法安心工作。後來她只好在上班的路上買一些早餐，邊走邊吃。

早餐的問題解決了之後，尹嘉嘉工作上也有問題急待解決。她在公司是做文職工作的，本來是很輕鬆的工作，但她每天都過得十分匆忙。早上匆匆的來，工作中也是來去匆匆，幫同事列印檔案的時候，基本都是小跑著去，再小跑著回來，讓人感覺她十分忙碌，但是尹嘉嘉的工作效率卻並不高。

這是什麼原因呢？原來是因為尹嘉嘉不懂得分配時間。尹嘉嘉一天要列印很多檔案，但是因為列印室離自己的辦公桌很遠，所以一直往返非常浪費時間。按理說，有些不著急的檔案，是可以一起列印的，但是尹嘉嘉卻沒有這樣做，只要有檔案需要列印，她就往列印室跑一趟，如此一來，一天很多時間都浪費在往返列印室的路上了。

一次，經理有一份合約交給尹嘉嘉修改，因為明天就要用，所以時間比較緊迫。尹嘉嘉拿到合約後，急忙開始修改起來。不一會，一個同事交給尹嘉嘉一份檔案，說是需要列印一百五十份，下週開會的時候要用。尹嘉嘉趕緊放下修改合約的工作，立刻跑到列印室去列印檔案。因為要列印的份數很多，所以尹嘉嘉在列印室裡耽誤了二個多小時才完成。

尹嘉嘉拿著檔案跑回自己的辦公桌後，又開始奮筆疾書的修改合約，但是因為耽誤了太多時間，下班也沒有修改好。經理為此十分生氣，責怪尹嘉嘉辦事沒有效率，一天連一個合約也修改不好。而尹嘉嘉認為自己一天都忙忙碌碌，十分努力，頓時覺得非常委屈。

尹嘉嘉因為不懂得合理分配時間，所以即便每天都過的十分忙碌，也無法完成工作任務。就拿列印檔案來說，如果尹嘉嘉能夠合理的利用時間，把需要列印的檔案按照要用的時間分類，急用的檔案立刻去列印室列印，不急用的檔案找個合適的時間一起去列印，這樣就能避免把時間都浪費在往返列印室的路上；再比如，尹嘉嘉明知道經理交代的合約十分急用，自然應該第一時間完成，而同事讓列印的檔案下週才用，完全可以等到不忙的時候再去列印，這樣就不會如此狼狽了。

尹嘉嘉的故事也教育我們，工作中我們看人不能只看表象，有的人雖然每天來去匆匆，看似很忙碌的樣子，實際上一天卻做不了多少工作，這類人如此匆忙，很有可能是由於他們自己不懂得分配時間，並且缺少組織性和紀律性而造成的。我們需要學習的是那類做事有效率的人，而不是看似忙碌的人。這兩者的實質區別是，前者善於合理分配時間，能夠用最少的時間做更多的事情；而後者不懂得分配時間，總是把時間浪費在無謂的事情上。相較之下，當然是前者更勝一籌。

☆重點請畫線☆

工作是永遠做不完的，但是時間卻是有限的，利用不好時間，再高的目標，再強的能力都沒有意義。想要合理分配時間，不僅要排定事情的先後次序——從最重要的開始依次排列；還要把需要的資料、報告放在明處，以免把時間浪費在尋找東西上；另外把最困難的工作安排在工作效率最高的時候也很重要。

用手抓著吃，對別人的感覺遲鈍

生活中，有些人不太會用筷子，而喜歡用手抓著吃，這類人的感覺往往不太靈敏，對別人的感覺也比較遲緩，他們認為只有摸得到的觸感才是真實的，才能讓他們覺得是真實存在的。

喜歡用手抓著吃的人，雖然為人誠懇，做事踏實，但是往往比較慢熱，不管旁人對他們是熱情還是冷漠，他們都無法及時感知，總是後知後覺，甚至最後才感覺到。這樣的人，不僅容易被人誤解，還很難抓住成功的機會。

兩年前，濮欣欣剛剛參加工作的時候，只是公司裡一個打雜的小職員。一次機會，公司裡宣傳科的趙科長見濮欣欣文筆不錯，於是頂著壓力破例將濮欣欣調進了宣傳科當了宣傳幹事。因為趙科長對濮欣欣有知遇之恩，所以濮欣欣對趙科長一直充滿感激之情，但因為不善言辭，所以只是將趙科長的好牢記在心，而不懂得表示出來。

到了宣傳科之後，濮欣欣因為為人誠懇，做事努力，很快就得到了同事們的認可和喜歡。中午濮欣欣也總是和大家一起去公司的餐廳吃飯，平時米飯配菜的時候還好一些，但每逢吃餃子或是包子時，濮欣欣獨特的一面就顯露出來了——別人都用筷子夾起來吃，而濮欣欣卻總是用手抓著吃。同事們好奇，問濮欣欣為什麼不用筷子而用手，濮欣欣便不好意思的說：「可能是我的手不太靈敏，從小我就不太會用筷子，所以能用手抓的，一般都抓著吃。」

濮欣欣的不靈敏不只體現在吃飯上，更加體現在與人相處上。

一年半之後，濮欣欣調動到廠辦當了祕書，成了廠辦劉主任的部下，因為濮欣欣做事踏實，劉主任也十分喜歡他。本來濮欣欣以為一切都向著好的方向發展，誰知過了不久，濮欣欣卻突然聽說趙科長在很多場合都說自己看錯了人，說自己是個忘恩負義的傢伙，誰是他的上級，他就跟誰關係好。這些說辭讓濮欣欣覺得一頭霧水。

原來，趙科長和劉主任之間有私人恩怨。趙科長之所以認為濮欣欣忘恩負義，就是因為在公司舉辦的一次晚會上，主持人問濮欣欣：「劉主任對待下屬好不好啊？」濮欣欣點頭稱讚說很好，對於之前趙科長的提拔和照顧，濮欣欣卻一句都沒有提。氣憤不已的趙科長四處說濮欣欣忘恩負義，濮欣欣雖然想要解釋清楚，但可惜為時已晚了。

做人難，做主管的下屬難，做兩個有私人恩怨的主管的下屬更是難上加難。這時如果做下屬的再缺少一些機靈勁兒，不能夠洞悉其中的利害關係，那就只能等著當「炮灰」了。濮欣欣因為感覺遲緩，所以得罪了對她有知遇之恩的趙科長，而在工作中，犯了這樣的錯誤，很有可能會影響我們的前程，因為同樣是主管，雖然趙科長已經不是濮欣欣的直屬主管了，但是趙科長在公司同樣有一定的權利，依然能夠從側面對濮欣欣今後的前程產生影響，如果以後濮欣欣再有求於他，恐怕只能吃閉門羹了。

現實中，能夠做好事情的人，大多都比較警醒，他們能夠及時地發覺別人對自己態度的變化，即使是細微的變化，也瞞不過他們的眼睛，與感覺遲緩的人相比，他們往往更勝一籌。

當然，對他人感覺比較遲緩的人，也並非一無是處，這類人大多比較誠實，做事兢兢業業，十分努力，這都是優秀的特質，都是做好事情的必要條件，在這種情況下，如果能夠提升自己對別人的感覺的敏感度，則能夠更快地做好事情。

☆重點請畫線☆

對別人的感覺遲鈍的人，本身並不一定是遲鈍的，他們只是非常憨厚，不願意費盡心力去參透別人的內心，去算計別人。如果我們認為此類人難成大器，可以隨意利用而能夠不被其看破，那就太小瞧他們了，一旦他們認為被你利用或是欺騙了，一定會想方設法「回報」你的，這時再後悔，就已經太晚了。

喜歡吃炒蛋的人，多善於交際

雞蛋營養豐富，且做法多樣，因此受到很多人的喜歡。但你知道嗎？透過一個人吃雞蛋的方式，還能夠看透此人的性格。

比如，喜歡吃煎雞蛋的人，往往是一個積極樂觀的人，他們時刻充滿了積極向上的精神，對未來有著無限的嚮往，並且懷抱很大的信心；喜歡吃煮雞蛋的人，性格比較內向，往往不善言談，比較保守，喜歡把自己封閉起來；而喜歡吃炒蛋的人，通常性格比較開朗，活潑大方，熱情好動，富有有愛心，偶爾會有一些任性，但對人十分友好，此類人善於交際，能與其他人很好地相處。

侯勇開了一家中餐館，雖然店面不大，但是客流如雲，生意十分興隆。究其原因有二：一是因為這家餐館的番茄炒蛋很好吃，很多人慕名而來；二是因為這家餐館的老闆——侯勇為人熱情，平易近人，並且善於交際，來吃過一次飯的顧客，往往都會成為回頭客。

這年頭，好吃的餐館不少，但是能為了番茄炒蛋慕名而來的餐館可就不多了。侯勇餐館裡的番茄炒蛋並不是廚師掌勺的，而是侯勇親自下廚做的。但是，為什麼侯勇的手藝比廚師還要好呢？

原來，侯勇上學的時候就非常喜歡吃炒蛋，但別人做的總是不合他的胃口，為了滿足自己的味蕾，侯勇開中餐廳後就找名廚學藝，然後再加上自己的揣摩、改良，才使這道番茄炒蛋受到大家的熱捧。

雖然侯勇的餐館生意興隆，但是餐飲行業往往競爭激烈，為了爭搶客流，很多餐館都打起了價格戰。侯勇所開的中餐館邊上，就有一家餐廳和他打對台。為了吸引更多的食客，那家餐館的老闆經常推出打八折的優惠活動。這個舉措吸引了很多顧客，侯勇的餐館沒有平時生意好了。但是那家餐館的老闆也是苦不堪言，因為餐館的利潤本來不怎麼豐厚，打了八折之後，利潤就更少了。

餐廳之間打價格戰，從來是「殺人一萬自損三千」，長此以往，只能兩敗俱傷。侯勇意識到這一點之後，便主動找到那家餐館的老闆，商量合作。因為侯勇性格開朗，善於交際，所以一番交談下來，對方老闆就覺得他是個不錯的合作夥伴，再加上侯勇條理清晰的分析合作事宜的利弊，對方老闆更加覺得合作共贏比惡性競爭更有意義，因此雙方達成合作，再也沒有打價格戰，而是經常聯手做活動，比如在侯勇家餐廳消費滿一百元後，到對方餐廳吃飯可以免費喝一瓶啤酒；在對方餐廳消費滿三百元後，在侯勇家餐廳吃飯可以打九五折，這樣一來，兩家餐廳的客流量都大了起來，利潤也更高了。

生活中，善於交際的好處實在是很多。比如侯勇，他熱情、善於與人交往的性格，給他帶來的好處有兩點：其一是回頭客很多；其二是容易和他人達成合作關係。而面對商業競爭，最好的方法莫過於與競爭對手合作了，這樣做既能夠避免因為惡性競爭而給自己帶來的損失，同時還能夠增加自己的競爭力，壯大自己的實力。

工作中，這類人也能夠很好地處理與每個同事的人際關係，因為他們天生就善於交際，對人對事能秉持比較寬容的態度，能與他人友好的相處，並保持長期的友誼。但是這種性格也並不是沒有缺點，比如此類人往往比較善變、軟弱以及膽小，做事缺乏冒險精神，他們樂天安命，沒有進取心，不喜歡改變自己的常規生活，並且很容易受情緒的支配。當他們情緒爆發的時候，經常會不管不顧的率性而為，缺乏掌管大局的潛能。由此看來，此類人更適合做朋友，而不太適合做搭檔，更加不適合作為一個主管者。

☆重點請畫線☆

生活中，如果我們遇見喜歡吃炒蛋的人，那麼我們只需表現出友好，便能夠輕易的和他們做成朋友。當我們有求於此類人的時候，通常都不會被拒絕，因為他們通常十分樂意幫助別人。但我們不要妄想利用他們的熱情和友誼，此類人對善惡是非能夠分得非常清楚，別人對他的好與壞，他都會銘記在心，如果是善意的友情，此類人會倍加珍惜；如果是惡意的利用，他們也會睚眥必報。

喜歡吃炒蛋的人，多善於交際

嘴上不老實，身體超誠實

一本書看懂微表情密碼，精準讀取最赤裸的真心話

作　　者：謝蘭舟，王迪 著
發 行 人：黃振庭
出 版 者：崧燁文化事業有限公司
發 行 者：崧燁文化事業有限公司
E-mail：sonbookservice@gmail.com
粉 絲 頁：https://www.facebook.com/sonbookss/
網　　址：https://sonbook.net/
地　　址：台北市中正區重慶南路一段六十一號八樓 815 室
Rm. 815, 8F., No.61, Sec. 1, Chongqing S. Rd., Zhongzheng Dist., Taipei City 100, Taiwan (R.O.C)
電　　話：(02)2370-3310
傳　　真：(02) 2388-1990
印　　刷：京峯彩色印刷有限公司（京峰數位）

定　　價：320 元
發行日期： 2021 年 04 月第一版
◎本書以 POD 印製

國家圖書館出版品預行編目資料

嘴上不老實 , 身體超誠實 : 一本書看懂微表情密碼 , 精準讀取最赤裸的真心話 / 謝蘭舟 , 王迪著 . -- 第一版 . -- 臺北市 : 崧燁文化事業有限公司 , 2021.04
面； 公分
POD 版
ISBN 978-986-516-530-7(平裝)
1. 人際關係 2. 行為心理學
177.3　　109018486

電子書購買